**Colloquial**
# Norwegian

*Colloquial Norwegian* provides a step-by-step course in Norwegian as it is written and spoken today. Combining a user-friendly approach with a thorough treatment of the language, it equips learners with the essential skills needed to communicate confidently and effectively in Norwegian in a broad range of situations. No prior knowledge of the language is required.

Features include:

- progressive coverage of speaking, listening, reading and writing skills;
- structured, jargon-free explanations of grammar;
- an extensive range of focused and stimulating exercises;
- realistic and entertaining dialogues covering a broad variety of scenarios;
- useful vocabulary lists throughout the text; and
- additional resources available at the back of the book, including a full answer key, a grammar summary and bilingual glossaries.

Balanced, comprehensive and rewarding, *Colloquial Norwegian* will be an indispensable resource both for independent learners and students taking courses in Norwegian.

Colloquials are now supported by FREE AUDIO available online. All audio tracks referenced within the text are free to stream or download from www.routledge.com/cw/colloquials. Recorded by native speakers, the audio complements the book and will help enhance learners' listening and speaking skills.

By the end of this course, you will be at Level B1 of the Common European Framework for Languages and at the Intermediate level on the ACTFL proficiency scales.

# THE COLLOQUIAL SERIES
## Series Adviser: Gary King

The following languages are available in the Colloquial series:

| | | |
|---|---|---|
| Afrikaans | German | Romanian |
| Albanian | Greek | Russian |
| Amharic | Gujarati | Scottish Gaelic |
| Arabic (Levantine) | Hebrew | Serbian |
| Arabic of Egypt | Hindi | Slovak |
| Arabic of the Gulf | Hungarian | Slovene |
| Basque | Icelandic | Somali |
| Bengali | Indonesian | Spanish |
| Breton | Irish | Spanish of Latin America |
| Bulgarian | Italian | Swahili |
| Burmese | Japanese | Swedish |
| Cambodian | Kazakh | Tamil |
| Cantonese | Korean | Thai |
| Catalan | Latvian | Tibetan |
| Chinese (Mandarin) | Lithuanian | Turkish |
| Croatian | Malay | Ukrainian |
| Czech | Mongolian | Urdu |
| Danish | Norwegian | Vietnamese |
| Dutch | Panjabi | Welsh |
| English | Persian | Yiddish |
| Estonian | Polish | Yoruba |
| Finnish | Portuguese | Zulu (forthcoming) |
| French | Portuguese of Brazil | |

**COLLOQUIAL 2s series:** *The Next Step in Language Learning*

| | | |
|---|---|---|
| Chinese | German | Russian |
| Dutch | Italian | Spanish |
| French | Portuguese of Brazil | Spanish of Latin America |

Colloquials are now supported by FREE AUDIO available online. All audio tracks referenced within the text are free to stream or download from www.routledge.com/cw/colloquials. If you experience any difficulties accessing the audio on the companion website, or still require purchasing a CD, please contact our customer services team through www.routledge.com/info/contact.

# Colloquial
# Norwegian

## The Complete Course for Beginners

Margaret Hayford O'Leary and
Torunn Andresen

LONDON AND NEW YORK

Second edition published 2016
by Routledge
2 Park Square, Milton Park, Abingdon, Oxon OX14 4RN

and by Routledge
711 Third Avenue, New York, NY 10017

*Routledge is an imprint of the Taylor & Francis Group, an informa business*

© 2016 Margaret Hayford O'Leary and Torunn Andresen

The right of Margaret Hayford O'Leary and Torunn Andresen to be identified as authors of this work has been asserted by them in accordance with sections 77 and 78 of the Copyright, Designs and Patents Act 1988.

All rights reserved. No part of this book may be reprinted or reproduced or utilised in any form or by any electronic, mechanical, or other means, now known or hereafter invented, including photocopying and recording, or in any information storage or retrieval system, without permission in writing from the publishers.

*Trademark notice*: Product or corporate names may be trademarks or registered trademarks, and are used only for identification and explanation without intent to infringe.

First edition published by Routledge 1995

*British Library Cataloguing-in-Publication Data*
A catalogue record for this book is available from the British Library

*Library of Congress Cataloging-in-Publication Data*
Colloquial Norwegian : the complete course for beginners / Margaret Hayford O'Leary and
    Torunn Andresen. — Second Edition / Margaret Hayford O'Leary and Torunn Andresen.
      pages cm
    Includes index.
    Previous edition: Colloquial Norwegian, Kari Br?tveit, W. Glyn Jones, and
Kirsten Gade, 1995.
    ISBN 978-0-415-47036-0 (pbk. : alk. paper) — ISBN 978-1-315-74125-3 (ebk.)
    1. Norwegian language—Spoken Norwegian.  2. Norwegian language—Textbooks
for foreign speakers—English.  I. Andresen, Torunn, author.  II. Title.
    PD2612.B73 2016
    439.8'282421—dc23
    2015032335

ISBN: 978-0-415-47037-7 (pbk)
ISBN: 978-1-315-74125-3 (ebk)

Typeset in Avant Garde and Helvetica
by Apex CoVantage, LLC

# Contents

Introduction x

1 **Tre studenter** 1
Three students

> **In this unit you will learn how to:**
> - make simple introductions
> - use personal pronouns in subject form
> - discuss countries, nationalities, and languages
> - ask about a person's marital status
> - use sentence structure in statements and questions
> - ask questions using interrogatives
> - use verbs (infinitive, present tense, past tense, perfect) and modal auxiliaries

2 **På handletur** 22
On a shopping trip

> **In this unit you will learn how to:**
> - use prepositions of place
> - count up to 1000
> - use nouns (gender, indefinite form, definite form, plurals)
> - use irregular present tense verbs
> - make negative statements
> - use sentence structure after adverbials and in questions
> - talk about dialects and the monetary system

## 3 På tur — 43
Going for walks

> **In this unit you will learn how to:**
> - discuss the weather and outdoor activities
> - greet and invite someone to an activity
> - use the pronouns den / det / de
> - use adverbs of location and motion
> - use sentence structure and word order
> - answer yes / no questions

## 4 Tid og familie — 58
Time and family

> **In this unit you will learn how to:**
> - talk about the days of the week and tell time
> - use modal adverbs
> - talk about food and meals (matpakke)
> - talk about children and family members
> - use possessive adjectives to show ownership
> - use prepositions to talk about the time
> - give directions using imperative statements
> - use reflexive verbs and reflexive pronouns

## 5 Daglige aktiviteter: Skole og fritid — 89
Daily activities: School and leisure

> **In this unit you will learn how to:**
> - use personal pronouns (object form)
> - use prepositions to show ownership
> - use reflexive possessives
> - use time expressions using "om"
> - talk about the months of the year
> - use ordinal numbers
> - talk about movie theatres and birthday parties

Contents vii

## 6 Hjem, rom og møbler 110
Home, rooms and furniture

**In this unit you will learn how to:**
- use definite and indefinite adjectives
- talk about housing in Norway, including rooms and furniture
- use colours to describe things
- use adverbs of direction and location

## 7 Å holde kontakten – epost, brev og sosiale medier 133
Keeping in touch – email, letters and social media

**In this unit you will learn how to:**
- use time expressions
- express wonder and interest (lure på and ha lyst til / ha lyst på)
- use verbs in the past tense (preterite)
- use s-verbs
- use inverted word order
- use prepositions
- talk about keeping in touch (writing letters, emails etc.)

## 8 Mat og drikke 147
Food and drink

**In this unit you will learn how to:**
- use verbs in the present perfect tense and as an imperative
- make compound words
- talk about how things look / appear (ser ... ut)
- talk about table manners and traditional Norwegian foods

## 9 Konfirmasjonen 160
The confirmation

**In this unit you will learn how to:**
- write an invitation and speak politely on the telephone
- use verbs in the passive voice

- show ownership using genitive -s verbs or prepositional phrases
- make plans and suggestions

**10 Shopping**   175
Shopping

**In this unit you will learn how to:**
- use demonstratives to indicate distance
- go shopping for clothes and mobile phones
- use loan words from English
- use comparative and superlative forms of adjectives

**11 Helse, sykdom og skade**   190
Health, illness and injury

**In this unit you will learn how to:**
- use reflexive verbs and reflexive pronouns
- use verbs as imperatives
- talk about body parts and ailments
- use irregular comparative adjectives
- talk about how things look / appear (ser . . . ut)
- talk about Norway's healthcare system

**12 Reise**   207
Travel

**In this unit you will learn how to:**
- use verbs in the future tense
- use the adjectives hvilken / hvilket / hvilke
- talk about vacations and accommodations
- talk about Norway's excellent public transportation system
- use verbs in the past tense and in narrating a sequence of events

# Contents

**13 Geografi**    **224**
Geography

> **In this unit you will learn how to:**
> - talk about nature
> - use verbs in the passive voice
>   (-bli passive and -s passive)
> - talk about the geographical divisions of
>   Norway and regional policies
> - use prepositional phrases to give directions

**14 Jobber, yrker og framtidsplaner**    **240**
Jobs, occupations and future plans

> **In this unit you will learn how to:**
> - talk about occupations including job-related rights
>   (child-bearing leave, equal pay, 60/40 rule
>   on boards, work week, vacation, sick leave)
> - use verbs to discuss the future
> - express your opinions (jeg synes; jeg mener)
> - use the idiomatic genitive expression (til + -s)

| | |
|---|---|
| Norwegian reference grammar | 253 |
| About *nynorsk* | 271 |
| Key to exercises | 274 |
| Norwegian–English glossary | 308 |
| English–Norwegian glossary | 340 |
| Audio track listing | 372 |
| Index | 375 |

# Introduction

Norwegian is a north-Germanic language, closely related to Swedish and Danish and more distantly to German, Dutch, and English. Between the 1300s and the 1800s Norway's political fortunes declined, and it came under the control of Denmark. During this period the written form of Norwegian was lost, and Danish came into use. In the nineteenth century, when Norway was taken from Danish rule and given to the Swedish crown, a blooming of nationalism led to the creation of, not one, but two written forms of Norwegian, *bokmål* and *nynorsk*. *Bokmål*, originally called *riksmål*, was derived from Danish. *Nynorsk*, originally *landsmål*, was created by Ivar Aasen (1813–1896), who had travelled all over Norway collecting samples of dialects, especially of Western Norway and the mountainous areas. In 1885, both forms received official status, and both remain official languages today. In addition to other regulations, this means that all official forms and school textbooks must be available in both languages and school children must learn to read and write both. This book contains *bokmål*, the form used by nearly 90% of the population. In addition to the two written forms, Norway also has dozens of spoken dialects. Dialects have high status in Norway, and it is acceptable to use one's dialect in any context, public or private. The Norwegian Language Council advises the Parliament (*Stortinget*) on public policy regarding language, in addition to providing advice to anyone with questions on language usage.

## Pronunciation guide, with example words (Audio 1.2–1.5)

| | | | |
|---|---|---|---|
| a | a | far | f**a**ther |
| b | bay | Bare | **b**aby |
| c | say | rare (k or s instead) | **c**are / **Cec**il |

| | | | |
|---|---|---|---|
| d | day | dag | **d**ay |
| e | ay | leve | w**a**ve |
| f | eff | farge | **f**unny |
| g | gay | gammel | **g**ive |
| h | hoh | har | **h**air |
| i | ee | is | p**ie**ce |
| j | yay | ja | **y**es |
| k | koh | Kari | ca**k**e |
| l | ell | like | **l**ike (thin, or liquid l) |
| m | em | mange | **m**any |
| n | enn | nei | **n**o |
| o | oo | bo | b**oo** (very rounded, with tongue in high, back position) |
| p | pay | pen | **p**en |
| q | kuu | rare | **q**ueen |
| r | ær | rar | Slightly rolled, either tip of tongue or uvular |
| s | ess | spise | **s**ee |
| t | tay | ta | **t**ake |
| u | uu | du | umlaut ü; "ee" with tightly rounded lips |
| v | vay | vi | **v**ery |
| w | dobbelt-vay | Wergeland (rare, only names) | **v**ery |
| x | eks | rare | Te**x**as |
| y | y | by | No English equivalent. "ee" with rounded, flared lips |
| z | sett | Zetlitz (rare, only names) | **s**ix (not voiced) |
| æ | æ | være | c**a**t |
| ø | ø | brød | y**ea**rn (umlaut ö) |
| å | oh | gå | m**o**re (U.S. English); **awe** (British English) |

Norwegian vowels can be long or short. The long vowels are pronounced as the letter of the alphabet, above. A long vowel is usually identified in a word by the fact that it is followed by one consonant or no consonant:

  by, tak, like, bor, låne, ser

  Short consonants are usually followed by two consonants, often double consonants:

  bytte, takke, stikke, bodde, lenke, åtte

The short [å] sound is often spelled using "o".

lokke, tolv

Short consonants are quite literally shorter than long consonants. One way to understand it is to think of actually pronouncing both of the consonants without releasing between.

## Combinations of letters (Audio 1.6)

| | | |
|---|---|---|
| gj | gjøre | silent g: y-sound |
| hj | hjem | silent h: y-sound |
| hv | hvor | silent h: v-sound |
| kj / ki / ky / tj | kjære / kino / kysse / tjue | ç (tip of tongue touching lower front-teeth, air forced between tongue and palette. Similar to "huge".) |
| rs | norsk | sh-sound |
| sj / ski / sky | sjokolade / skive / skylle | sh-sound |

By the end of this course, you will know the following about Norwegian language and culture:

### Vocabulary / Vokabular

Greetings
Countries, nationalities, languages
Cardinal and ordinal numbers
Weather
Telling time
Days of the week
Months of the year
Food and meals
Time expressions
Family members
Colours
Clothing
Body parts

Introduction xiii

## Culture / Kultur

Norwegian written languages and spoken dialects; loan words from English
Monetary system
Children and families
Food and eating habits
Housing in Norway; furniture, rooms
Health system
Vacation: attitudes toward vacations, nature
Geographical divisions of Norway
Employment rights (child-bearing leave, equal pay, 60/40 rule on boards, work week, vacation, sick leave)

## Grammar

Sentence structure: word order
Pronouns
Possessives
Verbs: infinitive, present tense, past tense, perfect, future time, imperative, reflexive verbs, passive voice, s-verbs, modal auxiliaries
Nouns: gender, indefinite form, definite form, plurals
Adjectives
Comparative adjectives
Interrogatives
Prepositions
Time expressions
Adverbs
Modal adverbs
Demonstratives

# Unit One
# Tre studenter
Three students

In this unit you will learn how to:

- make simple introductions
- use personal pronouns in subject form
- discuss countries, nationalities, and languages
- ask about a person's marital status
- use sentence structure in statements and questions
- ask questions using interrogatives
- use verbs (infinitive, present tense, past tense, perfect) and modal auxiliaries

## Dialogue 1 / Dialog 1

### In the classroom before class / I klasserommet før timen (Audio 1.7)

Mark is ready for his first day of Norwegian classes. In the classroom, while waiting for the teacher, he introduces himself to his classmates sitting on either side of him.

*Read the following passage and see how much you understand. A translation follows the passage.*

Mark: Hei. Jeg heter Mark.
Molly: Hei, Mark. Hyggelig å hilse på deg. Jeg heter Molly.
Mark: Hvor kommer du fra?

Molly: Jeg kommer fra USA. Hva med deg?
Mark: Jeg kommer fra England, men nå bor jeg i Norge.
Mark: Hvorfor er du i Norge?
Molly: Fordi jeg skal studere her.

## Translation / Oversettelse

Mark: Hi. My name is Mark. (I am called Mark.)
Molly: Hi, Mark. Nice to meet you. My name is Molly.
Mark: Where do you come from?
Molly: I come from the U.S. What about you?
Mark: I come from England, but now I live in Norway.
Mark: Why are you in Norway?
Molly: Because I'm going to study here.

## Vocabulary / Vokabular

| | |
|---|---|
| hei | hi, hello |
| jeg heter | I'm called |
| hilse på | meet, greet |
| hvor | where |
| hvorfor | why |
| hva | what |

## Culture / Kultur

### Greetings and farewells: Hilsener (Audio 1.8–1.9)

| | |
|---|---|
| Hei! | Hi! (informal) |
| Hallo! | Hello! (especially used on the telephone or to get attention) |
| Morn! | Hello! |
| God morgen! | Good morning! |
| God dag! | Hello! (Good day!) (formal) |
| God ettermiddag! | Good afternoon! |

# Unit One: Three students

| | |
|---|---|
| God kveld! | Good evening! |
| Ha det! | Goodbye! |
| Ha det bra! | Goodbye! |
| Ha det godt! | Goodbye! |
| Adjø! | Goodbye! (old fashioned) |

Note: The greetings will vary according to where the Norwegian is coming from (the West, the East, the Northern or Southern part of Norway), how formal or informal the Norwegian is and how old he or she is. Some Norwegians use "Hei" most of the time or all the time. It is also possible to double the short greetings: "Hei hei!", "Morn morn!" and "Hallo hallo!"

## Language points

### Sentence structure

Sentence structure will be dealt with in more detail in Unit 3. However, a brief introduction is appropriate.

**In a declarative sentence, the verb is second.**
**Subject – Verb – Predicate**
Jeg kommer fra USA. *(I come from the U.S.)*

**Adverbial – Verb – Subject – Predicate**
Nå bor jeg i Norge. *(Now I live in Norway.)*

**In a yes / no question, the verb comes first.**
Kommer du fra Norge? *(Do you come from Norway?)*

**In a question with an interrogative, the verb comes directly after the interrogative.**
Hvorfor studerer du norsk? *(Why are you studying Norwegian?)*
Hva heter du? *(What are you called?)*
Hvor kommer du fra? *(Where do you come from?)*

## Interrogatives / Spørreord

| | |
|---|---|
| **hvor** | where |
| **hva** | what |
| **hvorfor** | why |

## Exercise 1

Fill in a logical interrogative: hva (*what*), hvor (*where*) or hvorfor (*why*) / Oppgave 1: Fyll ut et korrekt spørreord: hva, hvor eller hvorfor

0  _Hva_  heter du?

1  _____ studerer du norsk? Fordi jeg har en jobb i Oslo.
2  _____ kommer du fra? Jeg kommer fra Tyskland.
3  _____ er du i Norge? Fordi jeg skal studere ved universitetet i Oslo.
4  _____ heter du? Jeg heter Anne.
5  _____ bor du i Oslo? Jeg bor på Kringsjå.

## Exercise 2

Answer the questions / Oppgave 2: Svar på spørsmålene

0  Hva heter du? *Jeg heter Anne.*

1  Hva heter du? _____
2  Hvor kommer du fra? _____
3  Hvor kommer Mark fra? _____
4  Hvor bor du? _____

## Language points

### Verbs

The verb system in Norwegian is relatively simple, because the verb forms are the same for any subject, regardless of number or gender:

jeg er *(I am)*          vi er *(we are)*
du er *(you are)*        dere er *(you [plural] are)*
han er *(he is)*         de er *(they are)*
hun er *(she is)*

# Present tense

The present tense is used to express current activities, habitual actions or general statements. Norwegian does not distinguish between the present simple tense (*eat*) and the present progressive tense (*is eating*). In English, it is also common to use "do / does" in combination with another verb: "Does she eat meat? No, she doesn't eat meat". Norwegian only has the present simple tense, and so the translation of all these verbal forms would be the same (**spiser**). The present tense in Norwegian normally ends in -r.

| Infinitive | Present tense -r |
|---|---|
| å spise | spiser *(eats, is eating)* |
| å gå | går *(walks, is walking)* |
| å komme | kommer *(comes, is coming)* |
| å bo | bor *(lives, is living / residing)* |

Some verbs are irregular and must be memorized:

| Infinitive | Present tense (irregular) |
|---|---|
| å være | er *(is, are)* |
| å gjøre | gjør *(do, does)* |
| å si | sier *(say, says)* |
| å vite | vet *(know, knows)* |
| å spørre | spør *(ask, asks)* |

## Exercise 3

Make sentences / Oppgave 3: Lag setninger

The vast majority of Norwegian verbs end in **-r** in the present tense.

| Infinitive | Present |
|---|---|
| (å) snakke | snakker |
| (å) forstå | forstår |
| (å) lære | lærer |

*Make sentences with the verbs* **to speak, to understand** *and* **to learn** *and the seven pronouns. Follow the examples:*

1 Jeg snakker norsk.
Du _____.
Han _____.
Hun _____.
Vi _____.
Dere _____.
De _____.
2 Jeg forstår norsk.
Du _____.
Han _____.
Hun _____.
. . .
3 Jeg lærer norsk.
Du _____.
. . .

## Exercise 4

Look at the list of greetings (above). Which greeting do you think might be used? / Oppgave 4: Se på lista over hilsener (over). Hvilken hilsen tror du kan bli brukt?

0  Answering the telephone: ___*Hallo!*_____

1  "Hi" between two casual friends: _____
2  "Good evening" between two older people in a formal setting in the evening: _____
3  "Good morning" from an instructor of a class in the morning: _____
   _____
4  "Goodbye" between a parent and child: _____
5  "Goodbye" from one older person to another: _____

## Exercise 5

Write a short dialogue between Erik and Anne. Erik is from Norway but is living in England. He speaks English and Norwegian. Include

Unit One: *Three students*

greetings. / Oppgave 5: Skriv en kort dialog mellom Erik og Anne. Erik kommer fra Norge, men bor i England. Han snakker både engelsk og norsk. Inkluder hilsener.

Anne: _____
Erik: _____
Anne: _____
Erik: _____
Anne: _____
Erik: _____
. . .

## Dialogue 2 / Dialog 2

### The first class period / Den første timen
**(Audio 1.10–1.11)**

Molly, Mark and Roberta talk about where they are from and which languages they speak.

| | |
|---|---|
| Molly: | Hvorfor er du i Norge? |
| Mark: | Fordi samboeren min er norsk. |
| Mark: | Har du en jobb? |
| Molly: | Nei, jeg vil finne en jobb, men jeg må lære norsk først. |
| Molly: | Og du, hva heter du? |
| Roberta: | Jeg heter Roberta. Jeg kommer fra Italia, men mannen min er norsk. |
| Mark: | Snakker han italiensk? |
| Roberta: | Ja, han snakker norsk, engelsk og litt italiensk. |

## Translation / Oversettelse

| | |
|---|---|
| Molly: | Why are you in Norway? |
| Mark: | Because my partner (live-in) is Norwegian. |
| Mark: | Do you have a job? |
| Molly: | No, I want to find a job, but I must learn Norwegian first. |
| Molly: | And you, what is your name? |

Roberta: I am called Roberta. I come from Italy, but my husband is Norwegian.
Mark: Does he speak Italian?
Roberta: Yes, he speaks Norwegian, English and a little Italian.

### Vocabulary / Vokabular

| | |
|---|---|
| samboer (en) | girlfriend / boyfriend you live with |
| ja | yes |
| nei | no |
| finne | find |
| jobb (en) | job |
| må | must |
| lære | learn |
| først | first |
| kommer fra | come from |
| Italia | Italy |
| mannen min | my husband |
| snakke | speak |
| engelsk | English |
| italiensk | Italian |

## Language point

### Personal pronoun – subject form

The subject is the "actor", the person carrying out or doing something.

### Singular

| | |
|---|---|
| jeg | I |
| du | you |
| han | he |
| hun | she |

# Exercise 6 (Audio 1.12–1.14)

Fill in the correct personal pronoun / Oppgave 6: Fyll ut riktig personlig pronomen

0  Hva heter du? *Jeg* heter Erik.

1  Hva heter samboeren din? _____ heter Maria.
2  Hva heter _____? Jeg heter Roberta.
3  Har du en jobb? Ja, _____ jobber i Oslo.
4  Hvor kommer _____ fra? Jeg kommer fra Tromsø.

| Continents, countries / Kontinent, land | Nationalities / nasjonaliteter | Languages / språk |
|---|---|---|
| **Nord-Amerika** | | |
| USA | amerikaner / amerikansk | engelsk |
| Canada | canadier / canadisk | engelsk / fransk |
| Mexico | meksikaner / meksikansk | spansk |
| **Europa** | europeer / europeisk | |
| Norge | nordmann | norsk |
| Island | islending | islandsk |
| Sverige | svenske | svensk |
| Danmark | danske | dansk |
| Finland | finne | finsk |
| Tyskland *(Germany)* | tysker | tysk |
| Frankrike *(France)* | franskmann | fransk |
| Spania *(Spain)* | spanjol | spansk |
| Portugal | portugiser | portugisisk |
| Italia | italiener | italiensk |

(*Continued*)

| Continents, countries / Kontinent, land | Nationalities / nasjonaliteter | Languages / språk |
|---|---|---|
| Belgia *(Belgium)* | belgier / belgisk | flamsk / fransk / tysk |
| Nederland *(Netherlands)* | nederlender | nederlandsk |
| Storbritannia *(Great Britain)* | brite / britisk | engelsk |
| Russland | russer | russisk |
| Sveits | sveitser / sveitsisk | tysk / fransk / italiensk |
| Østerrike *(Austria)* | østerriker / østerriksk | tysk |
| **Midtøsten** | | |
| Irak | iraker / iraksk | arabisk / kurdisk |
| Iran | iraner / iransk | persisk / pashto etc. |
| Israel | israeler / israelsk | hebraisk / arabisk |
| **Asia** | | |
| Pakistan | pakistaner / pakistansk | urdu |
| India | inder / indisk | hindi / bengali etc. |
| Japan | japaner | japansk |
| Kina | kineser | kinesisk |
| **Afrika** | | |
| Etiopia | etiopier / etiopisk | amharisk / arabisk |
| Egypt | egypter / egyptisk | arabisk |
| **Oceania** | | |
| Australia | australier / australsk | engelsk |
| New Zealand | newzealender / newzealandsk | engelsk |

Unit One: *Three students* 11

Note on capital letters / uppercase letters and lowercase letters:
Only the name of the country is spelled with a capital letter (uppercase letter) in Norwegian. The name of the nationality or the language is spelled with lowercase letters:

**Molly er amerikaner.** *(Molly is an American.)*
**Hun snakker engelsk.** *(She speaks English.)*

## Exercise 7

Fill in the name of the country, nationality or language / Oppgave 7: Fyll ut land, nasjonalitet eller språk

0  Elin kommer fra *Sverige*. Hun er svenske, og hun snakker *svensk*.

1  Han kommer fra Storbritannia. Han er brite, og han snakker ___ _____.

2  Hun kommer fra _____. Hun er italiener og snakker italiensk.

3  Pierre kommer fra Frankrike. Han er _____ og han snakker _____.

4  Folk i Sveits snakker _____, _____ og _____.

5  Margarita kommer fra _____. Hun er spanjol og snakker _____.

6  Jeg kommer fra Israel. Jeg er _____ og snakker _____.

7  Hvor kommer du fra? _____
   _____

8  Hva er din nasjonalitet? _____
   _____

9  Hvilke språk snakker du? _____
   _____

## Culture / Kultur

### Marital status (Sivilstand) (Audio 1.15–1.16)

Many Norwegians live together without being married. Some get married after a few years, or when they have children. On average, 40–45% of the marriages end up in divorce. In introductions in social settings, like in a classroom, it is not necessary to specify that one is divorced. Giving one's marital status as "*singel*" in these cases is perfectly all right. However, if one has a live-in girlfriend or boyfriend (*en samboer*), one cannot say that one is "*singel*", since one is considered spoken for just as much as a married person is. Since January 2009, people in same sex-relationships can get married just like heterosexuals, whereas before they were "partners".

| | |
|---|---|
| Jeg er ugift. | I'm unmarried. |
| Jeg er singel / enslig. | I'm single. |
| Jeg har en kjæreste. | I have a boyfriend / girlfriend. (literally: dearest) |
| Jeg er forlovet. | I'm engaged. |
| Jeg er samboer. | I'm living with someone. |
| Jeg har en samboer. | I have a live-in boyfriend / girlfriend. |
| Jeg er gift. | I'm married. |
| Jeg er skilt. | I'm divorced. |
| Jeg er enke. | I'm a widow. |
| Jeg er enkemann. | I'm a widower. |

### Exercise 8

Answer the questions / Oppgave 8: Svar på spørsmålene

0   Hvor kommer Roberta fra? *Hun kommer fra Italia.*

1   Hvor kommer du fra?
2   Snakker hun italiensk?
3   Hvor kommer mannen hennes fra?
4   Snakker mannen hennes italiensk?
5   Hvilke språk snakker du? *(Which languages do you speak?)*

6 Hvilket språk snakker man i Frankrike?
7 Hvilket språk snakker man i USA?
8 Hvilket språk snakker man i Kina?
9 Hva er din sivilstand? Er du gift? Er du singel?

## Exercise 9

Solve the crossword puzzle / Oppgave 9: Løs kryssordet

**Sivilstand (Marital Status)**

**Across / Vannrett:** ⇒
1. widower
3. married
5. separated
7. single
8. widow

**Down / Loddrett:** ⇓
2. boyfriend or girlfriend
4. engaged
5. live-in boyfriend or girlfriend
6. unmarried
7. divorced

## Dialogue 3 / Dialog 3

### After the first class period / Etter første time
(Audio 1.17)

Molly and her friends decide to go out to a café after class. They talk about where they live.

Molly: Skal vi ta en kopp kaffe?
Mark og Roberta: Ja, takk! Og kanskje et smørbrød.

| Molly: | Er du sulten? |
|---|---|
| Roberta: | Ja, både sulten og tørst. |
| Molly: | Hvor bor du i Oslo? |
| Roberta: | Jeg bor på Majorstuen. Hva med deg? |
| Molly: | Jeg bor på Kringsjå studentby. |

## Translation / Oversettelse

| Molly: | Shall we get a cup of coffee? |
|---|---|
| Mark and Roberta: | Yes, thank you! And maybe a sandwich. |
| Molly: | Are you hungry? |
| Roberta: | Yes, both hungry and thirsty. |
| Molly: | Where do you live in Oslo? |
| Roberta: | I live at Majorstuen. What about you? |
| Molly: | I live at Kringsjå student housing. |

## Vocabulary / Vokabular

| kopp (en) | cup |
|---|---|
| kaffe | coffee |
| takk | thank you, thanks |
| kanskje | maybe, perhaps |
| smørbrød (et) | open sandwich |
| sulten | hungry |
| bor | live, reside |
| Oslo | capital city of Norway |
| Majorstuen | neighbourhood just west of central Oslo |
| Kringsjå | one of several large student housing complexes in Oslo |

## Exercise 10

Fill in the missing words / Oppgave 10: Fyll ut de manglende ordene

0  Molly, Roberta og Mark skal ta en kopp kaffe.

1  Mark er _____. Han vil ha et smørbrød.
2  Roberta er både sulten og _____.
3  Roberta _____ på Majorstuen.
4  Molly _____ på Kringsjå.

## Language points

### Personal pronouns: Subject form (singular and plural) (Audio 1.18)

|  | Subject form |  |
|---|---|---|
| **1st person** | jeg | I |
|  | vi | we |
| **2nd person** | du | you |
|  | De *(uncommon)* | you *(formal)* |
|  | dere | you *(plural)* |
| **3rd person** | han | he |
|  | hun | she |
|  | den | it *(masc / fem)* |
|  | det | it *(neuter)* |
|  | de | they |

## Examples of subject pronouns

**Jeg** kommer fra England. *(I come from England.)*
Hvor kommer **du** fra? *(Where do you come from?)*
**Han** bor i Oslo. *(He lives in Oslo.)*
**Hun** bor i Kristiansand. *(She lives in Kristiansand.)*
**Vi** spiser middag. *(We are eating dinner.)*
**De** drikker kaffe. *(They are drinking coffee.)*
**Den** er gammel. *(It is old – referring to a masculine or feminine object.)*
**Det** er gammelt. *(It is old – referring to a neuter object.)*

## Exercise 11

Wordsearch (Ordjakt / Skjulte ord). Find the hidden subject pronouns in the grid below. The words may be either horizontal or vertical. There are seven words. / Oppgave 11: Finn de skjulte subjektspronomenene i tabellen under. Ordene kan stå vannrett eller loddrett. Det er sju skjulte ord.

| H | X | C | S | W | V | I |
|---|---|---|---|---|---|---|
| A | T | O | N | J | R | S |
| N | F | M | D | E | R | E |
| Y | D | U | B | G | V | K |
| O | Æ | A | T | R | P | S |
| H | U | N | W | D | E | H |

## Exercise 12

Fill in the correct subject pronoun / Oppgave 12: Fyll ut riktig subjektspronomen

0 Hva heter *du* ? Jeg heter Molly.

1 Hva heter du? _____ heter Erik.
2 Dette er Erik. _____ kommer fra Bergen.
3 Dette er Anne. _____ bor i Oslo.
4 _____ *(Erik og jeg)* skal ta en kopp kaffe.

5  Vil _____ (du og Anne) bli med?
6  Ja, takk. _____ (Anne og jeg) vil også gjerne ta en kopp kaffe.

## Language points

### Verbs

Norwegian has four basic verb forms:

| Infinitive | Present tense | Past tense | Perfect (used with a helping verb) |
|---|---|---|---|
| spise (eat) | spiser (eats, is eating) | spiste (ate, was eating) | har spist (eaten) |

### Infinitive

The infinitive form, or dictionary form, usually ends in an unstressed -e or a stressed vowel.

| | |
|---|---|
| **komme** | come |
| **spise** | eat |
| **snakke** | talk |
| **drikke** | drink |
| **finne** | find |
| **studere** | study |
| **hete** | be called |
| **være** | be |
| **bo** | live, reside |
| **ta** | take |

The infinitive cannot be used alone in a sentence but must be used in combination with a finite verb, such as a modal auxiliary / helping verb.

Jeg kan **synge**. *(I can sing.)*
Han må **spise**. *(He must eat.)*
Hun kan **snakke** norsk. *(She can speak Norwegian.)*

**Modal auxiliaries** express modes or conditions. In Norwegian, they are normally used in combination with the infinitive to indicate whether something is planned, desired, hypothetical, permitted, recommended etc.

| Present tense | English |
|---|---|
| kan | can, is able to |
| skal | shall, is going to |
| vil | will, wants to |
| må | must, has to |
| bør | ought to |

Examples

Vi **skal** spise middag klokka 5. *(We are going to eat dinner at 5:00.)*
Han **må** begynne å jobbe snart. *(He must begin to work soon.)*
Jeg **vil** ikke ha dessert. *(I don't want dessert.)*
Vi **kan** hjelpe deg. *(We can help you.)*
Jeg **vil** ikke ha det. *(I don't want that.)*

### Exercise 13

Practice the correct use of the infinitive. Follow the example. / Oppgave 13: Øv på riktig bruk av infinitiv. Følg eksempelet.

0 *Jeg skal studere norsk.*
  *Du skal studere norsk.*
  *Han skal studere norsk.*
  *Hun skal studere norsk.*
  *Vi skal studere norsk.*
  *Dere skal studere norsk.*
  *De skal studere norsk.*

1 Jeg skal snakke norsk.
  Du_____
  Han_____

Hun _____
Vi _____
Dere _____
De _____
2. Jeg må lære norsk.
Du _____
Han _____
Hun _____
Vi _____
Dere _____
De _____
3. Jeg vil ha en kopp te.
Du _____
_____
_____
_____
_____
_____
_____

## Infinitive marker

The infinitive marker is **å**. The infinitive with the infinitive marker is used after a non-modal verb.

> Han liker **å reise** med fly. *(He likes to travel by plane.)*
> Jeg lærer **å snakke** norsk. *(I'm learning to speak Norwegian.)*

## Exercise 14

Make five new sentences with the verbs "liker" (like), "lærer" (learn) and "prøver" (try) / Oppgave 14: Lag fem nye setninger med verbene "liker", "lærer" og "prøver"

0   *Jeg liker å spise smørbrød.*

## Exercise 15

Infinitive or present tense? Fill in the correct form of the verbs in parentheses, as shown in the example. / Oppgave 15: Infinitiv eller presens? Fyll ut riktig form av verbene fra parentesen, som vist i eksempelet.

0  Jeg *lærer* norsk. Jeg kan *lære* norsk. Jeg prøver å *lære* norsk.
1  Molly skal _____ norsk. Molly _____ norsk nå. *(studere / studerer)*
2  Katrine _____ spansk. Katrine kan _____ _____ spansk. *(snakke / snakker)*
3  Molly og Mark prøver å _____ norsk. De vil ___ _____ mye i Norge, men nå _____ de ikke så godt norsk! *(snakke / snakker)*

## Exercise 16

Introduce Roberta. Follow the order in the keywords below. / Oppgave 16: Presenter Roberta. Følg rekkefølgen fra stikkordene under.

Navn:
Nasjonalitet:
Sivilstand:
Morsmål:
Andre språk / fremmedspråk:
Adresse / Bosted:

## Exercise 17

Introduce yourself / Oppgave 17: Presenter deg

Navn: Jeg heter _____.
Nasjonalitet: Jeg kommer fra _____. Jeg er
_____

Morsmål (*native language*): Morsmålet mitt er _____
_____, men jeg snakker også _____.
Adresse: Jeg bor _____.
Sivilstand: Jeg er _____ / Jeg har
_____.

## Exercise 18

Using the information you supplied in Exercise 17, write a short paragraph about yourself. Write about where you are from, where you live, what languages you speak, your nationality, what your marital status is, whether you have a job etc. / Oppgave 18: Bruk informasjonen du oppga i Oppgave 17 og skriv et kort avsnitt om deg selv. Fortell hvor du er fra, hvor du bor, hvilke språk du snakker, din nasjonalitet, din sivilstand, om du har jobb, osv.

# Unit Two
# På handletur
On a shopping trip

In this unit you will learn how to:

- use prepositions of place
- count up to 1000
- use nouns (gender, indefinite form, definite form, plurals)
- use irregular present tense verbs
- make negative statements
- use sentence structure after adverbials and in questions
- talk about dialects and the monetary system

### Dialogue 1 / Dialog 1

**Mark and Molly buy supplies. / Mark og Molly kjøper utstyr.** (Audio 1.22)

Mark and Molly go to the bookstore to buy supplies for their Norwegian course. Everything is so expensive!

Mark: Jeg må kjøpe utstyr til norskkurset. Blir du med?
Molly: Ja, jeg trenger også en del ting. Her er bokhandelen.
Molly: Hva trenger du?
Mark: Jeg trenger lærebøker, to blyanter og et viskelær. Hva med deg?
Molly: Jeg trenger bare et par penner og papir.

Unit Two: *On a shopping trip*

Mark: Hva koster pennene?
Molly: De koster tjuefem kroner.
Mark: Oj, det var dyrt!
Molly: Ja, alt er dyrt i Norge.

## Translation / Oversettelse

Mark: I have to buy supplies for the Norwegian course. Do you want to come along?
Molly: Yes, I need a few things also. Here is the bookstore.
Molly: What do you need?
Mark: I need textbooks, two pencils and an eraser (rubber). What about you?
Molly: I just need a couple of pens and paper.
Mark: What do the pens cost?
Molly: They cost twenty-five kroner.
Mark: Wow, that's expensive.
Molly: Yes, everything is expensive in Norway.

## Vocabulary / Vokabular

| | |
|---|---|
| utstyr (en/ei) | supplies, equipment |
| trenger | need, require |
| del (en) | some, a few |
| blir med | come with, come along |
| bokhandel (en) | bookstore |
| lærebok (en / ei) | textbook |
| blyant (en) | pencil |
| viskelær (et) | eraser (rubber) |
| med | with |
| bare | only, just |
| par (et) | couple |
| penn (en) | pen |
| papir (et) | paper |

| | |
|---|---|
| koster | costs |
| dyrt | expensive |
| alt | everything |

## Exercise 1

True or false? / Oppgave 1: Riktig (R) eller galt (G)?

0 Mark kjøper utstyr til engelskkurset. *G*

1 Han skal kjøpe utstyr i bokhandelen.
2 Han skal kjøpe penner og papir.
3 Molly skal kjøpe penner og papir.
4 Molly sier at alt er dyrt i Norge.
5 Lærebøkene koster kr 25.

## Exercise 2

Answer the questions / Oppgave 2: Svar på spørsmålene

0 Hvor skal Mark og Molly kjøpe utstyr til norskkurset? *De skal kjøpe utstyr i bokhandelen.*

1 Hva må Mark kjøpe til norskkurset?
2 Hva trenger Molly?
3 Hva koster pennene i bokhandelen?

## Language point (Audio 1.23–1.28)

### Cardinal numbers / Grunntall

0 null
1 en / ei / ett
2 to
3 tre
4 fire
5 fem

Unit Two: *On a shopping trip*

6 seks
7 sju (syv)
8 åtte
9 ni
10 ti
11 elleve
12 tolv
13 tretten
14 fjorten
15 femten
16 seksten
17 sytten
18 atten
19 nitten
20 tjue (tyve)
21 tjueen (enogtyve)
30 tretti (tredve)
40 førti
50 femti
60 seksti
70 sytti
80 åtti
90 nitti
100 hundre
101 ett hundre og en
200 to hundre
217 to hundre og sytten
1000 tusen
1305 ett tusen tre hundre og fem

Note: **én, ei** and **ett** are the only numerals affected by gender.

## Exercise 3

Numbers (0–20). Write the numerals. / Oppgave 3: Tall (0–20). Skriv tallene.

femten     *15*
fire
tolv

null
seks
fjorten
ti
tre
elleve
atten
ni
fem
sytten
åtte
to
nitten
sju / syv
seksten
tjue
en
tretten

## Exercise 4

Sudoku in Norwegian. Fill in the grid. / Oppgave 4: Sudoku på norsk. Fyll ut tabellen.

Each mini-grid, row and column must contain the numbers 1–9. There can be no duplicates in any row, column or mini-grid. If you have trouble, try writing in the numerals in the squares!

|  | ni | tre | en |  | fem | seks | fire |  |
|---|---|---|---|---|---|---|---|---|
| sju |  |  |  |  |  |  |  | fem |
| fem |  | en | to |  | ni | tre |  | sju |
| to |  |  |  |  |  |  |  | tre |
|  | tre | seks | ni |  | sju | fem | to |  |
| ni |  |  |  |  |  |  |  | en |
| tre |  | to | fire |  | åtte | en |  | ni |
| seks |  |  |  |  |  |  |  | fire |
|  | fire | sju | tre |  | to | åtte | fem |  |

## Language points

### Nouns

Nouns can have three genders in Norwegian: masculine, feminine and neuter.

| Masculine | | Feminine | | Neuter | |
|---|---|---|---|---|---|
| en penn | *(a pen)* | ei dør | *(a door)* | et brød | *(a loaf of bread)* |
| en gutt | *(a boy)* | ei jente | *(a girl)* | et barn | *(a child)* |

The indefinite articles are **en** for masculine, **en** / **ei** for feminine and **et** for neuter. In the singular indefinite form, the article precedes its noun and is separated from it as in English:

| en penn *(a pen)* | ei dør *(a door)* | et brød *(a loaf of bread, a bread)* |
|---|---|---|

The definite articles in the singular (**-en** for masculine, **-en** / **-a** for the feminine, **-et** for the neuter) are attached to the end of the noun:

| Masculine, sing., def. | Feminine, sing., def. | Neuter, sing., def. |
|---|---|---|
| penn**en** *(the pen)* | dør**a** / dør**en** *(the door)* | brød**et** *(the bread, the loaf of bread)* |

## Exercise 5

What is the definite form of the nouns (singular)? / Oppgave 5: Hva er bestemt form av substantivet i entall?

| | | |
|---|---|---|
| en / ei avis | *avisen* | *avisa* |
| en / ei bok | _____ | _____ |
| en / ei melk | _____ | _____ |
| en / ei liste | _____ | _____ |
| en / ei kasse | _____ | _____ |
| en blyant | _____ | |
| en farge | _____ | |
| en kaffe | _____ | |

en mann          _____
en perm          _____
en samboer       _____

et kurs          _____
et viskelær      _____
et pålegg        _____
et morsmål       _____
et navn          _____

## Noun plurals

**The indefinite plural is most often used with numbers and other quantity words, like many [*mange*] or some [*noen*].**
The ending -er is added to a noun to create the indefinite plural form, although there are many exceptions to this general rule. One-syllable neuter words do not usually take an ending in the indefinite plural.

### Regular pattern

en penn → penn**er** *(pens)*
en blyant → blyant**er** *(pencils)*

### One-syllable neuter nouns

et brød → brød *(loaves of bread)*
et kurs → kurs *(courses)*
et navn → navn *(names)*
et par → par *(pairs)*
*Exception*: et sted *(a place)* → steder *(places)*

### Compound words are determined by the last element of the compound

et viske**lær** → viskelær *(erasers)*
et mors**mål** → morsmål *(native languages)*
et spørs**mål** → spørsmål *(questions)*

### Other

ei lærebok → lærebø**ker** *(textbooks [irregular plural])*
en bokhandel → bokhandler *(bookstores)*

Unit Two: *On a shopping trip*

en mor → mødre *(mothers)*
en far → fedre *(fathers)*
en datter → døtre *(daughters)*
en bror → brødre *(brothers)*
en søster → søstre *(sisters)*

## Exercise 6

Write the plural form of each noun / Oppgave 6: Skriv flertallsformen av hvert substantiv

0  Jeg har ikke én penn. Jeg har tre _____ *penner* _____.

1  Han har ikke én blyant. Han har mange _____.
2  Jeg har ikke én blokk. Jeg har fire _____.
3  Jeg vil ikke ha ett rundstykke. Jeg vil ha tre _____.
4  Hva koster brødet? Det koster 10 _____.
5  Har han ett barn? Nei, han har tre _____.

### Definite plural

The definite plural is formed by adding the ending **-ene**, regardless of gender. For a few one-syllable neuter nouns, the definite plural ending is -a.

| | |
|---|---|
| bil**ene** | *the cars* |
| dør**ene** | *the doors* |
| hus**ene** | *the houses* |
| barn**a** | *the children* |

## Exercise 7

Fill in the definite plural form / Oppgave 7: Fyll ut bestemt flertallsform

0  Har du noen blyanter? Ja, her er *blyantene*.

1  Har du noen penner? Ja, her er _____.
2  Har du noen rundstykker? Ja, _____ koster 5 kroner.
3  Har du noen brød? Ja, _____ ligger på bordet.
4  Har du noen barn? Ja, _____ mine bor i Polen.
5  Har du noen poser? Ja, her er _____.

## Summary: Noun forms

|   | Indefinite singular | Definite singular | Indefinite plural | Definite plural |
|---|---|---|---|---|
| M | **en** bil *(a car)* | bil**en** *(the car)* | bil**er** *(cars)* | bil**ene** *(the cars)* |
| F | **ei** dør *(a door)* | dør**a** *(the door)* | dør**er** *(doors)* | dør**ene** *(the doors)* |
|   | **ei** jente *(a girl)* | jent**a** *(the girl)* | jent**er** *(girls)* | jent**ene** *(the girls)* |
| N | **et** hus *(a house)* | hus**et** *(the house)* | hus *(houses)* | hus**ene** *(the houses)* |
|   | **et** eple *(an apple)* | eple**t** *(the apple)* | epl**er** *(apples)* | epl**ene** *(the apples)* |
|   | **et** sted *(a place)* | sted**et** *(the place)* | sted**er** *(places)* | sted**ene** *(the places)* |
|   | **et** barn *(a child)* | barn**et** *(the child)* | barn *(children)* | barn**a** *(the children)* |

## Culture / Kultur

### Oral and written forms of Norwegian (Audio 1.29)

In Norway, dialects have high status and are accepted even in the most formal of situations, for instance on television or when politicians in Parliament discuss important issues. There are significant differences between local dialects, and some Norwegian take great pride in discerning where someone is from based on their dialect. There are several ways of categorizing Norwegian dialects, but the simplest is to divide them into four regions: east-Norwegian, west-Norwegian, Trøndersk (Trøndelag area in central Norway), and north-Norwegian. East-Norwegian (including the Oslo area) has a rolled *r* and several other features, such as the so-called thick *l*, or retroflex *l*. West-Norwegian (including the south coast) uses a uvular *r* (like French), and no retroflex *l*. Intonation patterns are significantly different between the regions, and there are also vocabulary and grammatical differences between dialects. The dialect of Bergen, for example, has only two genders: masculine and neuter; most other dialects have three genders (masculine, feminine and neuter).

Traditionally, it has been seen as more educated or refined to speak and write without the feminine article and nouns. There is always a choice between the feminine gender (**ei tavle, tavla**) and the "common gender"

Unit Two: *On a shopping trip*

(**en tavle, tavlen**), which is identical to the masculine gender. Language and choice of genders and endings is a delicate issue in Norway; some will take offense if one uses too many -a endings, considering it to be radical; others will find the language too "posh" if one uses no -a endings.

Norway also has two distinct written forms, ***bokmål*** and ***nynorsk***. *Bokmål* is the language used in this book and was originally derived from Danish. *Nynorsk* was created in the mid-1800s by Ivar Aasen, who had travelled around Norway collecting samples of dialects. He later published a dictionary and a grammar book, in addition to a number of poems. By 1885, both forms of Norwegian had equal legal status, and today, both must be used in official government documents and on television and radio. In addition, all school children must learn both forms in school, although this is controversial, as only about 12% of Norwegians choose to use *nynorsk* as their main written form.

## Monetary system / Penger (Audio 1.30)

The basic unit of Norwegian currency is the ***krone*** (crown). The krone is divided into 100 øre. In 2015, there are approximately 9.38 kroner

in one Euro, 7.51 kroner in one American dollar, and 111.79 kroner in one British pound.

Coins *(mynter)*: 1 krone, 5 kroner, 10 kroner and 20 kroner
Bills *(sedler)*: 50 kroner, 100, kroner, 200 kroner, 500 kroner and 1000 kroner. New bills are coming out in 2017. Here is the winning proposal for the new 100- kroner bill.

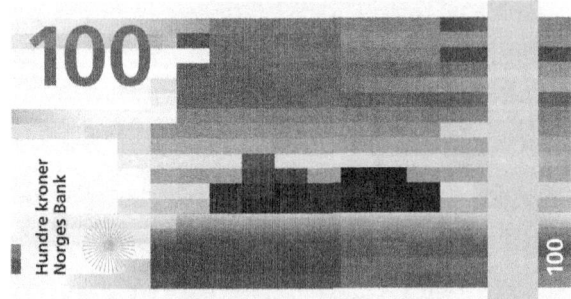

**Front**: The Gokstad ship from the 800s, with the Norwegian-designed X-Bow hull developed by Ulstein Design & Solutions AS in the background. Signal flag: Letter O.
**Back**: Pixel motif on the horizon: Cargo ship. Cubic pattern: 3.4 m / s. Organic pattern: Gentle breeze. Crests begin to break. Printed with permission from Norges Bank.

Prices are usually listed with kr in front of the number. Note the use of a comma as the decimal.

Unit Two: *On a shopping trip*

kr 29,90: tjueni kroner og nitti øre / tjueni nitti
kr 225,50: to hundre og tjuefem kroner og femti øre / to hundre og tjuefem femti

Note that prices are often in units of 10 øre even though the smallest coin is 1 krone. Prices are totalled up and then rounded to the nearest krone when paying cash. Electronic payments are not rounded up or down.

## Dialogue 2 / Dialog 2

### At the grocery store / I matbutikken (Audio 1.31)

Mark and his girlfriend are buying groceries for dinner. They discuss whether to buy chicken or fish and what kind of bread and sandwich fixings to buy.

| | |
|---|---|
| Mark: | Hva skal vi ha til middag? |
| Kjæreste: | Hva med kylling? Eller vil du ha fisk? |
| Mark: | Jeg foretrekker kylling, men laks er sunt og ikke så dyrt. |
| Kjæreste: | OK. Da tar vi laks. Skal vi også kjøpe litt brød og pålegg? |
| Mark: | Ja, brødet er der borte. Vi tar et kneippbrød og noen rundstykker. |
| Kjæreste: | Hva slags pålegg trenger vi? |
| Mark: | Jeg vil ha jordbærsyltetøy, brunost og salami. |

### Translation / Oversettelse

| | |
|---|---|
| Mark: | What shall we have for dinner? |
| Girlfriend: | What about chicken? Or do you want fish? |
| Mark: | I prefer chicken, but salmon is healthy and not as expensive. |
| Girlfriend: | OK. Then we'll take salmon. Shall we buy a little bread and sandwich fixings? |
| Mark: | Yes, the bread is over there. We'll take a whole-wheat bread and some hard rolls. |
| Girlfriend: | What kind of sandwich fixings do we need? |
| Mark: | I want strawberry jam, brown goat cheese and salami. |

## Vocabulary / Vokabular

| | |
|---|---|
| mat (en) | food |
| kjøper | buy |
| middag (en) | dinner |
| kylling (en) | chicken |
| eller | or |
| fisk (en) | fish |
| foretrekker | prefer |
| laks (en) | salmon |
| kjøpe | buy |
| litt | a little, some |
| brød (et) | bread |
| pålegg (et) | sandwich fixings, toppings to put on bread to make open-faced sandwiches |
| der borte | over there |
| hva slags | what kind |
| jordbær (et) | strawberry |
| syltetøy (et) | jam, preserves |
| brunost (en) | brown goat's milk cheese |

### Exercise 8

Answer the questions about the dialogue / Oppgave 8: Svar på spørsmålene om dialogen

0  Hvor skal Mark og kjæresten hans kjøpe mat? *De skal kjøpe mat i matbutikken.*

1  Hva skal Mark og kjæresten hans spise til middag?
2  Hva foretrekker Mark?
3  Hvorfor kjøper de laks?
4  Hva slags brød skal de kjøpe?
5  Hva slags pålegg skal de kjøpe?
6  Hva foretrekker du – fisk eller kylling?

Unit Two: *On a shopping trip*

## Language points

### Negation (Audio 1.32)

To make a sentence negative, put *ikke* after the main verb.
Example: Jeg kommer **ikke** fra Norge *(I do not come from Norway.)*
Han kan **ikke** spise fisk. *(He cannot eat fish.)*

### Exercise 9

Make the following sentences negative / Oppgave 9: Gjør setningene negative

0 Jeg kan snakke norsk. *Jeg kan ikke snakke norsk.*

1 Jeg trenger å kjøpe noe.
2 Det er så dyrt.
3 Jeg vil bli med.
4 Vi skal spise middag nå.
5 Han studerer kinesisk.
6 Han kommer fra Bergen.
7 Vi bor i Tromsø.
8 Jeg er sulten.
9 Han er gift.
10 Hun er singel.

## Asking questions

**Verb first: Snakker du** norsk? *(Do you speak Norwegian?)*

**Kan du** hjelpe meg? *(Can you help me?)*

### Exercise 10

Make questions / Oppgave 10: Lag spørsmål

0 *Snakker du norsk*____? Ja, jeg snakker norsk.

1 _____? Ja, jeg kommer fra Norge.
2 _____? Ja, jeg heter Mark.

3 _____? Ja, han snakker italiensk.
4 _____? Ja, jeg er sulten.
5 _____? Ja, jeg liker fisk.

## With Interrogatives

**Hvor** bor du? *(Where do you live?)*
**Når** spiser du middag? *(When do you eat dinner?)*
**Hva** heter du? *(What are you called?)*
**Hvordan** har du det? *(How are you?)*
**Hvem** er det? *(Who is that?)*
**Hvorfor** lærer du norsk? *(Why are you learning Norwegian?)*
**Hvilken** bok trenger du? *(Which / what book do you need?)* *(masc / fem)*
**Hvilket** viskelær liker du best? *(Which / what eraser do you like best?)* *(neuter)*
**Hvilke** penner er best? *(Which / what pens are best?)* *(plural)*
**Hvor mange** barn har du? *(How many children do you have?)*
**Hvor mye** koster det? *(How much does it cost?)*
**Hvor gammel** er du? *(How old are you?)*
**Hvor stort** er huset? *(How large is the house?)*

## Exercise 11

Fill in a logical interrogative / Oppgave 11: Fyll ut logisk spørreord

0 *Hva* heter kjæresten din? Hun heter Lise.

1 _____ er det? Det er Roberta, fra klassen min.
2 _____ koster brødet? Det koster 12 kroner.
3 _____ rundstykker vil du ha? Seks, takk.
4 _____ lærer du norsk? Fordi jeg har en norsk kjæreste.
5 _____ reiser du til Norge? På søndag.
6 _____ penn skal du kjøpe?
7 _____ blyanter er best?
8 _____ har du det? Bra, takk!

Unit Two: *On a shopping trip*

## Dialogue 3 / Dialog 3

### Paying at the cash register / I kassa (Audio 1.33)

Mark pays for his groceries using a bank card with a PIN code. He asks for three plastic bags.

| | |
|---|---|
| Mark: | Hei! |
| Kassadame: | Hei! Trenger du poser? |
| Mark: | Ja, tre poser, takk. |
| Kassadame: | Vil du betale med kort eller kontant? |
| Mark: | Med kort. |
| Kassadame: | Sett inn kortet og tast koden. Det blir 453 kroner. |
| Mark: | Kan jeg få 200 kroner kontant? |
| Kassadame: | Ja, vær så god. |

### Translation / Oversettelse

| | |
|---|---|
| Mark: | Hi |
| Cashier: | Hi! Do you need a bag? |
| Mark: | Yes. Three bags, please. |
| Cashier: | Do you want to pay with a card or cash? |
| Mark: | With a card. |
| Cashier: | Insert the card and enter the PIN code. That will be 453 kroner. |
| Mark: | Can I have 200 kroner in cash? |
| Cashier: | Yes, here you are. |

## Vocabulary / Vokabular

| | |
|---|---|
| **pose (en)** | plastic shopping bag (*There is usually a charge for these.*) |
| **betale** | pay |
| **kort (et)** | credit card or debit card |
| **kontant** | cash |

| | |
|---|---|
| **sett inn** | insert |
| **tast** | type, enter on a keypad |
| **få** | get, receive, have |
| **vær så god** | multi-purpose expression: here you go, here you are, go ahead, you're welcome |

## Exercise 12

Answer the questions / Oppgave 12: Svar på spørsmålene

0 Trenger Mark poser? *Ja, han trenger poser.*

1 Hvor mye må Mark betale?
2 Hvordan skal han betale? Med kort eller kontant?
3 Hvor mye penger vil han få kontant?
4 Hvor mange poser trenger han?

## Language points

### Verbs: Irregular present tense forms

While most verbs form the present tense by adding -r to the infinitive, several commonly used verbs have irregular forms. These must be memorized.

| Infinitive | Present tense | English |
|---|---|---|
| REGULAR | | |
| å ha | har | to have |
| å spise | spiser | to eat |
| IRREGULAR | | |
| å være | er | to be / are / is |
| å gjøre | gjør | to do |
| å spørre | spør | to ask |
| å vite | vet | to know |
| å si | sier | to say, tell |

Unit Two: *On a shopping trip*

## Exercise 13

Infinitive (with or without å) or present tense? Fill in the correct form of the infinitive provided in parentheses. Remember to use the infinitive form after a modal auxiliary and the infinitive with å after other verbs (such as *liker, lærer, prøver*). / Oppgave 13: Infinitiv (med eller uten å), eller presens? Fyll ut riktig form av verbet i parentesen. Husk å bruke infinitiv etter et modalverb, og infinitiv med å etter andre verb (som liker, lærer, prøver).

0 Erika kan ikke *spise* fisk. (spise)

1 Jeg _____ ikke sjokolade. *(spise)*
2 Mannen _____ Jørgen. *(hete)*
3 Jeg vil _____ med deg i butikken. *(bli)*
4 Han liker _____ te. *(drikke)*
5 Jeg kan _____ mange språk. *(snakke)*
6 _____ du tysk? *(snakke)*
7 Vi prøver _____ på lørdag. *(komme)*
8 Hvorfor _____ du i Norge? *(være)*
9 Hva _____ du på søndag? *(gjøre)*
10 Vil du _____ noe å spise? *(ha)*

## Culture / Kultur

### Saying please and thank you (Audio 1.34)

**Takk** (*thank you*) is found in many combinations and can also be used where one would say "please" in English. Here are some of the more common ones:

| | |
|---|---|
| **å takke** | to thank. |
| **Takk.** | Thank you. |
| **Tusen takk.** | A thousand thanks. *(literal meaning)* |
| **Takk skal du ha.** | Thanks shall you have. *(literal meaning)* |
| **Mange takk.** | Many thanks. |
| **Takk for maten.** | Thanks for the food. *(literal meaning)* |

## Common replies

| | |
|---|---|
| **Ingen årsak.** | Don't mention it. |
| **Ingenting å takke for.** | Nothing to say thank you about. *(literal meaning)* |
| **Ikke noe problem.** | No problem. |
| **Det er greit.** | That's okay. |
| **Selv takk.** | Thanks to you, too. |
| **Bare hyggelig.** | Just pleasant. *(literal meaning)* |
| **Vær så god.** | Multi-purpose expression – can mean "you're welcome". |

## Thanks in greetings

An expression used when greeting somebody you had recently been with at a party or a social setting / function:

| | |
|---|---|
| **Takk for sist.** | Thank you for the last time. *(literal meaning)* – An expression used with somebody who was your host or whom you met at a social function / party. |
| **The reply:** | |
| **Takk i like måte.** | Thank you likewise. *(literal meaning)* |

## Accepting or declining an offer

When accepting or declining an offer you should add **takk** to **ja** (*yes*) as well as to **nei** (*no*), and in such a context, **takk** corresponds to "please".

| | |
|---|---|
| **Ja, takk.** | Yes, please. |
| **Nei, takk.** | No, thank you. |

Unit Two: *On a shopping trip*     41

# Use of bank cards in Norway / Bruken av bankkort i Norge

Norwegians are among the most active users of bank cards in the world. The cards are equipped with a data chip. At a store, one sticks the card into a machine at the checkout and enters a PIN code. No signature is needed. It is also possible to withdraw cash during the transaction in the store. To use these cards online, a security system called "Bank ID" is used. This requires the use of a code generator device, which produces a new code each time that is typed into the computer, in addition to a personal password.

## Exercise 14

Make a dialogue. You are talking to your roommate on your mobile phone. Your roommate asks you to buy some food. / Oppgave 14: Lag en dialog. Du snakker med romkameraten på mobilen. Romkameraten ber deg kjøpe mat.

    mat *(food)*
    brød: kr 14
    en flaske Cola: kr 20
    et rundstykke: kr 6
    en kilo laks: kr 120
    400 gram karbonadedeig *(hamburger meat)*: kr 29,20
    en pakke pølser *(a package of hot dogs)*: kr 10

Romkameraten *(the roommate)*:    Hvor skal du gå?
Du:    *Jeg skal gå i butikken.*
        *(You tell your roommate you are going to the store.)*
Romkameraten:    Kan du kjøpe litt mat til meg?
Du:    _____

        *(You agree to do it. You ask what your roommate needs.)*

Unit Two: **På handletur**

Romkameraten: Takk skal du ha! Jeg vil ha et brød, fem rundstykker, en kilo laks og en pakke pølser. Hvor mye koster det?
Du: _____

*(You give the total.)*
Romkameraten: Hva skal du kjøpe?
Du: _____

*(You explain that you plan to buy a bottle of Cola, 400 grams of hamburger meat and six rolls.)*
Romkameraten: Har du penger?
Du: _____

*(You explain that you have a bank card.)*
Romkameraten: Tusen takk skal du ha!
Du: _____

*(Respond appropriately.)*
Romkameraten: Ha det bra!
Du: _____

# Unit Three
# På tur
Going for walks

In this unit you will learn how to:

- discuss the weather and outdoor activities
- greet and invite someone to an activity
- use the pronouns den / det / de
- use adverbs of location and motion
- use sentence structure and word order
- answer yes / no questions

## Dialogue 1 / Dialog 1

### A walk around Sognsvann / En tur rundt Sognsvann (Audio 1.38)

Molly and a neighbour from Kringsjå agree to go for walk around Sognsvann Lake, a lake near their student housing in Oslo. They discuss the popularity of going for walks in Norway, no matter what the weather.

Molly:     Hei, Gabriela. Har du lyst til å gå en tur rundt Sognsvann?
Gabriela:  Ja, gjerne! Det er fint med litt mosjon.
Molly:     Ja, vi kan ikke bare sitte inne og studere.
Gabriela:  Nei, og det er så fint vær i dag. Sola skinner.
Molly:     Det blir sikkert regn i morgen.

Gabriela: Eller kanskje snø!
Molly: Men nordmenn liker å gå tur når det regner eller snør.
Gabriela: Det stemmer! "Det fins ikke dårlig vær, bare dårlige klær!", sier de.

## Translation / Oversettelse

Molly: Hi, Gabriela. Do you want to go for a walk around Sognsvann Lake?
Gabriela: Yes, I would! It's nice to get some exercise.
Molly: Yes, we can't just sit inside and study.
Gabriela: No, and the weather is so nice today. The sun is shining.
Molly: It will probably rain tomorrow.
Gabriela: Or maybe snow!
Molly: But Norwegians like to take walks when it's raining or snowing.
Gabriela: That's true! "There's no such thing as bad weather, just bad clothing!" they say.

### Vocabulary / Vokabular

| | |
|---|---|
| har lyst | want to, wish to |
| gå en tur | go for a walk |
| rundt | around |
| gjerne | gladly, with pleasure |
| fint | fine, good |
| mosjon | exercise |
| sitte | to sit |
| inne | inside |
| studere | to study |
| vær (et) | weather |
| i dag | today |
| sol (ei) | the sun |

# Unit Three: Going for walks

| | |
|---|---|
| **skinner** | is shining |
| **sikkert** | surely |
| **regn (et)** | rain |
| **i morgen** | tomorrow |
| **når** | when, whenever |
| **det regner** | it is raining |
| **det snør** | it is snowing |

## Exercise 1

True or false? / Oppgave 1: Riktig (R) eller galt (G)?

|   |   | Riktig (R) | Galt (G) |
|---|---|---|---|
| 0 | Molly sier "hei" til Gabriela. | R | |
| 1 | Molly har lyst til å gå en tur i dag. | | |
| 2 | Gabriela har ikke lyst til å bli med. | | |
| 3 | De skal gå rundt Sognsvann. | | |
| 4 | Det regner i dag. | | |
| 5 | Nordmenn liker ikke å gå tur når det regner. | | |
| 6 | Det blir sikkert regn i morgen. | | |
| 7 | Molly foretrekker å sitte inne og studere. | | |

## Exercise 2

Answer the questions about the dialogue / Oppgave 2: Svar på spørsmålene om dialogen

0  Hvor bor Molly og Gabriela? *De bor på Kringsjå.*

1  Hva skal Gabriela og Molly gjøre i dag?
2  Hvor skal de gå?
3  Har Gabriela lyst til å være med?
4  Hvordan er været i dag?
5  Hvordan blir været i morgen?

## Language point

Invitations and queries about wishes

Har du lyst til å _____? / Do you want to _____?
Har du lyst til å gå en tur?
Har du lyst til å lære norsk?

### Exercise 3

Make an invitation or ask about wishes / Oppgave 3: Lag en invitasjon eller spørsmål om ønsker

0   Har du lyst til å *studere italiensk*? (study Italian)

1   Har du lyst til å _____? *(study Norwegian)*
2   Har du lyst _____? *(live in Norway)*
3   Har du _____? *(find a job)*
4   _____?
    *(take a cup of coffee)*
5   _____?
    *(come along / be with)*
6   _____?
    *(learn German)*

## Culture / Kultur

### Outdoor activity / Friluftsliv

Outdoor activity is an important part of life in Norway. Norwegians even have a term for it: *Friluftsliv* means literally "free air life". According to Statistics Norway, 80% of Norwegians have taken a hike in the woods during the past year, and 40% have gone skiing. It's safe to say that most people consider it desirable to get exercise outdoors even if they themselves never set foot outside! Fresh air is considered so important that infants are left outdoors or on balconies to take naps, and young children play outside as much as possible, even when it is cold or wet. As Gabriela says in the dialog, "There's no such thing as bad weather, just bad clothing".

## Weather / vær (Audio 1.39)

Norwegians are interested in the weather. There are detailed weather reports and forecasts on television, radio and the internet, and it's a common topic of conversation. Despite their tolerance for bad weather and cold, however, Norwegians also love sunshine and hot weather. In fact, many Norwegians flee the often wet and chilly summers for warmer climes such as southern Spain, Greece or even Florida. Norwegians use the Celsius scale, where water freezes at 0°C and boils at 100°C.

**Weather terminology and some symbols**

|  | Det er fint vær | It's fine weather. |
| --- | --- | --- |
|  | Sola skinner. | The sun is shining. |
|  | Det regner. | It's raining. |
|  | Det snør. | It's snowing. |
|  | Det er skyet. | It's cloudy. |
|  | Det er overskyet. | It's overcast. |
|  | Det er oppholdsvær. | It's not raining. |
|  | Det blåser. | It's windy. |

(*Continued*)

|  | Det er tåke. | It's foggy. |
|---|---|---|
|  | Det er lyn og torden. Det er tordenvær. | There is lightning and thunder. |
|  | Det er varmt. | It's hot. |
|  | Det er kaldt. | It's cold. |
|  | Det er fuktig. | It's humid. |

##  Exercise 4: Weather / Oppgave 4: Været

Visit www.yr.no on the web and check out the weather report for various cities in Norway.

0 Hva er temperature i Oslo? *16 grader*

1 Hva er temperaturen i Oslo?
2 Hvordan er været i Oslo?
3 Hva er temperaturen i Bergen?
4 Hvordan er været i Bergen?
5 Regner det i Tromsø?
6 Blåser det i Stavanger?

Unit Three: *Going for walks*

7 Er det varmt i Trondheim?
8 Er det skyet i Nord-Norge *(North Norway)*?
9 Skinner sola i Stavanger?
10 Hvordan er været og temperaturen der du bor?

## Dialogue 2 / Dialog 2

### On a walk / På tur (Audio 1.40)

While Molly and Gabriela walk around Sognsvann, they discuss their pets.

| | |
|---|---|
| Molly: | Det er mange mennesker som går og løper rundt Sognsvann i dag. |
| Gabriela: | Og det er mange folk som går tur med hunden også. |
| Molly: | Har du en hund? |
| Gabriela: | Nei, jeg foretrekker katter. Hjemme i Tsjekkia har jeg en katt. |
| Molly: | Hvor bor den nå? |
| Gabriela: | Hjemme hos foreldrene mine. Jeg savner den. |

### Translation / Oversettelse

| | |
|---|---|
| Molly: | There are a lot of people walking and running around Sognsvann lake today. |
| Gabriela: | And there are many people going for walks with the dog, too. |
| Molly: | Do you have a dog? |
| Gabriela: | No, I prefer cats. At home in the Czech Republic, I have a cat. |
| Molly: | Where is it living now? |
| Gabriela: | At home with my parents. I miss it. |

## Vocabulary / Vokabular

| | |
|---|---|
| **mange** | many |
| **mennesker** | people |
| **går** | walk |

| | |
|---|---|
| **løper** | run |
| **rundt** | around |
| **folk** | people |
| **hund (en)** | dog |
| **også** | also, too |
| **katt (en)** | cat |
| **hjemme** | at home |
| **bor** | live, reside |
| **foreldre** | parents |
| **savner** | miss |
| **den** | it (referring to masculine or feminine nouns) |

## Exercise 5

Answer the questions about the dialogue / Oppgave 5: Svar på spørsmålene om dialogen

0 Er det mange folk som går tur med hunden i dag? _Ja, det er mange folk som går tur med hunden i dag._

1 Er det mange mennesker som går tur rundt Sognsvann i dag?
2 Har Gabriela en hund?
3 Hvor kommer Gabriela fra?
4 Hvor er katten hennes?
5 Hvor bor foreldrene hennes?

## Exercise 6

Fill in the missing words / Oppgave 6: Fyll ut ordene som mangler

0 Det er _mange_ mennesker som _går_ og løper rundt Sognsvann.

1 Det er mange _____ som går og _____ rundt Sognsvann i dag.
2 Det er også mange folk som går _____ med _____.
3 Gabriela har ikke _____. Hun foretrekker _____.
4 Hun _____ katten.
5 _____ er _____ hos foreldrene hennes.

# Language point: Pronouns

Den / Det / De

When referring to an object or an animal, we can either use the noun or a pronoun. If we use a pronoun, it must agree in gender and number with the noun.

## Using the noun

en katt – katten *(a cat – the cat)*
en tur – turen
en hund – hunden
en jobb – jobben
en kopp – koppen
kopper – koppene
et smørbrød – smørbrødet
et viskelær – viskelæret

## Using a pronoun

**den** – singular nouns, masculine or feminine
**det** – singular nouns, neuter
**de** – plural nouns, any gender; also people and animals

Jeg har en hund. **Den** *(hunden)* heter Trofast.
Jeg skal kjøpe et smørbrød. **Det** *(smørbrødet)* koster kr 25.
Erik skal kjøpe 5 rundstykker. **De** *(rundstykkene)* koster kr 30.

## Exercise 7

Fill in the pronoun (den, det or de) that substitutes for the noun in the first sentence / Oppgave 7: Fyll ut pronomenet (den, det, eller de) som erstatter substantivet i første setningen

0  Liker du kaffen? Ja, *den* er god.

1  Jeg vil ha en kopp te. Vær så god. Her er _____.
2  Har du en hund? Ja, _____ er hjemme.
3  Jeg har fire katter. _____ heter Mjau, Pusur, Maia og Solan.
4  Har du et viskelær? Ja, jeg kjøpte _____ i bokhandelen.

## Dialogue 3 / Dialog 3

### A cup of tea / En kopp te (Audio 1.41)

Molly and Gabriela meet Mark and decide to go to Gabriela's for a cup of tea.

| | |
|---|---|
| Molly: | Der er Mark! |
| Gabriela: | Hvem er Mark? |
| Molly: | Det er en fra norskkurset. |
| | Mark! Hei, hvordan går det? |
| Mark: | Takk, det går bra. Og du? |
| Molly: | Bare bra, takk. Mark, dette er Gabriela. |
| Mark: | Hyggelig å hilse på deg! |
| Gabriela: | I like måte! Vi går hjem til meg og lager en kopp te. Du kan også være med, Mark. |
| Mark: | Takk, gjerne! |

### Translation / Oversettelse

| | |
|---|---|
| Molly: | There's Mark! |
| Gabriela: | Who is Mark? |
| Molly: | It's someone from the Norwegian class. |
| | Mark! Hi! How's it going? |
| Mark: | Thanks, fine. And you? |
| Molly: | Just fine, thanks. Mark, this is Gabriela. |
| Mark: | Nice to meet you. |
| Gabriela: | Same to you! We're going to my place to make a cup of tea. You can come, too, Mark. |
| Mark: | Thanks, I'd like that. |

### Vocabulary / Vokabular

| | |
|---|---|
| **klassekamerat (en)** | classmate |
| **hyggelig** | nice, pleasant |
| **hilse på** | say hello, meet, greet |

Unit Three: *Going for walks*

| | |
|---|---|
| **i like måte** | same to you, in like manner |
| **lager** | make, prepare |
| **være med** | come along |

## Exercise 8

Answer the questions about the dialogue / Oppgave 8: Svar på spørsmålene om dialogen

0  Hvem ser Molly og Gabriela? *De ser Mark.*

1  Hvem er Mark?
2  Hvordan går det med Mark?
3  Hva skal Gabriela og Molly gjøre nå og hvor?
4  Har Mark lyst til å være med?

## Exercise 9

Fill in logical words / Oppgave 9: Fyll ut logiske ord

Molly og Gabriela går _____*tur*_____ rundt Sognsvann. Der ser de Mark, som er en fra _____. Molly spør Mark: "Hvordan _____?" Mark sier: "_____". Gabriela sier at de skal gå hjem og _____ en kopp te. Mark kan _____, hvis han vil. Mark sier ja, _____.

## Language points

### Adverbs indicating location and motion

| Adverbs of location | Adverbs of motion / direction |
|---|---|
| Mari er **inne** i huset. *(Mari is inside the house.)* | Kom **inn**! *(Come in!)* |
| Per leker **ute**. *(Per is playing outside.)* | Gå **ut**! *(Go out!)* |

| Adverbs of location | Adverbs of motion / direction |
|---|---|
| Mor er **oppe** i soverommet. *(Mother is up in the bedroom.)* | Erik gikk **opp** trappa. *(Erik went up the stairs.)* |
| Jeg er **nede** i kjelleren. *(I'm down in the basement.)* | Kom **ned** fra treet! *(Come down from the tree!)* |
| Han er **hjemme**. *(He is [at] home.)* | Hun reiser **hjem** i dag. *(She's going home today.)* |
| Pengene er **borte**. *(The money is gone.)* | Vi reiser **bort** i helgen. *(We're going away this weekend.)* |
| Anne er ikke **her**. *(Anne is not here.)* | Kom **hit** og hjelp meg. *(Come here and help me.)* |
| Bilen står **der**. *(The car is standing there.)* | Når du kommer **dit**, kan du sove. *(When you get there you can sleep.)* |

## Exercise 10

Fill in the correct adverb of location or motion / Oppgave 10: Fyll inn korrekt stedsadverb

0  Anne går *opp* trappa. *(opp / oppe)*

1  Erik er ikke _____ i dag. *(hjem / hjemme)*
2  Jeg skal reise _____ til Tyskland på mandag. *(hjem / hjemme)*
3  Hvor er bilen? Den er _____. *(der / dit)*
4  Hvor er Annika? Hun er _____. *(ut / ute)*
5  Hvor går du nå? Jeg skal gå _____. *(ut / ute)*

## Short answers (Audio 1.42–1.44)

Often we choose to answer a yes / no question briefly, rather than repeating the entire sentence. For example in English, you might respond: "Yes, I do" or "No, I don't", "Yes, I have" or "No, I haven't" or "Yes, I can" or "No, I can't".

The same type of response is common in Norwegian:

Unit Three: *Going for walks*

**With modal auxiliary verbs, the modal is repeated:**
**Kan** du snakke norsk? Ja, det **kan** jeg. / Nei, det **kan** jeg ikke.
**Vil** du drikke te? Ja, det **vil** jeg. / Nei, det **vil** jeg ikke.
**Må** du reise hjem? Ja, det **må** jeg. / Nei, det **må** jeg ikke.

**When "har" or "er" is in the sentence, that is repeated:**
**Har** du penger? Ja, det **har** jeg. / Nei, det **har** jeg ikke.
**Er** det kaldt ute? Ja, det **er** det. / Nei, det **er** det ikke.

**With other verbs, the verb "gjør" is used in the response:**
Liker du laks? Ja, det **gjør** jeg. / Nei, det **gjør** jeg ikke.
Snakker du tysk? Ja, det **gjør** jeg. / Nei det **gjør** jeg ikke.

## Exercise 11

Answer the following questions with a short answer / Oppgave 11: Svar på spørsmålene med et kortsvar

0 Er du tørst?  *Ja, det er jeg.*

1 Snakker du engelsk?
2 Er det fint vær i dag?
3 Regner det i dag?
4 Er det kaldt i dag?
5 Har du en hund?
6 Kommer du fra Norge?
7 Bor du i Oslo?
8 Liker du lutefisk?
9 Har du lyst på en cola?
10 Skal du gå en tur i dag?

# Word order

In the sentence "Roberta snakker italiensk", *Roberta* is the subject, and *snakker* is the verb.

The finite verb comes second in simple declarative sentences (see the second column below). A finite verb is a verb in the present tense, the past tense or the imperative. The subject often comes first in the sentence:

|   | 1 | 2 |
|---|---|---|
| Jeg | liker | Norge. |
| Du | lærer | norsk. |
| Hun | snakker | italiensk. |
| Han | heter | Mark. |
| Vi | skal | gjøre oppgaver. |
| Dere | vil | snakke norsk. |
| De | kan **(know)** | mange ord. |

If another word or phrase other than the subject comes in the first column (in the beginning of the sentence), the subject will come immediately after the verb – so-called *inverted word order*. Here are some examples starting with **nå** *(now)*, **ofte** *(often)*, **noen ganger** *(sometimes)* and **i dag** *(today)*.

|   | 1 | 2 |   |
|---|---|---|---|
| Nå | lærer | du | norsk. |
| Ofte | betaler | han | kontant. |
| Noen ganger | snakker | hun | italiensk. |
| I dag | vil | vi | gjøre oppgaver. |

When an interrogative starts the sentence, it comes in the beginning, and the verb comes in the second column:

|   | 1 | 2 |
|---|---|---|
| Hva | heter | du? |
| Hvor | kommer | hun fra? |
| Hvorfor | studerer | han norsk? |
| Hvem | bor | på Kringsjå? |

## Exercise 12

Move the word or phrase in italics to the beginning of the sentence, rearranging the sentences as necessary / Oppgave 12: Flytt ordet eller uttrykket i kursiv til begynnelsen av setningen, og endre på setningsstrukturen ved behov

0   Han studerer **nå**. *Nå studerer han.*

1   Vi betaler **ofte** kontant. *Ofte . . .*
2   Dere snakker norsk **noen ganger**.

# Unit Three: Going for walks

3  De handler *i dag*.
4  Viskelærene er *her*.
5  Bøkene er *der*.

The word order in a sentence is not affected by conjunctions (words that connect sentences). The most common conjunctions are **og** *(and)*, **men** *(but)*, **for** *(because)* and **eller** *(or)*.

|  | 1 | 2 |  |
|---|---|---|---|
| Mark bor på Majorstuen, **og** | Molly | bor | på Kringsjå. |
| Katrines morsmål er norsk, **men** | hun | snakker | også engelsk. |
| Roberta snakker italiensk, **for** | hun | kommer | fra Italia. |
| Studentene kan gjøre oppgaver, **eller** | de | kan | skrive stil. |

Note: When the subject is the same, it can be omitted:
Studentene kan gjøre oppgaver eller skrive stil.

## Exercise 13

Make sentences with correct word order / Oppgave 13: Lag setninger med riktig ordstilling

0  engelsk    Jeg snakker ikke    men    tysk    jeg snakker    litt

*Jeg snakker ikke engelsk, men jeg snakker litt tysk.*

1  kommer fra      Jeg heter      og        Katrine     jeg      Norge
2  vanskelig       Norsk er       mange ord        likner på engelsk        men
3  i bokhandelen   Mark      er      han trenger    for    penner og blyanter
4  kan betale      Han      kontant      med kort      han kan betale      eller

How would the last sentence look if we do not repeat the subject?

   betale    kontanter    Han    kort    eller    kan    med

# Unit Four
# Tid og familie
Time and family

In this unit you will learn how to:

- talk about the days of the week and tell time
- use modal adverbs
- talk about food and meals (matpakke)
- talk about children and family members
- use possessive adjectives to show ownership
- use prepositions to talk about the time
- give directions using imperative statements
- use reflexive verbs and reflexive pronouns

## Dialogue 1 / Dialog 1

**The anniversary / Bryllupsdagen** (Audio 1.48)

Roberta and Magnus make plans for their anniversary. They decide to go to a restaurant and to a movie but realize they need a babysitter. Because neither Magnus's parents nor his sister are available, they decide to ask Molly if she can do it.

Roberta: Hei, elskling. Hvordan var det på jobben i dag?
Magnus: Fint, kjære. Husker du hvilken dag det er i morgen?
Roberta: Ja, det er lørdag!
Magnus: Nå tuller du! Det er jo bryllupsdagen vår.

Roberta: Jeg bare erter deg! Skal vi feire den?
Magnus: Ja, hva med å gå på restaurant og kino? Men vi trenger en barnevakt. Foreldrene mine er i Syden, og søstera mi er på konferanse i London.
Roberta: Kanskje Molly fra norskkurset kan sitte barnevakt. Hun liker barn. Jeg ringer til henne nå. Hvilken film vil du se?
Magnus: En som ikke går for sent. Klokka sju, kanskje?
Roberta: Ja, da kan jeg bestille bord på en restaurant nær kinoen til klokka fem.

## Translation / Oversettelse

Roberta: Hi, sweetheart. How was work today?
Magnus: Fine, darling. Do you remember what day it is tomorrow?
Roberta: Yes, it's Saturday!
Magnus: Now you're joking. It's our wedding anniversary, of course!
Roberta: I'm just teasing you. Are we going to celebrate?
Magnus: Yes. How about going to a restaurant and the movies? But we need a babysitter. My parents are in southern Europe and my sister's at a conference in London.
Roberta: Maybe Molly from my Norwegian class can babysit. She likes children. I'll call her now. What film do you want to see?
Magnus: One that isn't too late. Seven o'clock maybe?
Roberta: Yes, then we can reserve a table at a restaurant near the cinema for 5 o'clock.

## Vocabulary / Vokabular

| | |
|---|---|
| **elskling** | sweetheart (term of endearment) |
| **var** | was (past tense of å være) |
| **kjære** | darling (term of endearment) |
| **husker** | remember |
| **i morgen** | tomorrow |
| **lørdag** | Saturday |

| | |
|---|---|
| jo | of course, as you know |
| bryllupsdag (en) | wedding anniversary |
| erte | to tease |
| feire | celebrate |
| restaurant (en) | restaurant |
| kino (en) | movie theatre, cinema |
| barnevakt (en) | babysitter |
| sitte barnevakt | to babysit |
| ringe | to telephone, call |
| film (en) | movie, film |
| for sent | too late |
| kanskje | maybe |
| bestille | order, reserve |
| bord (et) | table |
| nær | near |

## Exercise 1

Answer the questions about the dialogue / Oppgave 1: Svar på spørsmålene om dialogen

0   Hvordan var det på jobben i dag? *Det var fint.*

1   Hvilken dag er det i morgen?
2   Hva skal Roberta og Magnus gjøre på bryllupsdagen sin?
3   Hvorfor trenger de en barnevakt?
4   Hvem kan kanskje sitte barnevakt?
5   Når *(when)* begynner filmen?
6   Når skal de spise middag?

## Language point (Audio 1.49–1.50)

### Days of the week

| | |
|---|---|
| mandag | Monday |
| tirsdag | Tuesday |

Unit Four: *Time and family*

| | |
|---|---|
| **onsdag** | Wednesday |
| **torsdag** | Thursday |
| **fredag** | Friday |
| **lørdag** | Saturday |
| **søndag** | Sunday |

Note: The days of the week are written in lowercase.
Kurset starter på mandag.

## Culture / Kultur

The first day of the week is Monday on the Norwegian calendar. On the calendar, the weeks are numbered from 1–52. It is common to refer to the number of the week when scheduling events. One might take a vacation in Week 28, for example, which would be in July.

## Exercise 2

What day is it? / Oppgave 2: Hvilken dag er det?

0 Hvilken dag kommer før *(before)* fredag? _Torsdag_

1 Hvilken dag kommer etter *(after)* fredag?
2 Hvilken dag kommer etter mandag?
3 Hvilken dag kommer etter onsdag?
4 Hvilken dag kommer før søndag?
5 Hvilken dag kommer før fredag?
6 Hvilken dag liker du best?
7 Hvilken dag liker du minst *(least)*?

## Language point

### Telling time

Hva er klokka?   What time is it?
Klokka er _____. / Den er _____.   It's _____ o'clock.
Klokka er tolv. (12:00)

Klokka er ett. (1:00) *(Note: Ett is used for 1:00.)*
Klokka er to. (2:00)
etc.

- Jeg kommer klokka tre. / Jeg kommer kl. 3. (*I'm coming at 3 o'clock.*)
  (Note: *No preposition is used before the time.*)
- Kurset starter klokka 8. *(The course starts at 8 am.)*

The half hour is oriented to the hour that comes after:

1:30 – halv to
2:30 – halv tre
3:30 – halv fire
4:30 – halv fem
5:30 – halv seks
6:30 – halv sju
7:30 – halv åtte
8:30 – halv ni
9:30 – halv ti
10:30 – halv elleve
11:30 – halv tolv
12:30 – halv ett

### Exercise 3 (Audio 1.51)

What time is it? / Oppgave 3: Hva er klokka?

1  3:00  *Klokka er tre.*

2  1:00
3  10:00
4  4:00
5  9:00
6  7:30
7  11:30
8  1:30
9  4:30

The designation of time is oriented to the whole hour and the half hour.

Unit Four: *Time and family*  63

5, 10 or 15 minutes past the hour would be:

fem over_____, ti over_____, kvart over _____

After a quarter past the hour and before a quarter to the hour, one refers to the half hour:

| | |
|---|---|
| 20 past | ti på halv |
| 25 past | fem på halv |
| 35 minutes past | fem over halv |
| 40 minutes past | ti over halv |

Study the examples below:

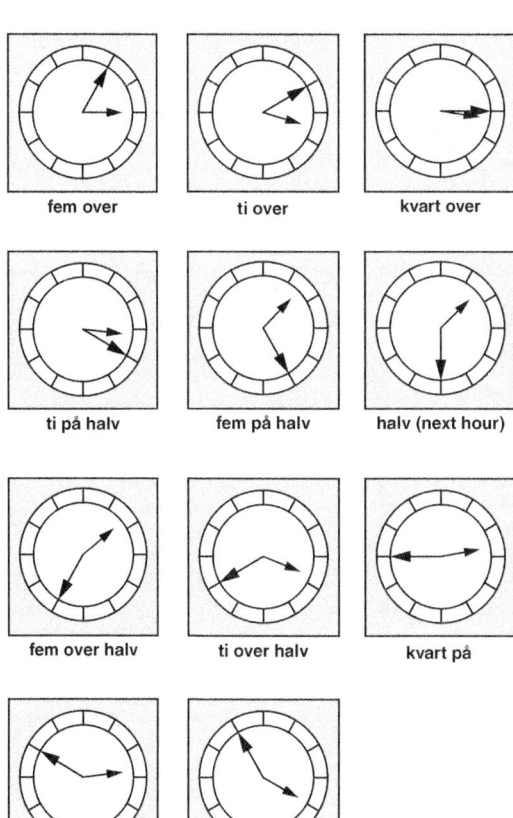

fem over     ti over     kvart over

ti på halv     fem på halv     halv (next hour)

fem over halv     ti over halv     kvart på

ti på     fem på

# Unit Four: Tid og familie

## Exercise 4 (Audio 1.52)

When are you coming? / Oppgave 4: Når kommer du?

1  12:55   *Jeg kommer klokka fem på ett.*

2  7:45
3  9:05
4  11:20
5  10:35
6  4:50
7  7:15
8  2:10
9  1:25
10  12:30

## Culture / Kultur

Norwegians often use the 24-hour clock. This is especially common on schedules – bus, train, movie, theatre. Even digital clocks display the 24-hour clock.

1 pm kl. 13.00
2 pm kl. 14.00

When using the 24-hour clock, it is common to read the time as written, although in casual usage, it is also common to convert the time to the equivalent in the 12-hour clock.

For example:

12:55 tolv femtifem / fem på ett
13:30 tretten tretti / halv to

## Language point

### Modal adverbs

Modal adverbs are little words used to express the speaker's feeling of certainty. For example in the last dialog Magnus says, "Det er jo

Unit Four: *Time and family*

bryllupsdagen vår". The word "jo" is not stressed and expresses Magnus's conviction that his statement is obvious and known to (or should be known to) both of them. It can be translated as "of course". They are placed after the verb but before other adverbs, such as "ikke".

**most certain**                                             **least certain**
jo      da      sikkert      nok      vel      eppe      knapt

Du må **da** spise mer! *(You MUST eat more!)*
Han kommer **sikkert** senere. *(I'm sure he'll come later.)*
Hun vil **nok** heller drikke te. *(She would probably rather drink tea.)*
Han liker **vel** ikke kaffe? *(He doesn't like coffee, does he?)*
Han vil **neppe** være interessert i å hjelpe til. *(He'd hardly be interested in helping.)*
Du kan ikke spise is nå! Det er **jo** middag snart! *(You can't eat ice cream now. It's almost dinnertime [as you well know]!)*
Det kommer **knapt** til å regne i dag. *(It's quite unlikely it will rain today.)*

## Dialogue 2 / Dialog 2

### Can you babysit? / Kan du være barnevakt?
(Audio 1.53)

Roberta calls Molly to ask if she can babysit. Molly asks Roberta to tell her about the children. Roberta describes her two children and discusses their daily routine.

Roberta:   Molly, jeg ringer for å spørre om du kan være barnevakt i morgen. Magnus og jeg har lyst til å gå ut, men vi har ikke barnevakt.
Molly:     Selvfølgelig stiller jeg opp! Det blir hyggelig.
Roberta:   Og du får selvsagt betalt. Jeg vet at fattige studenter alltid trenger penger.
Molly:     Ja, alt er dyrt i Norge! Fortell meg om barna dine, Roberta.
Roberta:   Babyen er bare seks måneder. Hun heter Emma. Vanligvis våkner hun mellom klokka seks og halv sju om morgenen.
Molly:     Hvor gammel er den eldste dattera di?

| | |
|---|---|
| Roberta: | Sofia er fire år gammel. Hun våkner også rundt klokka seks om morgenen. Da steller vi oss på badet, spiser frokost og lager matpakke til barnehagen. |
| Molly: | Er både Emma og Sofia i barnehagen? |
| Roberta: | Nei, bare Sofia. Klokka halv ni er Emma og jeg hjemme igjen. Hun sover litt, og jeg prøver å lese avisen og gjøre husarbeid. Jeg spiser lunsj klokka tolv, og halv tre kler vi på oss og henter Sofia i barnehagen. |
| Molly: | Hva gjør dere etterpå? |
| Roberta: | Om ettermiddagen er jentene ofte slitne og sure, så jeg gir dem litt frukt og prøver å få Emma til å hvile. Etterpå er det middag, barne-tv og litt kveldsmat. Og så leser vi en godnatthistorie for Sofia. |
| Molly: | Hvem passer Emma når du er på norskkurset? |
| Roberta: | Noen ganger har Magnus hjemmekontor. Andre ganger er hun hos foreldrene til Magnus. Det varierer. |

## Translation / Oversettelse

| | |
|---|---|
| Roberta: | Molly, I'm calling to ask if you can babysit tomorrow. Magnus and I want to go out, but we don't have a babysitter. |
| Molly: | Of course I can help out! That will be nice. |
| Roberta: | And of course you'll be paid. I know that poor students always need money. |
| Molly: | Yes, everything is expensive in Norway! Tell me about your children, Roberta. |
| Roberta: | The baby is just six months old. Her name is Emma. She usually wakes up between six and six-thirty in the morning. |
| Molly: | How old is your oldest daughter? |
| Roberta: | Sofia is four years old. She also wakes up around six in the morning. Then we get ready in the bathroom, eat breakfast and make lunch for day care. |
| Molly: | Are both Emma and Sofia at day care? |
| Roberta: | No, just Sofia. At eight-thirty, Emma and I are at home again. She sleeps a little, and I try to read the paper and do housework. I eat lunch at noon, and at 2:30, I get our |

Unit Four: *Time and family*

|  |  |
|---|---|
| | clothes on and we pick Sofia up at pre-school. |
| Molly: | What do you do afterwards? |
| Roberta: | In the afternoon the girls are often tired and grumpy, so I give them some fruit and try to get Emma to rest. Afterwards there's dinner, children's tv and a bedtime snack. And then we read a bedtime story for Sofia. |
| Molly: | Who watches Emma when you are at Norwegian class? |
| Roberta: | Sometimes Magnus works from home. Other times she is at Magnus's parents. It varies. |

## Vocabulary / Vokabular

| | |
|---|---|
| **spørre** | to ask |
| **i morgen** | tomorrow |
| **ha lyst til** | to want to |
| **selvfølgelig** | of course |
| **stille opp** | to help out |
| **hyggelig** | pleasant, nice |
| **selvsagt** | of course |
| **få betalt** | to be paid |
| **fattig** | poor |
| **fortelle** | to tell |
| **barn (et)** | child |
| **baby (en)** | baby |
| **vanligvis** | usually |
| **våkne** | to wake up |
| **mellom** | between |
| **om morgenen** | in the morning |
| **eldst** | oldest |
| **datter (ei / en)** | daughter |
| **stelle seg** | to get ready (wash, brush teeth etc.) |
| **bad (et)** | bathroom |
| **matpakke (en)** | packed lunch consisting of sandwiches, fruit etc. |

| | |
|---|---|
| barnehage (en) | day care centre or preschool |
| både – og | both – and |
| igjen | again |
| sove | to sleep |
| litt | a little |
| husarbeid (et) | housework |
| kle på seg | get dressed, put on clothes |
| hente | to pick up, fetch |
| etterpå | afterwards |
| om ettermiddagen | in the afternoon |
| sliten | tired, exhausted |
| sur | grumpy, cross, sour |
| frukt | fruit |
| hvile | to rest |
| kveldsmat (en) | evening snack, supper |
| historie (en) | story |
| passe | to watch, tend |
| noen ganger | sometimes |
| hjemmekontor (et) | home office |
| andre ganger | other times |
| foreldre | parents |
| variere | to vary |

## Exercise 5

True or false? / Oppgave 5: Riktig (R) eller galt (G)?

0 Molly har lyst til å være barnevakt i morgen.  R

1 Babyen er 18 måneder gammel.
2 Babyen våkner kl. 8 om morgenen.
3 Bare Sofia går i barnehagen.
4 Sofia er 5 år gammel.
5 Roberta spiser lunsj klokka 11.
6 Roberta prøver å gjøre husarbeid mens Emma sover.

Unit Four: *Time and family*

7 Roberta henter Sofia i barnehagen kl. 14.30.
8 Om ettermiddagen hviler Emma litt.
9 Jentene ser på barne-tv før middag.
10 Jentene spiser kveldsmat etter barne-tv.
11 Foreldrene til Magnus passer Emma noen ganger.

## Culture / Kultur

### Matpakke

Norwegians usually bring along a packed lunch, called a *matpakke*. This is as common for an office worker as it is for a child attending school or day care. The *matpakke* usually consists of several pieces of bread with cheese or meat (*pålegg*). This *brødskiver* are open sandwiches and usually are packed with a piece of waxed paper (*mellomleggspapir*) in between to keep them from sticking together. In addition to the *brødskiver*, one would usually have a piece of fruit or vegetable.

## Language point

### Family members

| | | |
|---|---|---|
| foreldre: | far (en) | father |
| (parents) | mor (ei / en) | mother |
| barn (et): | sønn (en) | son |
| (child) | datter (ei / en) | daughter |
| søsken (et): | bror (en) | brother |
| (sibling) | søster (ei / en) | sister |
| | tante (ei / en) | aunt |
| | onkel (en) | uncle |
| søskenbarn (et): | fetter (en) | male cousin |
| (cousin) | kusine (ei / en) | female cousin |
| besteforeldre: | bestefar (en) | grandfather |
| (grandparents) | bestemor (ei / en) | grandmother |
| oldeforeldre: | oldefar (en) | great-grandfather |
| (great-grandparents) | oldemor (ei / en) | great-grandmother |
| tippoldeforeldre osv. | | great-great-grandparents etc. |

Many names of family members have irregular plurals:

| | | | |
|---|---|---|---|
| ei mor | mora | mødre | mødrene |
| en far | faren | fedre | fedrene |
| en bror | broren | brødre | brødrene |
| ei søster | søstera | søstre | søstrene |
| en onkel | onkelen | onkler | onklene |
| en fetter | fetteren | fettere | fetterne |
| et barn | barnet | barn | barna |

## Exercise 6

Draw a family tree, naming each family member and showing the relationships. Include their ages. / Oppgave 6: Tegn et familietre der du navngir hvert familiemedlem og viser forholdet mellom familiemedlemmene. Ta med alder.

## Language point

### Possessives

While English distinguishes between possessive adjectives (*my dog*) and possessive pronouns (*Mine is the black one.*), Norwegian does not. There is only one form, which we will refer to simply as "possessive".

When Norwegian possessives are used as possessive adjectives, they normally appear after the definite form of the noun. Except for those ending in -s, they must agree in gender and number with the noun.

| | Masculine | Feminine | Neuter | Plural (all genders) |
|---|---|---|---|---|
| **jeg** *(I)* | sønnen **min** | mora **mi** | barnet **mitt** | foreldrene **mine** |
| **du** *(you)* | sønnen **din** | mora **di** | barnet **ditt** | foreldrene **dine** |
| **han** *(he)* | sønnen **hans** | mora **hans** | barnet **hans** | foreldrene **hans** |
| **hun** *(she)* | sønnen **hennes** | mora **hennes** | barnet **hennes** | foreldrene **hennes** |

# Unit Four: Time and family

|  | Masculine | Feminine | Neuter | Plural (all genders) |
|---|---|---|---|---|
| **vi** *(we)* | sønnen **vår** | mora **vår** | barnet **vårt** | foreldrene **våre** |
| **dere** *(you-pl)* | sønnen **deres** | mora **deres** | barnet **deres** | foreldrene **deres** |
| **de** *(they)* | sønnen **deres** | mora **deres** | barnet **deres** | foreldrene **deres** |

## Exercise 7

Insert the correct form of the possessive / Oppgave 7: Sett inn riktig form av possessiven

0  Jeg har en sønn. Sønnen ____*min*____ heter Andreas. *(my)*

1  Du har en bil. Bilen _____ er pen. *(your)*
2  Han har et hus. Huset _____ er stort. *(his)*
3  De har to sønner. Sønnene _____ heter Andreas og Pål. *(their)*
4  Vi har mange venner. Vennene _____ er på Facebook. *(our)*
5  Kan jeg låne boka _____? *(your)*

Ownership is also indicated by adding an -s to a noun or name. Note that no apostrophe is used:

Tors hammer *(Tor's hammer)*
guttens ball *(the boy's ball)*

## Exercise 8

The family / Oppgave 8: Familien

0  Hva heter faren din? *Faren min heter Andrew.*

1  Hva heter mora di?
2  Roberta har en baby. Hva heter babyen hennes?
3  Molly: "Roberta, hva heter dattera _____?"
4  Roberta: "_____ _____ heter Sofia".

5 Sofia: "Faren _____ heter Magnus".
6 Magnus og Roberta har to barn. Hva heter barna _____?
7 Emma prøver å spise _____ is. *(Sofia's)*

For emphasis or in more formal writing, the possessive can be used before the indefinite form of a noun: *Dette er min bil, ikke din! (This is **my** car, not **yours**!)*

## Exercise 9

Write a short paragraph about your family. Give names and ages for everyone. / Oppgave 9: Skriv om familien din. Ta med navn og alder på alle i familien.

Example:

*Jeg har en liten familie. Mora mi heter Rakel, og hun er 90 år gammel. Søstera mi heter Andrea. Hun er 51 år gammel og er gift med Brant. De har en sønn som heter Victor. Han er 13 år gammel. Han liker å spille is-hockey og lese.*

## Language point

### Sentence structure

As mentioned in Unit 3, the verb is in the second position in a statement in Norwegian, even if the verb and subject must switch places, in so-called *inverted word order*.

**Normal word order (subject – verb):**

**Jeg snakker** norsk nå. *(I speak Norwegian now.)*
**Vi skal** gå på kino på lørdag. *(We're going to go to the movies on Saturday.)*

**Inverted word order (adverbial – verb – subject):**

Nå **snakker jeg** norsk. *(Now I speak Norwegian.)*
På lørdag **skal vi** gå på kino. *(On Saturday we're going to go to the movies.)*

Unit Four: Time and family

## Exercise 10

Insert the verb and subject in the correct order / Oppgave 10: Sett inn verbet og subjektet i riktig rekkefølge

0  Nå __prøver jeg__ å lære norsk. *(jeg prøver / prøver jeg)*

1  _____ fra Trondheim. *(Anne kommer / kommer Anne)*
2  Nå _____ i Oslo. *(hun bor / bor hun)*
3  På mandag _____ begynne på norskkurset. *(jeg skal / skal jeg)*
4  _____ å studere språk. *(jeg liker / liker jeg)*
5  Noen ganger _____ klokka seks. *(jeg våkner / våkner jeg)*
6  _____ norskkurs på tirsdag. *(jeg har / har jeg)*
7  Om ettermiddagen _____ å gå en tur. *(jeg liker / liker jeg)*
8  _____ skal spise middag på restaurant, og etterpå _____ gå på kino. *(vi skal / skal vi)*

## Culture / Kultur

### Children and families

Norway is known for its child- and family-friendly policies. The birth rate is about 1.9, which is higher than the EU average of 1.5 and the second highest among the Nordic countries, with only Iceland higher.

Most children over the age of one attend a *barnehage*, or day care centre or preschool. Most political parties in Norway agree on the goal of 100% day care coverage so that all children have the opportunity to attend. This goal has been achieved in most areas of the country.

Below the age of one year, parents normally take a parental leave, which is shared between the mother and the father. To qualify for parental leave, the mother must have been employed at least half-time for at least six of the previous ten months. For the father to qualify for his leave, he also must have been employed six of the past ten months. The total leave in 2015 is 59 weeks at 80% pay or 49 weeks at 100% pay (based on the mother's earnings). They also have a right to their usual vacation for that year. Ten weeks of the parental leave are currently reserved for the father. Fourteen weeks, including three weeks before the due date and six weeks after the birth, are reserved for the mother. The rest can be divided between the parents. They can also be used on a part-time basis in combination with work but must be used before the child turns three. The goal is to get fathers involved with their children from the beginning, and indeed it is a common sight to see fathers out and about pushing small children in carriages or strollers. There is political debate now about how much freedom families should have to decide for themselves how to use the parental leave. The conservative government elected in the fall of 2013 would like to reduce or even eliminate the requirement that fathers take some of the time, while maintaining the length of the overall parental leave.

Some families elect to take a cash payment when the child is between the ages of one and two to care for the child at home instead of using a *barnehage* full time. All families, however, get a child benefit, or *barnetrygd*, for each child.

## Dialogue 3 / Dialog 3

**Molly arrives. / Molly kommer.** (Audio 1.54)

Molly arrives a bit late to babysit because her bus was delayed. This is not a problem as Magnus is still getting ready. Emma is sleeping, and Sofia is eating dinner in the kitchen. There is also food for Molly – meatballs, carrots and potatoes. After dinner, Sofia and Molly plan to watch children's television.

| | |
|---|---|
| Molly: | Hei! Unnskyld at jeg kommer litt seint. Bussen var forsinket. |
| Roberta: | Det gjør ikke noe! Vi har god tid. Klokka er bare halv fem. Og Magnus steller seg på badet. |
| Molly: | Hvor er jentene? Jeg gleder meg til å treffe dem! Jeg er så glad i barn. |
| Roberta: | Emma ligger og sover. Hun våkner sikkert om en halvtime. Sofia spiser middag på kjøkkenet. Kom og hils på henne! Det er mat til deg også. |

Unit Four: *Time and family*

## Translation / Oversettelse

Molly: Hi! I'm sorry I'm a little late. The bus was delayed.
Roberta: That doesn't matter! We have plenty of time. It's only 4:30. And Magnus is still getting ready in the bathroom.
Molly: Where are the girls? I'm looking forward to meeting them! I love children.
Roberta: Emma is sleeping. I'm sure she'll wake up in half an hour. Sofia is eating dinner in the kitchen. Come and meet her! There's food for you, too.

## Molly og Roberta går inn på kjøkkenet. / Molly and Roberta go into the kitchen

Molly: Hei, Sofia! Jeg heter Molly! Hvor gammel er du?
Sofia: Fire år! Skal du spise middag med meg?
Molly: Ja, takk! Vi kan spise litt sammen, og så kan vi se på barne-tv. Hva er det du spiser?
Sofia: Jeg spiser kjøttkaker og gulrøtter og poteter.
Molly: Så deilig! Kjøttkaker er det beste jeg vet.
Sofia: Kan jeg få sjokoladeis til dessert?
Molly: Vi får spørre mamma!
Roberta: Ja, selvfølgelig kan du det, vennen min.
Roberta: Hvor stor er familien din, Molly?
Molly: Vi er seks stykker. Jeg har to storesøstre og en lillebror.

## Translation / Oversettelse

Molly: Hi, Sofia! I'm Molly! How old are you?
Sofia: Four years old! Are you going to eat dinner with me?
Molly: Yes, please! We can eat a little together, and then we can watch children's tv. What are you eating?
Sofia: I'm eating meatballs and carrots and potatoes.
Molly: How delicious. Meatballs are my favourite.
Sofia: Can I have ice cream for dessert?
Molly: We'll have to ask mom.
Roberta: Yes, of course you can, sweetie. How big is your family, Molly?
Molly: There are six of us. I have two big sisters and a little brother.

## Vocabulary / Vokabular

| | |
|---|---|
| det gjør ikke noe | that doesn't matter |
| ha god tid | to have plenty of time, not be in a rush |
| treffe | to meet |
| glad i | fond of |
| sikkert | surely, probably |
| hilse på | say hello to, meet |
| kjøkken (et) | kitchen |
| gammel | old |
| hvor gammel | how old |
| sammen | together |
| så | then (sequence of events) |
| kjøttkaker | meatballs |
| gulrøtter | carrots |
| potet (en) | potato |
| det beste jeg vet | my favourite |
| is (en) | ice cream |
| til dessert | for dessert |
| familie (en) | family |
| stykke (et) | piece, individual |
| søster (ei / en) | sister |
| bror (en) | brother |

### Exercise 11

Answer the questions about the dialogue / Oppgave 11: Svar på spørsmålene om dialogen

1 Hvorfor kommer Molly litt sent?
2 Hva er klokka når hun kommer?
3 Hva gjør Magnus?
4 Hva gjør jentene?

5 Hva spiser Sofia til middag?
6 Liker Molly maten?
7 Hva skal de spise til dessert?
8 Hvor stor er familien til Molly?
9 Hvor mange søsken har hun?

## Language point

### Time expressions

Prepositions:

**På:** used with days of the week
på mandag, tirsdag, onsdag, torsdag, fredag, lørdag, søndag

Han kommer **på** søndag.
Jeg har norskkurs **på** tirsdag.

**I:** used with months of the year
i januar, februar, mars, april, mai, juni, juli, august, september, oktober, november, desember

Han kommer til Norge **i juli**.
De feirer bryllupsdagen **i august**.

**Om:** used to indicate general times of day
om morgenen: *in the morning*
om ettermiddagen: *in the afternoon*
om kvelden: *in the evening*
om natta: *at night*
om dagen: *during the day*

Han våkner klokka seks **om morgenen**. *(She wakes up at six in the morning.)*
Hun ser ikke på tv **om ettermiddagen**. *(She doesn't watch TV in the afternoon.)*
Barna ser på barne-tv **om kvelden**. *(The children watch children's TV in the evening.)*
Vi sover **om natta**. *(We sleep at night.)*
Hun jobber **om dagen**. *(She works during the day.)*

## Exercise 12

Fill in the correction preposition / Oppgave 12: Fyll ut med riktig preposisjon

0  Jeg må jobbe ____på____ lørdag.

1  Maren kommer til oss _____ ettermiddagen.
2  Jeg reiser til Spania _____ desember.
3  Vil du spise middag hos oss _____ lørdag? Eller vil du komme _____ fredag?
4  Hvem passer Emma _____ dagen?
5  Pappa passer henne _____ morgenen og besteforeldrene passer henne _____ ettermiddagen.
6  Hvorfor våkner du _____ natta?

## Culture / Kultur

### Food and meals / Mat og måltider (Audio 1.55–1.60)

(en) frokost – *breakfast* Hva spiser nordmenn **til** frokost?

For breakfast, Norwegians generally eat open-faced sandwiches of bread with cheese (often brown goat's cheese—*brunost*), thinly sliced meat or sausage. They drink milk, coffee or tea. On weekends, they might also have a soft-boiled egg. Some eat cereal.

| | |
|---|---|
| **brød (et)** | bread |
| **rundstykke (et)** | hard roll |
| **pålegg (et)** | toppings for bread, like cheese, jam, meat, sausage |
| **syltetøy (et)** | jam, preserves |
| **ost (en)** | cheese |
| **pølse (ei / en)** | sausage |
| **smør (et)** | butter |
| **frokostblanding (en)** | cold cereal |
| **juice (en)** | juice |
| **kaffe (en)** | coffee |

# Unit Four: Time and family

| | |
|---|---|
| **te (en)** | tea |
| **melk (ei / en)** | milk |
| **frukt (en)** | fruit |
| | |
| **lunsj (en)** | lunch (Hva spiser nordmenn **til** lunsj?) |

Lunch resembles breakfast, in that most Norwegians will eat bread with toppings (*pålegg*). (See cultural information on the *matpakke*, above.) It is usually eaten between 11 and 12.

| | |
|---|---|
| **brødskiver med pålegg** | slices of bread with toppings |
| **smørbrød (et)** | open-faced sandwich |
| **rekesmørbrød (et)** | open-faced shrimp sandwich |
| **suppe (ei / en)** | soup |
| **matpakke (ei / en)** | packed lunch |
| **brus (en)** | soda pop, carbonated soft drink |
| **vann (et** | water |
| | |
| **(en) middag** | dinner (Hva spiser nordmenn **til** middag?) |

Norwegians generally eat dinner relatively early, around 5 pm. Traditionally, they would serve fish or meat with boiled potatoes and cooked vegetables. In recent years, international cuisine has become so popular that chicken tandoori has even been called the new national dish. Coffee would be served with dessert.

| | |
|---|---|
| **fisk (en)** | fish |
| **kjøtt (et)** | meat |
| **grønnsaker** | vegetables |
| **kokte poteter** | boiled potatoes |
| **lasagne** | lasagna |
| **spagetti** | spaghetti |
| **karri** | curry |
| | |
| **til dessert** | for dessert |
| **kaffe (en)** | coffee |
| **te (en)** | tea |
| **kake (ei / en)** | cake |

| | |
|---|---|
| is (en) | ice cream |
| karamellpudding (en) | flan (custard with caramel sauce) |
| (en) kveldsmat | evening snack, late supper (Hva spiser nordmenn **til** kveldsmat?) |

Norwegians often eat a small meal before bed, consisting of bread and toppings once again or perhaps a bowl of cereal or yoghurt. Frozen pizza is popular, especially Grandiosa Lørdagspizza, which is especially marketed as a Saturday evening treat.

| | |
|---|---|
| pizza (en) | pizza |
| brødskive (ei / en) | slice of bread |
| pålegg (et) | toppings |
| suppe (ei / en) | soup |
| jogurt (en) | yoghurt |
| (en) kaffe | coffee (Whenever there are guests, one must serve *kaffe*. *Kaffe* would be served alone or with cakes or cookies or perhaps small heart-shaped waffles with brown goat cheese [*brunost*] or jam and sour cream.) |
| kake (ei / en) | cake |
| vafler | waffles (small, heart-shaped) |
| syltetøy (et) | jam, preserves |
| rømme (en) | sour cream |
| brunost (en) | brown goat's cheese |

## Exercise 13

What do you eat? / Oppgave 13: Hva spiser du?

0   Hva spiser du til frokost?  *Til frokost spiser jeg frokostblanding.*

1   Hva spiser du til frokost?
2   Hva drikker du til frokost?

3 Hva spiser du til lunsj?
4 Hva drikker du til lunsj?
5 Hva spiser du til middag?
6 Hva drikker du til middag?
7 Hva spiser du til dessert?
8 Hva spiser nordmenn til frokost?

## Language point

### Imperative

The imperative is formed by dropping the unstressed -e on the infinitive, if there is one.

komme → Kom!
spise → Spis!
gå → Gå!

A negative imperative is formed by adding -*ikke* either before or after the verb. It is most common to use it before the verb in speech.

Ikke gå!
Ikke snakk engelsk med meg!
Ikke kom for sent!

## Exercise 14

Rewrite the following sentences using the imperative / Oppgave 14: Skriv om følgende setninger med imperativ

0 Du må ikke komme nå. *Ikke kom nå!*

1 Du må stelle Emma klokka sju.
2 Du må gi henne litt frukt.
3 Du må se på barne-tv.
4 Du må prøve å få Emma til å hvile.
5 Du må være snill.
6 Du må ikke erte Sofia.

## Dialogue 4 / Dialog 4

**Roberta and Magnus leave. / Roberta og Magnus går.** (Audio 1.61)

When Roberta and Magnus prepare to leave, Sofia starts to cry. She calms down when Roberta promises her children's television and chocolate ice cream.

| | |
|---|---|
| Roberta: | Emma og Sofia, nå skal mamma og pappa gå. Dere må være her sammen med Molly. |
| Sofia: | Ikke gå, mamma! |
| Roberta: | Ikke gråt, lille venn! Mamma og pappa kommer snart tilbake. |
| Molly: | Vi kan se på barne-tv sammen, Sofia. Og mamma sier at du kan få is. Blir ikke det godt? |
| Sofia: | Kan jeg få sjokoladeis? |
| Molly: | Ja, vær så god. |
| Sofia: | Ha det, mamma. Ha det, pappa. |
| Roberta: | Nødnumrene står på lappen ved telefonen, Molly. Og du har telefonnummeret mitt, ikke sant? |
| Molly: | Ja, ta det med ro. Dette går bra. Vi ses senere. Kos dere! |

### Translation / Oversettelse

| | |
|---|---|
| Roberta: | Emma and Sofia, mommy and daddy are leaving now. You have to stay here with Molly. |
| Sofia: | Don't go, mommy! |
| Roberta: | Don't cry, honey! Mommy and Daddy will be back soon. |
| Molly: | We can watch children's TV together, Sofia. And Mommy says you can have ice cream. Won't that be good? |
| Sofia: | Can I have chocolate ice cream? |
| Molly: | Yes, here you are. |
| Sofia: | Bye bye, Mommy! Bye bye, Daddy. |

Unit Four: *Time and family*

Roberta: The emergency numbers are on a piece of paper by the telephone, Molly. And you have my phone number, don't you?
Molly: Yes, just relax. This will go fine. We'll see you later. Have fun!

## Vocabulary / Vokabular

| | |
|---|---|
| ikke gå | don't go (negative imperative) |
| mamma (en) | mom, mommy (child's term) |
| pappa (en) | dad, daddy (child's term) |
| gråte | to cry |
| lille venn | term of endearment: little friend |
| snart | soon |
| tilbake | back |
| sammen | together |
| sier | says |
| is (en) | ice cream |
| sjokoladeis (en) | chocolate ice cream |
| ha det | goodbye |
| nødnummer (et) | emergency number |
| nummer (et) | number |
| lapp (en) | slip of paper, note |
| telefon (en) | telephone |
| ta det med ro | relax, take it easy |
| vi ses | we'll see each other, I'll see you |
| senere | later |
| kose seg | to have a good time, have fun, enjoy oneself |

## Exercise 15

Answer the questions / Oppgave 15: Svar på spørsmålene

1  Hva sier mamma at Sofia kan få?
2  Hva skal Sofia og Molly gjøre sammen?
3  Hvor står nødnumrene?

## Language points

### Reflexive verbs

In the dialogs in this unit, several examples of reflexive verbs are used:

**stelle seg:** *to get oneself ready*
**kose seg:** *to enjoy oneself, have fun*
**glede seg:** *to look forward to*

## Reflexive pronouns

The reflexive pronoun is used when the object of the verb is the same as the subject of the sentence or when the objects of a preposition is identical to the subject. It is also used in combination with certain verbs called reflexive verbs. Except in the third person, the reflexive object pronoun is identical to the object pronoun.

|  | **Subject form** | **Object form** | **Reflexive object form** |
|---|---|---|---|
| **1st person** | jeg | meg | meg *(myself)* |
|  | vi | oss | oss *(ourselves)* |
| **2nd person** | du | deg | deg *(yourself)* |
|  | De | Dem | Dem *(yourself-formal)* |
|  | dere | dere | dere *(yourselves)* |
| **3rd person** | han | ham | seg *(himself)* |
|  | hun | henne | seg *(herself)* |
|  | den | den | seg *(itself)* |
|  | det | det | seg *(itself)* |
|  | de | dem | seg *(themselves)* |

Sometimes, this involves the subject carrying out an action directed at itself.

Examples:

**å vaske seg** *(to wash oneself)*
**å kjøpe seg** *(to buy oneself)*
**å barbere seg** *(to shave oneself)*
**å sette seg** *(to sit down, seat oneself)*
**å ønske seg** *(to wish for oneself)*

However, often a reflexive verb in Norwegian would not necessarily be reflexive in English.

Examples:

**å like seg** *(to like it, be happy)*
  Han liker seg i Norge. *(He likes it in Norway.)*
**å greie seg** *(to manage)*
  Hun greier seg alene. *(She manages alone.)*
**å glede seg** *(to look forward to)*
  Vi gleder oss til sommeren. *(We are looking forward to summer.)*
**å tenke seg** *(to imagine)*
  Kan du tenke deg noe så dumt? *(Can you imagine something so dumb?)*
**å kose seg** *(to have a good time, enjoy oneself)*
  De koser seg med et glass vin. *(They are enjoying themselves with a glass of wine.)*
**å føle seg** *(to feel)*
  Hun føler seg syk. *(She feels sick.)*
**å finne seg i** *(to tolerate, accept)*
  Han måtte finne seg i det resultatet. *(He had to accept that result.)*

## Exercise 16

Insert the correct reflexive pronoun / Oppgave 16: Sett inn riktig refleksivt pronomen

0  Magnus steller *seg* på badet når Molly kommer.

1  Sofia føler _____ ikke så bra.
2  Jeg liker _____ i Norge.

3 Jeg håper du koser _____ i kveld!
4 Jeg håper at Roberta og Magnus koser _____ på restauranten.
5 Roberta gleder _____ til å gå og feire bryllupsdagen.
6 Molly gleder _____ til å sitte barnevakt.
7 Men Sofia og Emma gleder _____ ikke til å ha barnevakt!
8 Sofia må vaske _____ før hun legger _____.
9 Molly sier: "Sofia! Vask _____ før du legger _____".

## Culture / Kultur

**Emergency telephone numbers**

Nødnummer — Emergency numbers

**Brann — Fire 110**
**Politi — Police 112**
**Ambulanse — Ambulance 113**

## Dialogue 5 / Dialog 5

**Molly and the children / Molly og barna** (Audio 1.62)

After the television program is over, Sofia has a slice of bread with chocolate spread and a glass of milk. Emma is up, so Molly heats up some food for her. Then it's time for Sofia to get ready for bed. She goes to the bathroom to brush her teeth.

| | |
|---|---|
| Molly: | Nå er barne-tv ferdig. Vil du ha ei brødskive, Sofia? |
| Sofia: | Ja, jeg vil ha ei skive med sjokoladepålegg. |
| Molly: | Det er greit. Og her er et glass melk, vær så god. Spis nå, så varmer jeg litt mat til Emma. |
| Sofia: | Jeg er mett. |
| Molly: | Er du tørst? |
| Sofia: | Nei. |
| Molly: | Okay. Gå på toalettet, så kommer jeg snart. |

Unit Four: *Time and family*

Molly: Finn tannbørsten og tannkremen din, Sofia. Jeg kan hjelpe deg med å pusse tennene.
Sofia: Jeg vil pusse selv!
Molly: Ålreit. Du kan pusse selv først, og så hjelper jeg deg etterpå.
Molly: Sånn, nå er det bra. Legg deg i senga di. Jeg kommer snart og leser en godnatthistorie for deg.

## Translation / Oversettelse

Molly: Children's TV is over now. Do you want a piece of bread, Sofia?
Sofia: Yes, I would like a slice of bread with chocolate spread.
Molly: That's fine. And here is a glass of milk. Here you go. Eat now, and I will heat some food for Emma.
Sofia: I'm full.
Molly: Are you thirsty?
Sofia: No.
Molly: Okay. Go to the bathroom, and I'll come soon.
Molly: Find your toothbrush and toothpaste, Sofia. I can help you brush your teeth.
Sofia: I want to brush them myself!
Molly: All right. You can brush them yourself first, and then I'll help you afterwards.
Molly: There, now it's good. Get into bed. I'll come soon and read you a bedtime story.

## Vocabulary / Vokabular

| | |
|---|---|
| brødskive (ei / en) | slice of bread with spread or other topping |
| skive (ei / en) | slice |
| sjokoladepålegg (et) | chocolate-flavoured spread |
| greit | fine |
| varme | to heat up, warm |
| mat (en) | food |
| mett | full, satisfied |
| tørst | thirsty |
| gå på toalettet | go to the bathroom |

| | |
|---|---|
| toalett (et) | toilet |
| snart | soon |
| tannbørste (ei / en) | toothbrush |
| tannkrem (en) | toothpaste |
| hjelpe | to help |
| pusse tennene | to brush one's teeth |
| selv | myself, yourself, oneself |
| først | first |
| etterpå | afterwards |
| legge seg | to go to bed |
| seng (ei / en) | bed |
| lese | to read |
| godnatthistorie (ei / en) | bedtime story |
| god natt | good night |

## Exercise 17

Answer the questions about the dialogue / Oppgave 17: Svar på spørsmålene om dialogen

1 Hva vil Sofia ha på brødskiva?
2 Hva skal hun drikke?
3 Sofia er mett nå. Hva skal hun gjøre nå?
4 Skal Molly hjelpe Sofia med å pusse tennene?
5 Hva skal Sofia gjøre etterpå?
6 Hva skal Molly gjøre sammen med Sofia når hun legger seg?

## Exercise 18

Verb forms / Oppgave 18: Verbformer

1 Find the imperative verbs in the dialogs in this unit. Underline them once.
2 Find the modal auxiliaries in the dialogs in this unit. Underline them twice.
3 Locate the present tense verbs in the dialogs in this unit. Circle them.

# Unit Five

# Daglige aktiviteter: Skole og fritid

Daily activities: School and leisure

In this unit you will learn how to:

- use personal pronouns (object form)
- use prepositions to show ownership
- use reflexive possessives
- use time expressions using "om"
- talk about the months of the year
- use ordinal numbers
- talk about movie theatres and birthday parties

## Dialogue 1 / Dialog 1

**The anniversary / Bryllupsdagen** (Audio 1.65)

Roberta and Magnus celebrate their anniversary at a restaurant. They start with a beer and a glass of white wine.

Kelner: Hei, velkommen.
Magnus: Hei, vi har bestilt bord til klokka fem.
Kelner: Ja, hva var navnet?
Magnus: Haraldsen. Et bord til to.
Kelner: Ja, dere kan sitte her ved vinduet. Her er menyen. Hva vil dere ha å drikke?

Magnus: En øl til meg og et glass hvitvin til henne. Og vann, er du snill.
Kelner: Ja, et øyeblikk bare.

## Translation / Oversettelse

Waiter: Hi, welcome.
Magnus: Hi, we have a reservation for 5 o'clock.
Waiter: What was the name?
Magnus: Haraldsen. A table for two.
Waiter: Yes, you can sit here by the window. Here is the menu. What would you like to drink?
Magnus: A beer for me and a glass of white wine for her. And water, please.
Waiter: Yes, just a moment.

## Vocabulary / Vokabular

| | |
|---|---|
| velkommen | welcome |
| bord (et) | table |
| navn (et) | name |
| sitte | to sit |
| vindu (et) | window |
| ved | by, at |
| meny (en) | menu |
| å drikke | to drink |
| øl (en) | beer |
| glass (et) | glass |
| hvitvin (en) | white wine |
| vann (et) | water |
| er du snill | please (placed at the end of a request) |
| øyeblikk (et) | moment (blink of an eye) |

Unit Five: *School and leisure*

## Exercise 1

Answer the questions / Oppgave 1: Svar på spørsmålene

0 Hva skal Roberta og Magnus feire? *De skal feire bryllupsdagen.*
1 Når skal Roberta og Magnus spise middag på restaurant?
2 Hva heter de til etternavn *(last name)*?
3 Hvor skal de sitte?
4 Hva vil Magnus ha å drikke?
5 Hva bestiller Magnus til Roberta?
6 Magnus skal drikke øl og Roberta skal drikke vin. Hva skal begge drikke?

## Language point

### Personal pronouns (object form)

Object pronouns are used as the object of a verb or a preposition:

Kan du hjelpe **meg**? *(Can you help me?)* (object of the verb)
Kari liker **deg**. *(Kari likes you.)* (object of the verb)
Et glass hvitvin til **henne**. *(A glass of white wine for her.)* (object of the preposition)

|  | Subject form | Object form |  |  |
|---|---|---|---|---|
| **1st person** | jeg | I | meg | me |
|  | vi | we | oss | us |
| **2nd person** | du | you | deg | you |
|  | De *(rare)* | you *(formal)* | Dem | you *(formal)* |
|  | dere | you *(plural)* | dere | you *(plural)* |
| **3rd person** | han | he | ham | him |
|  | hun | she | henne | her |
|  | den | it *(masc / fem)* | den | it |
|  | det | it *(neuter)* | det | it |
|  | de | they | dem | them |

## Exercise 2

Insert the correct subject or object pronoun / Oppgave 2: Fyll inn riktig subjekts- eller objektsform av pronomen

0  Harald og jeg liker å drikke vin. ___vi___ (We) liker rødvin best.
1  Roberta og Magnus spiser på restaurant. _____ (He) bestiller et glass hvitvin til _____. (her)
2  Molly sitter barnevakt. Barna til Roberta og Magnus liker ____ _____. (her)
3  _____ (They) vil at _____ (she) skal komme til _____ (them) igjen snart.
4  Vil _____ (you) bli med _____ (us) ut på restaurant?
5  Ja, gjerne! _____ (I) liker å være sammen med _____. (you-plural)
6  Kjenner du Roberta? Ja, _____ (I) kjenner _____ (her) godt. _____ (she) er en god venninne av _____. (me)
7  Kjenner _____ (you) også mannen til Roberta? Nei, _____ (I) kjenner _____ (him) ikke.
8  _____ (We) har norskkurs i morgen kl 13.

## Language point

### Prepositions

**for** *(for)*
   Roberta leser en godnatthistorie **for** Sofia.
**fra** *(from)*
   Han kommer **fra** Amerika.
   Han er en **fra** norskkurset.
**før** *(before)*
   Vil du ha et glass vin **før** middag?
**hos** *(at the home / place of)*
   Han bor hjemme **hos** foreldrene sine.
**i** *(in)*
   Nå bor han **i** Norge.
   Han skal kjøpe bøker **i** bokhandelen.

Unit Five: *School and leisure*

**med** *(with)*
    Han liker å reise **med** fly.
    Hva **med** deg?
    Vil du betale **med** kort?
    Vil du bli **med**?
    Ta det **med** ro!
    Jeg kan hjelpe deg **med** å pusse tennene.
**mellom** *(between)*
    Hun våkner **mellom** kl 6 og kl 8.
**på** *(at / on)*
    Hun bor **på** Majorstuen.
    Glasset står **på** bordet.
    Vil du gå **på** restaurant?
    Hvordan var det **på** jobben?
    Han steller seg **på** badet.
    Vi kan se **på** barne-tv.
**til** *(to / for)*
    et bord **til** to
    en øl **til** meg
    Han skal kjøpe utstyr **til** norskkurset.
    Har du lyst **til** å komme?
    Vi går hjem **til** meg.
**ved** *(by / at)*
**ved** vinduet
**ved** bordet

Ownership can also be indicated with a preposition, usually ***til***:
    katten ***til*** Anne *(Anne's cat)*
    mora ***til*** Hanne *(Hanne's mother)*
    ballen ***til*** gutten *(the boy's ball)*
    huset ***til*** familien *(the family's house)*
    bilen ***til*** mannen *(the man's car)*

## Exercise 3

Fill in the correct preposition / Oppgave 3: Fyll inn riktig preposisjon

0 Dattera ____*til*____ Roberta heter Sofia. (*ownership*)

1 Anne sitter _____ Petter og Aleksander. (*between*)
2 Han gav ei bok _____ Sofia. (*to*)

3 Jeg fikk en mail _____ mora mi. *(from)*
4 Vil du sitte her _____ vinduet? *(by)*
5 Hvor er glasset? Det står _____ bordet. *(on)*
6 Du kan ikke spise sjokoladeis _____ middag! *(before)*
7 Molly var barnevakt hjemme _____ Roberta og Magnus. *(at the home of)*
8 Kan du gjøre dette _____ meg, er du snill? *(for)*
9 Foreldrene _____ Sofia og Emma heter Roberta og Magnus. *(ownership)*
10 Bryllupsdagen _____ Roberta og Magnus er på lørdag. *(ownership)*

## Dialogue 2 / Dialog 2

### At the restaurant / På restauranten (Audio 1.66)

Roberta and Magnus are at the restaurant talking about their marriage and the fact that many of their friends are separated or divorced.

Roberta: Så deilig å få være bare vi to sammen, elskling!
Magnus: Ja, pus, vi trenger en pause fra barna iblant.
Roberta: Har du hørt at Wencke og Mikael skal skille seg?
Magnus: Å nei, de også! Det er synd at så mange skiller seg.
Roberta: Ja, det er mange av vennene våre som er skilt eller separert.
Magnus: Men vi to skal bli gamle og grå sammen, vennen min!

### Translation / Oversettelse

Roberta: How wonderful to be just the two of us together, darling!
Magnus: Yes, honey, we need a break from the children now and then.
Roberta: Have you heard that Wencke and Michael are getting divorced?
Magnus: Oh, no, they are too? It's too bad that so many are getting divorced.
Roberta: Yes, many of our friends are divorced or separated.
Magnus: But the two of us will get old and grey together, honey!

Unit Five: *School and leisure*

## Vocabulary / Vokabular

| | |
|---|---|
| **pus (en)** | term of endearment (literally "kitty") |
| **sammen** | together |
| **høre** | to hear |
| **skille seg** | to get divorced |
| **skilt** | divorced |
| **separert** | separated |
| **vennen min** | term of endearment. Literally "my friend". |

## Language point

### Reflexive possessives

When the subject of the clause is third person, and this subject is the owner of the object of the verb, the reflexive possessive is used. The reflexive possessive may not be used in the subject of a clause.

**Summary of the rules:**

1. There must be a third-person subject (he, she, they, it, noun)
2. The subject owns the object in question
3. The possessive may not be not part of the subject

Examples:

Erik elsker kona **si**. *(Erik loves his [own] wife.)*

The meaning is quite different if the regular possessive is used:

Gunnar elsker kona **hans** også. *(Gunnar loves his [Erik's] wife, too.)*

| 3rd person | Regular possessive | Reflexive possessives | | | |
|---|---|---|---|---|---|
| | All genders and numbers | Masculine | Feminine | Neuter | Plural |
| **han** *(he)* | hans *(his)* | sin | si | sitt | sine |
| **hun** *(she)* | hennes *(hers / her)* | sin | si | sitt | sine |

## Exercise 4

Insert the correct reflexive possessive (sin / si / sitt / sine) / Oppgave 4: Sett in riktig refleksivtpronomen (sin / si / sitt / sine)

0  Roberta og Magnus elsker barna *sine*. *(their)*

1  Emma spiser maten _____. *(her)*
2  Roberta spiser på restaurant sammen med mannen _____. *(her)*
3  Magnus feirer bryllupsdagen _____ sammen med kona _____. *(his)*
4  Roberta ringer til venninnen _____ fra norskkurset. *(her)*
5  Hun er glad i norskkurset _____. *(her)*


## Exercise 5

Which form of the possessive (sin / si / sitt / sine or hans / hennes / deres)? / Oppgave 5: Hvilken form av possessivet (sin / si / sitt / sine eller hans / hennes / deres)?

0  Erik har en ny bil. Han liker bilen *sin*. Bilen *hans* kostet kr 350 000. *(his)*

1  Molly kjøper utstyr til norskkurset _____. Pennene _____ kostet tjuefem kroner. *(her)*
2  Han elsker kona _____. Kona _____ heter Marianne. *(his)*
3  Molly sitter barnevakt for Roberta og Magnus. Hun liker barna _____. *(their)*
4  Molly skal spise middagen _____ sammen med Sofia. *(her)*
5  Roberta og Magnus feirer bryllupsdagen _____. Bryllupsdagen _____ er på lørdag. *(their)*

Unit Five: *School and leisure*

## Dialogue 3 / Dialog 3

### At the cinema / På kino (Audio 1.67)

Roberta and Magnus arrive at the cinema. They have ordered their tickets from home, so can pick them up from the ticket machine. Their seats are reserved, in the sixth row, seats 7 and 8.

| | |
|---|---|
| Roberta: | Så praktisk at vi kan bestille billetter hjemmefra. |
| Magnus: | Ja, det er fint at vi kan hente billettene i automaten og slippe å stå i kø ved billettskranken. |
| Roberta: | Hvor skal vi sitte? |
| Magnus: | Sjette rad, plass sju og åtte. På den andre siden av de to. |
| Roberta (til andre kinogjester): | Unnskyld. |
| Magnus (til andre kinogjester): | Unnskyld oss. |
| Roberta: | Sånn. Jeg håper filmen er god. |

### Translation / Oversettelse

| | |
|---|---|
| Roberta: | How practical that we can order tickets from home. |
| Magnus: | Yes, it's great that we can pick up our tickets in the ticket machine and not have to stand in line at the ticket window. |
| Roberta: | Where are we going to sit? |
| Magnus: | The sixth row, seats 7 and 8. On the other side of these two. |
| Roberta (to other patrons): | Excuse me. |
| Magnus (to other patrons): | Excuse us. |
| Roberta: | OK. I hope the film is good. |

## Vocabulary / Vokabular

| | |
|---|---|
| praktisk | practical |
| billett (en) | ticket |
| hjemmefra | from home |
| fint | fine, great |
| hente | pick up, fetch |
| automat (en) | vending machine that dispenses tickets |
| slippe | to get out of doing something, to avoid something |
| kø (en) | queue, line |
| stå | to stand |
| billettskranke (en) | ticket window, counter |
| rad (en) | row |
| plass (en) | seat |
| andre | other |
| side (en) | side |
| unnskyld | excuse me |
| sånn | so, thus |
| god | good |

### Exercise 6

True or false? / Oppgave 6: Riktig (R) eller galt (G)?

0  Roberta og Magnus skal spise på restaurant nå.   *G*

1  Magnus kjøper billettene på kinoen.
2  De bestiller billettene hjemmefra.
3  De står i en lang kø for å hente billettene.
4  De henter billettene på kinoen.
5  De må finne et sted å sitte.
6  De skal sitte i rad seks.

Unit Five: *School and leisure* 99

## Culture / Kultur

Movie theatre tickets can be ordered online or in person at any movie theatre. Online tickets can be picked up at a ticket machine at the cinema. The seats are reserved.

## Dialogue 4 / Dialog 4

### After the movie / Etter filmen (Audio 1.68)

After the movie, Roberta and Magnus plan to take the Metro home. They discover that their train is five minutes late, which is typical. Roberta tells Magnus that five minutes is nothing, compared to her homeland.

| | |
|---|---|
| Roberta: | Det var en veldig bra film! |
| Magnus: | Ja, den varålreit. |
| Roberta: | Rekker vi T-banen fem over halv? |
| Magnus: | Ja, det tror jeg. |
| Høyttalerstemme: | T-banen til Majorstuen klokka tjueen trettifem er fem minutter forsinket. |
| Magnus: | Så typisk! Om vinteren er T-banen ofte forsinket. |
| Roberta: | Fem minutter er vel ikke noe å klage over. I hjemlandet mitt er det ofte store forsinkelser. Sånn er livet! |

### Translation / Oversettelse

| | |
|---|---|
| Roberta: | That was a very good movie! |
| Magnus: | Yes, it was all right. |
| Roberta: | Will we catch the metro that leaves at 35 minutes past the hour? |
| Magnus: | Yes, I think so. |
| Loud speaker: | The train to Majorstuen scheduled for 9:35 pm will be five minutes late. |
| Magnus: | So typical! In the winter the Metro is often delayed. |

Roberta: Five minutes isn't anything to complain about, is it? In my home country there are often major delays. Such is life!

## Vocabulary / Vokabular

| | |
|---|---|
| veldig | very |
| ålreit | all right |
| rekke | to catch, arrive in time |
| T-bane (en) | Metro, subway, underground |
| tror | think, believe |
| minutt (et) | minute |
| forsinket | delayed, late |
| typisk | typical |
| vinter (en) | winter |
| ofte | often |
| vel | Is it? (modal adverb indicating uncertainty) |
| ikke noe | nothing |
| klage over | to complain about |
| hjemland (et) | homeland, home country |
| stor | large, big, major |
| forsinkelse (en) | delay |
| liv (et) | life |

## Language point

The preposition "om" is used to express a repeated period of time:

| | |
|---|---|
| om våren | in the spring(time) |
| om sommeren | in the summer(time) |
| om høsten | in the fall |
| om vinteren | in the winter(time) |

Unit Five: *School and leisure*

| | |
|---|---|
| **om morgenen** | in the mornings |
| **om dagen** | in the daytime |
| **om ettermiddagen** | in the afternoons |
| **om kvelden** | in the evenings |
| **om natta** | at night |

## Exercise 7

Fill in the correct time expression / Oppgave 7: Sett inn riktig tidsuttrykk

1 Når står du opp _____? *(in the morning)*
2 Arbeider du _____? *(during the day)*
3 Nei, jeg jobber _____. *(at night)*
4 Vi spiser kveldsmat _____. *(in the evenings)*
5 Jeg liker å svømme _____. *(in the summertime)*
6 Vi reiser til Spania _____. *(in the wintertime)*
7 Liker du å se på tv _____? *(in the afternoons)*

## Culture / Kultur

Norwegians tend to be quite punctual and expect others to be the same. When invited to a dinner party, for example, they strive to arrive at the exact time of the invitation. If you are later than 5 or 10 minutes, an apology and an explanation is expected. The public transportation is not, however, always as punctual as in some other parts of Europe. It is, though, a cause for annoyance when it is late.

## Dialogue 5 / Dialog 5

### Monday morning in the classroom / Mandag morgen i klasserommet (Audio 1.69)

In class on Monday, the teacher talks about the birthday party she went to and asks the class what they did over the weekend. Roberta talks about her anniversary celebration, Molly talks about her walk around Sognsvann and babysitting for Roberta, and Mark

talks about his shopping trip with his girlfriend to Sweden, where they bought cheap meat, sweets and alcohol.

| | |
|---|---|
| Lærer: | På lørdag var jeg i fødselsdagsselskap. Niesen min fylte fem år den 31. mars. På søndag rettet jeg tester og ryddet hjemme. Hva gjorde dere i helga? |
| Roberta: | Vi feiret bryllupsdagen vår den 1. april. Vi spiste på restaurant og så en film på kino. Barna var hjemme med Molly, som satt barnevakt. Det var en hyggelig kveld. |
| Molly: | Jeg gikk tur rundt Sognsvann med en nabo fra studentbyen. Og så satt jeg jo barnevakt hos Roberta og mannen hennes. Resten av helga studerte jeg. |
| Mark: | Kjæresten min og jeg reiste til Sverige. Vi kjøpte billig kjøtt, godteri og alkohol. |
| Lærer: | Hva liker dere å gjøre når dere har fri? |
| Mark: | Fri? Vi har aldri fri! Vi studerer hele tida når vi går på intensivkurs i norsk! |
| Molly: | Jeg liker å lese, se på tv, jogge og svømme. |
| Roberta: | Jeg likte å ri og danse da jeg bodde i Italia. Vennene mine og jeg gikk ofte på diskotek. |
| Mark: | Jeg liker ikke å danse, men jeg går ofte på pub og nattklubb for å feste med kameratene mine. |

## Translation / Oversettelse

| | |
|---|---|
| Teacher: | On Saturday I went to a birthday party. My niece turned five on 31st March. On Sunday I corrected tests and cleaned the house. What did you do this weekend? |
| Roberta: | We celebrated our anniversary on 1st April. We ate at a restaurant and went to a movie. Our children stayed home with Molly, who babysat. It was a nice evening. |
| Molly: | I went for a walk around Sognsvann with a neighbour from the student housing. And then I babysat for Roberta and her husband, of course. The rest of the weekend I studied. |
| Mark: | My girlfriend and I went to Sweden. We bought cheap meat, candy and alcohol. |
| Teacher: | What do you like to do when you have free time? |

Unit Five: *School and leisure*

Mark: Free time? We never have free time! We study all the time when we take an intensive course in Norwegian!
Molly: I liked to go horseback riding and dance when I lived in Italy. My friends and I often went to a discotheque.
Mark: I don't like to dance, but I often go to pubs or nightclubs to party with my friends.

## Vocabulary / Vokabular

| | |
|---|---|
| **fødselsdag (en)** | birthday |
| **selskap (et)** | party |
| **niese (en)** | niece |
| **fylle år** | have a birthday, turn a certain age |
| **rette** | to correct, grade |
| **test (en)** | test |
| **rydde** | to straighten, clean |
| **hjemme** | at home |
| **i helga** | this weekend |
| **feire** | to celebrate |
| **hyggelig** | nice, pleasant |
| **jo** | modal adverb indicating a statement that is well known to all. Of course. |
| **rest (en)** | rest, remaining |
| **godteri (et)** | candy, sweets |
| **ha fri** | to have time off, free time |
| **hele** | all, the whole |
| **aldri** | never |
| **ri** | to ride horseback |
| **danse** | to dance |
| **gå på pub** | go to a pub |
| **gå på diskotek** | go to a discotheque |
| **feste** | to party |
| **kamerat (en)** | friend, buddy |

## Exercise 8

Answer the questions about the dialogue / Oppgave 8: Svar på spørsmålene om dialogen

1 Hva gjorde læreren på lørdag?
2 Hvor gammel er niesen hennes nå?
3 Når var bursdagen hennes?
4 Hva gjorde hun på søndag?
5 Hva gjorde Roberta 1. april?
6 Hva gjorde Molly om kvelden 1. april?
7 Hva gjorde hun ellers i helgen?
8 Hvorfor reiste Mark og kjæresten hans til Sverige?
9 Hva liker studentene å gjøre når de har fri?
10 Hva liker du å gjøre når du har fri?

## Language point (Audio 1.70)

**Months of the year: Måneder**

Note: The names of months are spelled with lowercase letters.

**Kurset starter i januar.**   (The course starts in January.)

| | |
|---|---|
| **januar** | January |
| **februar** | February |
| **mars** | March |
| **april** | April |
| **mai** | May |
| **juni** | June |
| **juli** | July |
| **august** | August |
| **september** | September |
| **oktober** | October |
| **november** | November |
| **desember** | December |

Unit Five: *School and leisure*

## Language point (Audio 1.71–1.73)

### Ordinal numbers (first, second, third . . .)

Ordinal numbers

| | |
|---|---|
| 1. | første |
| 2. | andre |
| 3. | tredje |
| 4. | fjerde |
| 5. | femte |
| 6. | sjette |
| 7. | sjuende / syvende |
| 8. | åttende |
| 9. | niende |
| 10. | tiende |
| 11. | ellevte |
| 12. | tolvte |
| 13. | trettende |
| 14. | fjortende |
| 15. | femtende |
| 16. | sekstende |
| 17. | syttende |
| 18. | attende |
| 19. | nittende |
| 20. | tjuende / tyvende |
| 21. | tjueførste / enogtyvende |
| 22. | tjueandre / toogtyvende |
| 23. | tjuetredje / treogtyvende |
| 24. | tjuefjerde / fireogtyvende |
| 25. | tjuefemte / femogtyvende |
| 26. | tjuesjette / seksogtyvende |
| 27. | tjuesjuende / syvogtyvende |
| 28. | tjueåttende / åtteogtyvende |
| 29. | tjueniende / niogtyvende |
| 30. | trettiende / tredevte |
| 31. | trettiførste / enogtredevte |

Higher numbers.

Ordinals are not usually used after 31st (used for telling dates). Beyond that, one would normally say "number fifty" (*nummer femti*) but, for instance, "for hundrede gang".

Ordinal numbers are used with dates. They are either spelled out or indicated with a period after the number. Dates in Norwegian are written with the day first, then the month and year:

| | |
|---|---|
| 1.januar 2012 | 01.01.12 |
| 5.mars 1951 | 05.03.51 |

Note that the day precedes the month and that the months are written in lowercase. The month can also be indicated with an ordinal number. Then the date is read as *femte i tredje* or *5. mars* or *femte mars*.

| | | | |
|---|---|---|---|
| 1. januar | 01.01. | January first | første i første |
| 3. februar | 03.02. | February third | tredje i andre |
| 5. mars | 05.03. | March fifth | femte i tredje |
| 7. april | 07.04. | April seventh | sjuende i fjerde |
| 9. mai | 09.05. | May ninth | niende i femte |
| 11. juni | 11.06. | June eleventh | ellevte i sjette |
| 13. juli | 13.07. | July thirteenth | trettende i sjuende |
| 15. august | 15.08. | August fifteenth | femtende i åttende |
| 17. september | 17.09. | September seventeenth | syttende i niende |
| 19. oktober | 19.10. | October nineteenth | nittende i tiende |
| 21. november | 21.11. | November twenty-first | tjueførste i ellevte |
| 23. desember | 23.12. | December twenty-third | tjuetredje i tolvte |

Years before 2000 are written and pronounced like this:

| | |
|---|---|
| 1955 | nittenfemtifem (written as one word) |
| 1863 | attensekstitre |

For dates after 2000, there are two different acceptable ways to say the date:

| | |
|---|---|
| 2015 | totusen og femten / tjuefemten |

The latter way seems to be gaining ground.

Unit Five: *School and leisure*

## Exercise 9

Fill in the ordinal numbers and months. Don't forget the period after the ordinal number! / Oppgave 9: Fyll inn ordenstallene og månedene. Husk punktum etter ordenstallet!

0 Arbeidernes dag er ____*1. mai*____. *(1st May)*

1 Nasjonaldagen i Norge er _____. *(17th May)*
2 Nasjonaldagen i USA er _____ juli. *(4th July)*
3 Nasjonaldagen i mitt land er _____.
4 Molly er født _____. *(6th October)*
5 Jeg reiser til Norge _____. *(11th June)*
6 Jeg reiser hjem igjen _____. *(23rd August)*
7 Første nyttårsdag er _____. *(1st January)*
8 Jeg har eksamen _____. *(16th February)*
9 Marte feirer bryllupsdagen _____. *(30th March)*
10 Vi skal gå på kino onsdag _____. *(3rd April)*
11 Vi har bestilt bord på restaurant _____. *(2nd September)*
12 Første juledag er _____. *(25th December)*
13 Han kommer _____. *(12th November)*

## Exercise 10

Write the dates in words / Oppgave 10: Skriv datoene med bokstaver

0  05.03.1951 ____*femte mars nittenfemtien*____

1  06.12.1862
2  02.05.2010
3  01.07.1986
4  26.06.2008

## Culture / Kultur

Birthday parties are a big deal in Norway, particularly for children or for people turning a "round" number like 50 or 60. It is common for all the children in the school class to go to a child's birthday party (or at least all those of the same gender). Children's parties traditionally feature games, hot dogs, soda pop and several cakes. An adult birthday cake is often a *bløtkake*, a cake filled with fruit and whipped cream and sometimes topped with a layer of marzipan.

As mentioned in the dialog, it is common for Norwegians to make quick shopping trips to Sweden, where items like alcohol and meat are significantly cheaper than in Norway.

### Exercise 11

Crossword puzzle / Oppgave 11: Kryssord

# Unit Five: *School and leisure*

Vannrett: ⇒

1 excuse me
3 welcome
4 ticket
8 celebrate
9 vending machine
10 between
11 birthday
14 moment
15 delayed
17 divorced
19 separated
20 restaurant

Loddrett: ⇓

2 white wine
5 together
6 complain
7 drink
12 beer
13 sweetheart, darling
16 menu
18 typical

# Unit Six
# Hjem, rom og møbler
Home, rooms and furniture

In this unit you will learn how to:

- use definite and indefinite adjectives
- talk about housing in Norway, including rooms and furniture
- use colours to describe things
- use adverbs of direction and location

 Dialogue 1 / Dialog 1

 **Molly talks about her visit at Roberta and Magnus's. / Molly forteller om besøket hos Roberta og Magnus.** (Audio 2.1)

Molly tells Gabriela about babysitting at Roberta and Magnus's. She describes their apartment and talks about their furniture. She is impressed and dreams of having such an apartment one day!

| | |
|---|---|
| Molly: | Hei Gabriela. I går var jeg barnevakt hos Roberta og Magnus. De har det fint! |
| Gabriela: | Ja vel? |
| Molly: | De har en 3-roms leilighet på Majorstuen. Store, lyse rom med mye plass. Stua er spesielt hyggelig med flatskjerm-tv og dvd-spiller og et nydelig salongbord i glass foran en veldig behagelig grønn sofa og to lenestoler. På |

Unit Six: *Home, rooms and furniture*

soverommene var det store senger og mange klesskap. Sånn vil jeg også ha det når jeg får min egen leilighet en vakker dag.
Gabriela: Molly, nå må du slutte å drømme og begynne å studere.

## Translation / Oversettelse

Molly: Hi, Gabriela. Yesterday I babysat at Roberta and Magnus's. They have a really nice place!
Gabriela: Is that so?
Molly: They have a two bedroom apartment at Majorstuen. Large, light rooms with a lot of room. The living room is especially nice, with a flatscreen TV and DVD player and a beautiful glass coffee table in front of a very comfortable green sofa and two arm chairs. In the bedrooms, there are large beds and lots of closets. That's how I want to have it when I get my own apartment one fine day.
Gabriela: Molly, you have to quit dreaming and start studying!

## Vocabulary / Vokabular

| | |
|---|---|
| hos X | at the home of X, at someone's house or place |
| ja vel | response to a positive statement. Is that so? Really? |
| 3-roms leilighet | usually the number of rooms in an apartment includes all the rooms except for kitchen and bath: bedrooms, living room, dining room (if separate) |
| stor | large |
| lys | light, bright |
| spesielt | especially |
| nydelig | lovely, beautiful |
| flatskjerm | flatscreen |
| spiller (en) | player |
| salongbord (et) | coffee table |
| foran | in front of |

| | |
|---|---|
| veldig | very |
| behagelig | comfortable |
| grønn | green |
| sofa (en) | sofa, couch |
| soverom (et) | bedroom |
| seng (et) | bed |
| klesskap (et) | closet, wardrobe (many Norwegian homes do not have actual closets but rather free-standing wardrobes) |
| egen | own |
| vakker | beautiful |
| slutte | to quit |
| drømme | to dream |
| begynne | to begin |

## Exercise 1

True or false? / Oppgave 1: Riktig (R) eller galt (G)?

0 Roberta og Gabriela har det fint.   R

1 Gabriela var barnevakt hos Magnus og Roberta.
2 Molly var barnevakt hos Gabriela.
3 Magnus og Roberta har en hyggelig leilighet.
4 Leiligheten er på Majorstuen i Oslo.
5 Den har tre soverom.
6 I stua er det to sofaer og et salongbord.
7 Sofaen er grønn.
8 Salongbordet er i glass.
9 De har ikke mange klesskap.
10 Molly har også en veldig pen leilighet.

## Language point (Audio 2.2–2.3)

### Adjectives

Adjectives must agree in form and number with the nouns or pronouns they describe. Although there are many special rules and

Unit Six: Home, rooms and furniture

exceptions, the basic rule is that adjectives describing masculine and feminine nouns are in the base form (as found in a dictionary), but -t is added to make it neuter, and -e is added to make the plural form, regardless of gender. The indefinite form is used whether the adjective is used before an indefinite noun (attributively) or in the predicate.

Indefinite adjectives

en *stor* sofa *(a large sofa)*     Sofaen er *stor*. *(The sofa is large.)*
ei *stor* jente *(a large girl)*     Jenta er *stor*. *(The girl is large.)*
et *stort* hus *(a large house)*     Huset er *stort*. *(The house is large.)*
*store* biler *(large cars)*     Bilene er *store*. *(The cars are large.)*

Basic rules

| Masculine / feminine | Neuter | Plural | |
|---|---|---|---|
| pen | pent | pene | *pretty, nice* |
| hvit | hvitt | hvite | *white* |
| kald | kaldt | kalde | *cold* |
| varm | varmt | varme | *warm / hot* |
| dyr | dyrt | dyre | *expensive* |
| god | godt | gode | *good* |

## Colours

| Masculine / feminine | Neuter | Plural | |
|---|---|---|---|
| rød | rødt | røde | *red* |
| brun | brunt | brune | *brown* |
| gul | gult | gule | *yellow* |
| hvit | hvitt | hvite | *white* |
| svart | svart | svarte | *black* |
| grønn | grønt | grønne | *green* |
| blå | blått | blå | *blue* |
| grå | grått | grå | *grey* |

## Exercise 2 (Audio 2.4)

Write in the correct form of the adjective / Oppgave 2: Sett in riktig form av adjektivet

**stor**
1  et _____*stort*_____ bord         Bordet er _____.
2  en _____ leilighet    Leiligheten er _____.
3  tre _____ gutter       Guttene er _____.

**god**
4  en _____ historie     Historien er _____.
5  et _____ smørbrød     Smørbrødet er _____.
6  mange _____ epler        Eplene er _____.

**hvit**
7  et _____ hus          Huset er _____.
8  en _____ stol         Stolen er _____.
9  fem _____ biler        Bilene er _____.

**blå**
10  en _____ bil          Bilen er _____.
11  et _____ hus          Huset er _____.
12  noen _____ kopper       Koppene er _____.

## Special spelling rules

As was apparent in the list of colours, some adjectives do not completely follow the basic rule. Here are some other types of adjectives.

Adjectives ending in -ig or those ending in -sk that indicate a nationality or have more than one syllable have no ending in neuter.

| Masculine / feminine | Neuter    | Plural     |           |
|----------------------|-----------|------------|-----------|
| hyggelig             | hyggelig  | hyggelige  | pleasant  |
| amerikansk           | amerikansk| amerikanske| American  |
| praktisk             | praktisk  | praktiske  | practical |

Adjectives ending in unstressed -e or other unstressed vowel are not declined.

| Masculine / feminine | Neuter | Plural | |
|---|---|---|---|
| moderne | moderne | moderne | *modern* |
| lilla | lilla | lilla | *purple* |

Adjectives ending in an unstressed vowel have -tt in the neuter and sometimes no ending in the plural.

| Masculine / feminine | Neuter | Plural | |
|---|---|---|---|
| ny | ny**tt** | nye | *new* |
| blå | blå**tt** | blå | *blue* |

For adjectives with an unstressed *e* in second syllable (**-el, -er, -en**), drop the unstressed vowel in the plural and simplify any double consonants.

| Masculine / feminine | Neuter | Plural | |
|---|---|---|---|
| gammel | gammelt | gamle | *old* |
| vakker | vakkert | vakre | *beautiful* |

Many adjectives ending in -t or -d do not add a -t in neuter

| Masculine / feminine | Neuter | Plural | |
|---|---|---|---|
| svart | svart | svarte | *black* |
| glad | glad | glade | *glad* |

Adjectives ending in a double consonant simplify the double consonant before adding a -t.

| Masculine / feminine | Neuter | Plural | |
|---|---|---|---|
| grønn | grønt | grønne | *green* |
| dum *(no double m on the end of a word)* | dumt | dumme | *dumb* |

The forms of "little" are completely irregular.

| Masculine | Feminine | Neuter | Plural |
|-----------|----------|--------|--------|
| liten | lita | lite | små |

## Exercise 3

Insert the correct form of the adjective in parentheses / Oppgave 3: Sett inn riktig form av adjektivet i parentes

Magnus og Roberta bor i en ___hyggelig___ *(hyggelig)* leilighet på Majorstuen.
Leiligheten er ganske _____ *(stor)*, men soverommet til Emma og Sofia er ikke så _____ _____ *(stor)*. Det er egentlig veldig _____ *(liten)*, men det er _____ *(pen)* og har to _____ *(stor)* klesskap. Det er spesielt _____ _____ *(hyggelig)* i stua. Der er det to _____ _____ *(grå)* lenestoler, en _____ *(stor)*, _____ *(grønn)* sofa, og et _____ *(stor)* salongbord i glass. Det er ikke så mange _____ _____ *(stor)* leiligheter i blokken deres, men det er mange _____. *(liten)*

## Dialogue 2 / Dialog 2

 **Roberta and Magnus buy furniture. / Roberta og Magnus kjøper møbler.** (Audio 2.5)

Roberta and Magnus go to the Swedish furniture giant IKEA to buy furniture. Roberta is interested in a leather sofa, but Magnus is not convinced they need a new one. He finally goes along with Roberta and agrees to buy the sofa. It will be delivered in a week, but Roberta has class, and Magnus has an important meeting at work. They hope Magnus's parents will be able to help out.

Unit Six: *Home, rooms and furniture* 117

| | |
|---|---|
| Roberta: | Nå er vi endelig her på IKEA. Men hvor er sofaene? |
| Magnus: | Vi får se på oversikten over de forskjellige avdelingene. Se, der er det. |
| Roberta (til ekspeditøren): | Vi vil gjerne se på skinnsofaer. Se på denne, Magnus, den er lekker. |
| Magnus (til Roberta): | Ja, men se på prisen. Den har vi ikke råd til. Må vi egentlig kjøpe ny sofa? Jeg er fornøyd med den grønne. Den er jo ikke så gammel. |
| Roberta: | Magnus, dette har vi jo snakket om. Vi trenger en ny sofa. Se, denne er på tilbud. Halv pris. Liker du den? |
| Magnus: | Ja, den tar vi. (Til ekspeditøren) Når kan dere levere den? |
| Ekspeditøren: | Om ei uke. Torsdag . . ., mellom klokka 9 og 13. |
| Roberta: | Ja, da er jeg på norskkurset. Kan du ta fri fra jobben, Magnus? |
| Magnus: | Nei, jeg har et viktig møte på jobben akkurat da. |
| Roberta: | Så dumt! Kan foreldrene dine komme, tror du? |

## Translation / Oversettelse

| | |
|---|---|
| Roberta: | Now we're finally here at IKEA. But where are the sofas? |
| Magnus: | We should look at the floor plan of the various departments. See, here it is. |
| Roberta (to the clerk): | We'd like to look at leather sofas. Look at this one, Magnus. It's gorgeous. |
| Magnus (to Roberta): | Yes, but look at the price. We can't afford that. Do we really have to buy a new sofa? I'm satisfied with the green one. It isn't all that old. |

Unit Six: **Hjem, rom og møbler**

Roberta: Magnus, we've talked about this. We need a new sofa. Look, this one is on sale. Half price. Do you like it?
Magnus: Yes, we'll take it. (To the clerk) When can you deliver it?
Clerk: In a week. Thursday . . ., between 9 am and 1 pm.
Roberta: Yes, that's when I have Norwegian class. Can you take time off work, Magnus?
Magnus: No, I have an important meeting at work right then.
Roberta: How dumb! Can your parents come, do you think?

### Vocabulary / Vokabular

| | |
|---|---|
| endelig | finally, at least |
| oversikt (en) | overview, floor plan |
| avdeling (en) | department |
| ekspeditør (en) | sales assistant, clerk |
| skinnsofa (en) | leather sofa |
| lekker | lovely, gorgeous, delicious (about food) |
| pris (en) | price |
| ha råd til | to be able to afford |
| egentlig | really, actually |
| fornøyd | satisfied with, happy with |
| jo | a modal adverb used to indicate that a statement is obvious and well known |
| på tilbud | on sale, on offer |
| halv | half |
| levere | deliver |
| om ei uke | in a week (future time) |
| mellom | between |
| ta fri | take time off |
| jobb (en) | job, work |
| viktig | important |
| møte (et) | meeting |
| akkurat | precisely, exactly |
| tror | think, believe |

Unit Six: Home, rooms and furniture

## Language point

### Adjective – definite form (Audio 2.6)

When an adjective is used before a definite noun, as in "**the big car**",

- The adjective normally ends in -e (*store, nye, pene*).
- A free-standing definite article is placed before the adjective. This definite article agrees in number and gender with the noun (**den / det / de**).
- The definite ending appears on the end of the noun: **den** stor**e** bil**en**.

The definite form of the adjective is the same for all genders. In almost every case, the definite form of the adjective is identical to the plural form.

**den** ny**e** hytta *(the new cabin)*
**den** ny**e** bilen *(the new car)*
**det** ny**e** huset *(the new house)*
**de** ny**e** skoene *(the new shoes)*
**den** gam**le** hytta *(the old cabin)*
**den** gam**le** bilen *(the old car)*
**det** gam**le** huset *(the old house)*
**de** gam**le** skoene *(the old shoes)*

*Liten* is an exception; *lille* is the definite singular form, and *små* the definite plural form:
 den *lille* hytta den *lille* bilen det *lille* huset de *små* skoene

## Exercise 4

Insert the correct form of the adjective / Oppgave 4: Sett inn riktig form av adjektivet

0  Roberta liker ikke den ___*grønne*___ sofaen deres *(grønn)*.

1  Hvilken stol liker du best? Den _____ *(rød)* eller den _____ *(gul)*?

2  Jeg tror jeg liker det _____ *(stor)* bordet bedre enn det _____ *(liten)*.
3  Jeg besøkte Roberta i den _____ leiligheten hennes. *(hyggelig)*
4  Fikk du treffe de _____, _____ jentene hennes? *(søt, liten)*
5  Jeg prøver å selge den _____ bilen. *(gammel)*

## Exercise 5

Complete the sentences / Oppgave 5: Fullfør setningene

0  Jeg liker ___*de små stolene*___. *(the small chairs)*

1  Hvordan går det på _____? *(the new job)*
2  Han bor i _____. *(the little house)*
3  Kan du hjelpe meg med _____? *(the big chairs)*
4  _____ hilste på meg. *(the old man)*
5  Jeg liker _____ best. *(the white house)*

## Dialogue 3 / Dialog 3

**Mark and his girlfriend look for a place to buy. / Mark og kjæresten hans ser etter et sted å kjøpe.** (Audio 2.7)

Mark and his girlfriend go to an open house to look at an apartment. They speak with the sales agent and get information on costs, financing and the condition of the apartment and the building.

| | |
|---|---|
| Kjæreste: | Hei. Vi har kommet for å se på leiligheten. |
| Eiendomsmekler: | Vær så god, bare kom inn. Jeg er mekleren, Lars Pettersen. |
| Kjæreste: | Hyggelig å hilse på deg. Jeg heter Lisa Utøy, og dette er samboeren min, Mark Fergus. |
| Mark: | Hei. |
| Kjæreste: | Har du skriftlig informasjon om leiligheten? |

Unit Six: *Home, rooms and furniture* 121

| | |
|---|---|
| Eiendomsmekler: | Ja, her i salgsoppgaven står det mye informasjon. Dette er jo en borettslagsleilighet, så det er fellesutgifter på 5 014 kroner i måneden som er innbakt i husleia. |
| Kjæreste: | Hva dekker fellesutgiftene? |
| Eiendomsmekler: | De dekker trappevask, vaktmester, strøm og varmt vann. Dessuten fikk gården nye vinduer i fjor, og det betales det også for. |
| Kjæreste: | Det er ofte badet og kjøkkenet det er problemer med. Hvordan er tilstanden på badet og kjøkkenet her? |
| Eiendomsmekler: | Den er god. På side 5 i informasjonen står takstmannens vurdering. Har dere noen spørsmål om finansieringen? |
| Kjæreste: | Nei da, det er i orden. Vi har snakket med banken vår om hvor mye vi kan ta opp i lån. |

## Translation / Oversettelse

| | |
|---|---|
| Girlfriend: | Hi. We've come to look at the apartment. |
| Real estate agent: | Please, just come in. I'm the real estate agent, Lars Pettersen. |
| Girlfriend: | Nice to meet you. I'm Lisa Utøy, and this is my partner, Mark Fergus. |
| Mark: | Hi. |
| Girlfriend: | Do you have written information about the apartment? |
| Agent: | Yes, here in the sales flyer there's a lot of information. This is a cooperative apartment, so there are association fees of NOK 5,014 included in the monthly payment. |
| Girlfriend: | What do the association fees cover? |
| Agent: | They cover washing of the stairways, caretaker, electricity and hot water. In addition the building got new windows last year, and that is also paid for. |
| Girlfriend: | There are often problems with the bath and kitchen. What is the condition of the bath and kitchen here? |

| | |
|---|---|
| Agent: | It is good. On page 5 of the information is the assessor's valuation. Do you have any questions about the financing? |
| Girlfriend: | No, that's all in order. We have talked with our bank about how much we can borrow. |

 Vocabulary / Vokabular

| | |
|---|---|
| leilighet (en) | apartment, condominium |
| eiendomsmekler (en) | real estate agent |
| skriftlig | written, in writing |
| salgsoppgave (en) | sales flyer |
| informasjon (en) | information |
| borettslag | housing cooperative, tenant-owner's association |
| felles | common, in common |
| utgift (en) | expense, cost |
| måned (en) | month |
| innbakt | included, incorporated |
| husleie (en) | rent, periodic payment for use of dwelling |
| dekke | cover |
| trappevask (en) | washing, cleaning of stairs |
| vaktmester (en) | caretaker |
| strøm (en) | electricity |
| vann (et) | water |
| varm | hot, warm |
| dessuten | in addition, besides |
| gård (en) | (in urban contexts) apartment building; a farm (in rural contexts) |
| vindu (et) | window |
| i fjor | last year |
| betale | to pay |
| tilstand (en) | condition |
| takstmann (en) | assessor |

| | |
|---|---|
| **vurdering (en)** | evaluation |
| **finansiering (en)** | financing |
| **i orden** | in order |
| **ta opp i lån** | borrow |
| **lån (et)** | loan |

## Exercise 6

Answer the questions / Oppgave 6: Svar på spørsmålene

1 Hvorfor har Mark og kjæresten kommet?
2 Hvem er Lars Pettersen?
3 Hvor mye er fellesutgiftene på leiligheten?
4 Hva dekker de?
5 Er vinduene i leiligheten nye eller gamle?
6 Har Mark og kjæresten noen spørsmål om finansieringen?
7 Hva har de snakket med banken om?

## Culture / Kultur

### Housing in Norway

About 80% of Norwegians own their own homes, which on average contain four rooms (usually this means three bedrooms). In Norway as a whole, most people live in single-family homes (53%), duplexes or row houses (20%). While only about 20% of Norwegians live in apartment buildings, in Oslo, a higher percentage of people do so (72%). Most of these are owned, not rented. There are various types of arrangements for owning one's apartment. In this dialog, Mark and his girlfriend are looking at a *borettslag*, a cooperative apartment, where the dwellers each own a share in the building. In other buildings, one owns the apartment outright. In either case, there will be some kind of monthly fees to cover building maintenance, and sometimes the residences must take out a loan to pay for a large repair such as roof replacement or fixing up a common courtyard area. It is up to the municipality to decide if they will tax real property. In 2009, about 75% did so.

Sometimes maintenance, such as cleaning of common areas, is paid for cooperatively by the residents. But it is also common for the residents to be personally responsible for washing of the stairs going from their apartment down one floor. It is important to know what the expectations are in your building!

Types of housing

**leilighet (en):** apartment, condominium
**boligblokk (en):** high-rise apartment building
**leiegård (en):** inner city apartment building, usually surrounding an inner courtyard. Usually not more than 5 or 6 stories.
**tomannsbolig (en):** duplex
**rekkehus (et):** row house
**enebolig (en):** single family dwelling
**borettslag (et):** housing cooperative

## Dialogue 4 / Dialog 4

**A quarrel / En krangel** (Audio 2.8)

Mark and his girlfriend have now looked at three different apartments in three completely different neighbourhoods in Oslo. They quarrel over which one is best. Mark likes the one that has the most space and is close to his job, but his girlfriend likes one that is more centrally located, near pubs and restaurants – and her job.

| | |
|---|---|
| Kjæreste: | Nå har vi sett på de tre leilighetene i vår prisklasse. Hvilken skal vi velge? |
| Mark: | Jeg likte best leiligheten på Stovner. Den hadde best plass. |
| Kjæreste: | Ja, men det er lang reisevei til sentrum. |
| Mark: | For deg, ja, men for meg er det rett ved deltidsjobben min. |
| Kjæreste: | Å, du er så egoistisk! Alltid tenker du først på deg selv! |
| Mark: | Hallo, er ikke du like egoistisk? Du likte best leiligheten på Grünerløkka fordi den hadde kort vei til jobben din. |
| Kjæreste: | Nei, vet du hva! Den leiligheten hadde også kort vei til puber, kinoer og kafeer. På Stovner fins det jo ingenting! |

# Unit Six: Home, rooms and furniture

Mark:
> Det er så langt borte fra alt. Og da må vi alltid ta taxi hjem hvis vi er lenge ute. Det blir jo kjempedyrt! Hvis vi bor på Grünerløkka, kan vi gå hjem fra sentrum. Du må huske på at når vi først kjøper en leilighet, får vi ikke råd til å gå ut mer. Det blir for dyrt for oss. Derfor er det viktig at vi trives i leiligheten.

## Translation / Oversettelse

Girlfriend: Now we've looked at the three apartments in our price range. Which one should we choose?
Mark: I liked the apartment at Stovner best. It had the most space.
Girlfriend: Yes, but it's a long trip to downtown.
Mark: For you, yes, but for me it's right next to my part-time job.
Girlfriend: Oh, you are so selfish! You always think of yourself first!
Mark: Hello! Aren't you just as selfish? You liked the apartment at Grünerløkka best because it was a short distance from your job.
Girlfriend: No, come on! That apartment was also close to pubs, movie theatres and cafes. There's nothing at Stovner! And then we will always have to take a taxi home if we're out late. That will be really expensive. If we live at Grünerløkka, we can walk home from downtown.
Mark: You have to remember that when we actually buy an apartment we won't be able to afford to go out anymore. It will be too expensive for us. That's why it's important that we're happy in the apartment.

## Vocabulary / Vokabular

| | |
|---|---|
| **prisklasse (en)** | price range |
| **hvilken** | which one |
| **velge** | choose |
| **plass (en)** | room, space |
| **lang** | long |
| **reisevei (en)** | journey, trip |

| | |
|---|---|
| sentrum (et) | downtown area of city |
| egoistisk | selfish |
| deltidsjobb (en) | part-time job |
| først | first |
| selv | oneself |
| like | equally, just as |
| kort | short |
| pub (en) | pub |
| kafé (en) | café |
| fins | exist, be |
| ingenting | nothing |
| alltid | always |
| taxi (en) | taxi |
| lenge | long time |
| gå | walk |
| hjem | home |
| hvis | if |
| kjempe ... | really ... (intensifier) |
| dyr | expensive |
| huske | remember |
| trives | thrive, be happy |

## Language point (Audio 2.9)

### Adverbs of direction and location

| Adverbs of location | Adverbs of motion / direction |
|---|---|
| Mari er **inne** i huset. (Mari is inside the house.) | Kom **inn**! (Come in!) |
| Per leker **ute**. (Per is playing outside.) | Gå **ut**! (Go out!) |
| Mor er **oppe** i soverommet. (Mother is up in the bedroom.) | Erik gikk **opp** trappa. (Erik went up the stairs.) |

Unit Six: Home, rooms and furniture

| | |
|---|---|
| Jeg er **nede** i kjelleren. *(I'm down in the basement.)* | Kom **ned** fra treet! *(Come down from the tree!)* |
| Han er **hjemme**. *(He is [at] home.)* | Hun reiser **hjem** i dag. *(She's going home today.)* |
| Pengene er **borte**. *(The money is gone.)* | Vi reiser **bort** i helgen. *(We're going away this weekend.)* |
| Anne er ikke **her**. *(Anne is not here.)* | Kom **hit** og hjelp meg. *(Come here and help me.)* |
| Bilen står **der**. *(The car is standing there.)* | Når du kommer **dit**, kan du sove. *(When you get there, you can sleep.)* |

## Exercise 7

Adverbs of location and motion / Oppgave 7: Påsteds- og tilstedsadverb

Go through the dialog and underline all the adverbs of location or motion.

## Exercise 8

Insert the correct adverb of location or motion / Oppgave 8: Sett inn riktig påsteds- eller tilstedsadverb

1 Jeg skal ikke gå _____*ut*_____ *(ut / ute)* i kveld. Jeg skal sitte _____ *(hjem / hjemme)* og se på tv.
2 Hvor er Anne? Hun er _____ *(opp / oppe)* i soverommet og hviler.
3 Kan du gå _____ *(inn / inne)* i stua og hente avisen?
4 Han reiser _____ *(bort / borte)* i helgen.
5 Boden er _____ *(ned / nede)* i kjelleren.
6 Jeg gleder meg til å reise _____ _____ *(hjem / hjemme)* snart.
7 Kom _____ *(inn / inne)*!
8 Hvor lenge har du vært _____ *(her / hit)* i Norge?
9 Jeg kom _____ *(her / hit)* for tre år siden.
10 Kom _____ *(ned / nede)* med en gang!

## Exercise 9

Apartment for sale / Oppgave 9: Bolig til salgs

Read through the two ads on the pages that follow. These could be two of the apartments Mark and his girlfriend were looking at. Compare them. How large are they? How many rooms are there? When were they built? How much do they cost? What kind of ownership do they involve? What are the monthly fees? What do the monthly fees include? How easy is it to get to the apartments by public transportation? Use an internet map to locate Stovner and Grünerløkka on a map. Which one would you rather buy? Which one do you think Mark and his girlfriend should buy?

Mark og kjæresten sammenligner de to leilighetene de liker best. De bruker dette skjemaet. (*Mark and his girlfriend compare the two apartments they like best, using this chart.*)

|  | Stovner | Grünerløkka |
|---|---|---|
| Hvor mange rom? | 4 |  |
| Hvor stor er den? (m²) |  |  |
| Hva koster den? |  |  |
| Hva er felleskostnadene? |  |  |
| Hva er inkludert i felleskostnadene? |  |  |
| Har den heis? |  |  |
| Har den garasjeplass eller annen parkering? |  |  |
| Hvilken etasje er den i? |  |  |
| Hva er gulvet laget av? |  |  |
| Har den balkong? |  |  |
| Har den bod? Hvor? |  |  |
| Hva slags butikker, kafeer, og andre aktiviteter er det i nærheten? |  |  |

---

STOVNER, Lys og pen 4-roms med innglasset balkong. Garasjeplass og varmt vann inkludert!
Prisantydning         1 980 000,-
Fellesgjeld              164 809,-

Unit Six: *Home, rooms and furniture*

| | |
|---|---|
| Totalpris | 2 144 809, |
| Primærrom | 84 m² |
| Boligtype | **Leilighet** |
| Eieform | **Andel** |
| Rom | 4 |
| Soverom | 3 |
| Etasje | 3. |
| Felleskost. mnd* | 3 516,- |
| *****Felleskostnader inkluderer** Garasje, varmt vann, kabel-tv, trappevask, vaktmester, nedbetaling av fellesgjelden m.m. | |
| Byggeår | **1971** |
| **Fasiliteter** | Garasje / P-plass |

**Innhold**
3 etg:
Entre / gang, bad, wc, bod / kontor, kjøkken, 3 soverom og stue med utgang til romslig innglasset balkong.
Det følger en kjellerbod og garasjeplass!

**Standard**
Lys og hyggelig 4-roms med god planløsning og arealutnyttelse.
Leiligheten er gjennomgående med utsyn over fellesarealer.
Entre / gang: Stor og god med flislaminat på gulv. Herfra har man adkomst til 2 soverom, bod / kontor, stue og kjøkken. Plass til skap for yttertøy.
Kjøkken: Keramiske fliser på gulv med tapet på vegger og malt himling. Kjøkkeninnredning med hvite laminerte / folierte fronter, laminat benkplate, nedfeldt rustfri oppvaskkum og plass for vaskemaskin. Noe eldre innredning med generell bruksslitasje.
Soverom 1: Med inngang fra entreen kommer man til et lyst soverom med plassbygd garderobeskap, stort vindu og plass til større seng.
Soverom 2: Romslig soverom med plass til både større skap og stor seng. Brystningspanel og malt strie på veggene.
Soverom 3: Stort og lyst soverom med stort vindu ut til balkongen. Ca. 10 kvm.
Soverommene har laminat / vinylbelegg på gulv og malt himling.
Bad og WC: Adskilt bad og wc er en praktisk og fin løsning i denne leiligheten. Keramiske fliser på gulv og vegger. Opplegg for vaskemaskin på bad.
Bod / Kontor: Et disponibelt mindre rom man kan bruke etter eget ønske.

Stue: Hyggelig og koselig stue med god plass. Vindu med utsyn
over fellesarealene. Laminat på gulv og tapet på vegger.
Balkong: Utgang fra stuen til romslig balkong innredet med laminatgulv og panel på vegger. Ca. 7 kvm stor og det er montert solskjerming.

**Fyring / Oppvarming**

Elektriske panelovner, gulvvarme på bad.

**Beliggenhet**

Beliggende meget sentralt i et stille og meget barnevennlig boligområde på Stovner. Det er kun minutters gange til Stovner Senter med alle sine fasiliteter. Det er også kort vei til nærbutikk, offentlig kommunikasjon, ulike servicetilbud, skoler, barnehager og legesenter / helsestasjon.
Diverse aktivitetstilbud som golfbane, idrettsbane, idrettshall, slalåmbakke, ridesenter og treningssenter finnes også i området.
Det er kort vei til marka, som med sine mange skogsveier og lysløyper åpner for gode turmuligheter hele året.
Det tar for øvrig ca. 13 minutter med bil til Oslo sentrum.

**Parkering**

Garasjeplass medfølger leiligheten, ellers gjesteparkering på oppmerkede plasser.

**Offentlig kommunikasjon**

Det er et godt kollektivtilbud rundt Stovner senter. Ca. 7 minutters gange fra leiligheten. Her finner man både T-bane og mange bussforbindelser.

---

Grünerløkka / Sofienberg – Lekker 2-roms selveier i 5. etg. Bad fra 2006. Fyring og varmtvann inkl.

| | |
|---|---|
| Prisantydning | 1 890 000,- |
| Fellesgjeld | 177 214,- |
| Totalpris | 2 067 214,- |
| Primærrom | 46 m² |
| Boligtype | **Leilighet** |
| Eieform | **Eier (Selveier)** |
| Soverom | 1 |
| Etasje | 5. |
| Felleskost. mnd* | 3 616,- |

**\*Felleskostnader inkluderer** Fyring og varmtvann, felles forsikring, vaktmester, kabel-tv.
Byggeår     1939

**Fasiliteter**
- Kabel-TV
- Rolig
- Sentralt
- Barnevennlig
- Bredbåndstilknytning
- Turterreng
- Vaktmester- / vektertjeneste
- Moderne
- Parkett
- Offentlig vann / kloakk

**Innhold**

Leiligheten inneholder:
Entré, stue med plass til spisebord, lekkert kjøkken fra 2007, romslig soverom, samt flislagt bad fra 2006. Leiligheten disponerer en kjellerbod.

**Standard**

Lys og lekker 2-roms selveierleilighet i 5. etg. med meget populær beliggenhet på Grünerløkka / Sofienberg.

**Entré:**

Entré med plass til oppbevaring av sko og yttertøy. Fliser på gulv med malte vegger og tak. Dørtelefon med portåpner.

**Stue:**

Romslig stue med god plass til sittegruppe og spisebord. Parkett på gulv med malte vegger og tak. Innkasserte downlights i taket.

**Kjøkken:**

Benkeplate i heltre med nedfelt oppvaskkum. Innebygd stekeovn, keramisk koketopp, mikrobølgeovn, integrert oppvaskmaskin og opplegg for vaskemaskin. Ventilator i stål.

**Bad:**

Lekkert baderom med wc, servantbenk, overskap, speilseksjon med lys, dusj med 2 svingbare glasskjermer. Sluk er skiftet. Varmekabler på gulv. Downlights i taket. Badet ble rehabilitert i 2006 i regi av sameiet.

**Soverom:**
Lyst og pent soverom med store vindusflater som slipper til masse lys. Skyvedørsgarderobe med speilglassdører. Parkett på gulv med malte vegger og tak.

**Oppbevaring:**
Leiligheten disponerer 1 kjellerbod.

**Oppvarming**
Fyring og varmtvann inkludert i husleien.
Varmekabler på bad.

**Beliggenhet**
Leiligheten har en svært attraktiv beliggenhet i populært, barnevennlig og sentralt boområde på Grünerløkka / Sofienberg med et godt nett av offentlig kommunikasjonstilbud som buss og trikk like utenfor døren. Kaféer og forretninger i nærområdet. Ca. 5 minutters gange til Grünerløkka med spennende restauranter og butikker samt et yrende kafé og uteliv. Her har du alt av servicetilbud i umiddelbar nærhet.

Populære rekreasjonsområder som Botanisk hage, Akerselva, Sofienbergparken, Birkelunden og Cubaparken ligger alle innenfor gangavstand. Parkene er svært populære og benyttes blant annet til grilling og soling om sommeren, samt aking på vinterhalvåret.

# Unit Seven

# Å holde kontakten – epost, brev og sosiale medier

Keeping in touch – email, letters and social media

In this unit you will learn how to:

- use time expressions
- express wonder and interest (lure på and ha lyst til / ha lyst på)
- use verbs in the past tense (preterite)
- use s-verbs
- use inverted word order
- use prepositions
- talk about keeping in touch (writing letters, emails etc.)

## Dialogue 1 / Dialog 1

**Keeping in touch / Å holde kontakten** (Audio 2.13)

When Roberta arrives home, she finds Magnus at the computer. He is surfing the net. When she tells him she has scheduled a Skype call with her parents in Italy in a half hour, he gets off the computer. They agree that communication has come a long way since the days of regular letters.

Roberta: Hallo! Er det noen hjemme?
Magnus: Ja, jeg sitter ved pc-en, elskling.
Roberta: Jobber du?

Magnus: Nei, jeg surfer bare på Internett.
Roberta: Fint, for om en halv time skal jeg prate med mamma og pappa på Skype.
Magnus: Greit, da avslutter jeg her.
Roberta: Jeg forstår ikke hva folk gjorde før Internett og Skypes tid. Tenk å ikke kunne sende en e-post, søke på Internett eller prate på Skype eller chatte på Facebook. Å sende et vanlig brev – så upraktisk!

## Vocabulary / Vokabular

| avslutte | to end, close |
| vanlig | ordinary, usual |
| upraktisk | impractical |

Language point (Audio 2.14)

### Time expressions (Tidsuttrykk)

| | | |
|---|---|---|
| length of time, period of time | i seks måneder | for six months |
| past time | for seks måneder siden | six months ago |
| future time | om seks måneder | in six months |
| negative time (something has not occurred for some time) | på seks måneder | (not) for six months |
| something completed in a period of time | på seks måneder | (accomplished) in six months |

Examples:

Jeg har vært her **i et år**. *(I've been here **for a year**.)*
Jeg kom **for et år siden**. *(I came **a year ago**.)*

# Unit Seven: Keeping in touch

Jeg reiser hjem **om to uker**. *(I'm going home **in two weeks**.)*
Jeg har **ikke** vært hjemme **på et år**. *(I have **not** been home **for a year**.)*
Jeg lærte norsk **på seks måneder**. *(I learned Norwegian **in six months**. [task accomplished])*

| i dag | today |
|---|---|
| i går | yesterday |
| i forgårs | day before yesterday |
| i morgen | tomorrow |
| i overmorgen | day after tomorrow |

## Exercise 1

Insert the correct time expression / Oppgave 1: Sett inn riktig tidsuttrykk

0 Når skal du spise lunsj? *Om* en time.

1 Når skal Roberta chatte med mamma og pappa? _____ en halv time.
2 Hvor lenge har Roberta bodd i Norge? Hun har bodd i Norge _____ fem år.
3 Når kom hun til Norge? Hun kom til Norge _____ fem år _____.
4 Hun lærte norsk _____ tre år.
5 Hun skal til hjemlandet _____ to uker. Hun har ikke vært hjemme _____ over et år.
6 Hun skal være i hjemlandet _____ 14 dager.
7 Kan du spise lunsj med meg _____? *(tomorrow)*
8 Nei, ikke _____ *(tomorrow)*, men jeg kan det _____ *(the day after tomorrow)*
9 Roberta og Magnus feiret bryllupsdagen _____. *(the day before yesterday)*
10 _____ *(yesterday)* gikk Molly på shopping med Gabriela. _____ *(today)* skal de gå en tur rundt Sognsvann.

## Reading Text

**(Audio 2.15)**
Read the text and answer the questions in Exercise 2 / Lesetekst: Les teksten og svar på spørsmålene i Oppgave 2

Molly sends an email to Anne thanking her for inviting her to dinner the previous Sunday. She appreciated the chance to have a real dinner! She also wants to invite Anne to have lunch with her in the city, as Molly will be doing research near Anne's office.

> Hei Anne!
> Takk for sist! Det var så koselig å spise middag hos dere sist søndag. Selv om jeg har kjøkken på studentbyen, er det ikke så lett å lage en skikkelig middag. Jeg lurte på om du hadde lyst til å spise lunsj sammen i morgen eller i overmorgen. Jeg skal være i byen i nærheten av kontoret ditt for å gjøre litt research på filminsituttet. Jeg er der fra 10–14 både onsdag og torsdag.
> Mvh
> Molly

## Vocabulary / Vokabular

| | |
|---|---|
| takk for sist | expression used when communicating or meeting after having spent time together. Thanks for the last time. |
| selv om | even though |
| skikkelig | proper, decent |
| lure på om | to wonder if (whether) |
| har lyst til | to want to do something |
| i morgen | tomorrow |
| i overmorgen | day after tomorrow |
| nærhet (en) | vicinity |
| kontor (et) | office |
| både – og | both – and |
| Mvh | *Med vennlig hilsen*: with friendly greetings (Common closing in letters and emails.) |

## Exercise 2

Answer the questions / Oppgave 2: Svar på spørsmålene

1 Når spiste Molly middag hos Anne?
2 Hva har hun lyst til å gjøre med Anne?
3 Hvorfor skal hun være i byen?
4 Hvilke dager skal hun være i byen?

## Language point

### Lure på *(wonder)*

The phrase "lure på" is used in combination with interrogatives:

**Jeg lurer på om** (*I wonder if*)
**Jeg lurer på hvorfor** (*I wonder why*)
**Jeg lurer på hva** (*I wonder what*)
**Jeg lurer på hvem** (*I wonder who*)
**Jeg lurer på hvor** (*I wonder where*)

## Exercise 3

Complete the sentences with the correct expression / Oppgave 3: Fyll ut med riktig uttrykk

0 Jeg *lurer på hva* jeg skal kjøpe. *(wonder what)*

1 Roberta _____ Molly vil være barnevakt.
  *(wonders if)*
2 Molly _____ barna heter. *(wonders what)*
3 Jeg _____ du vil lære norsk.
  *(wonder why)*
4 Mark og kjæresten _____ de skal bo.
  *(wonder where)*
5 Mark _____ han kan lære norsk.
  *(wonders if)*

## Language point (Audio 2.16–2.17)

### Ha lyst til / ha lyst på

**ha lyst til å** – followed by an infinitive:
Jeg **har lyst til å** spise middag. *(I would like to eat dinner.)*
Hun **har lyst til å** reise til Norge. *(She wants to travel to Norway.)*

**ha lyst på** – followed by a noun or pronoun:
Jeg **har lyst på** en ny bil. *(I want a new car.)*
Han **har lyst på** noe å spise. *(He would like something to eat.)*

### Exercise 4

Complete the sentences with "lyst til" or "lyst på" / Oppgave 4: Fullfør setningene med "lyst til" eller "lyst på"

0   Jeg har ___*lyst på*___ et glass vin.

1   Har du _____ noe å drikke?
2   Jeg har _____ å spise ute på restaurant.
3   Hva har dere _____ å gjøre?
4   Vi har _____ å spille fotball.
5   Hva har du _____? Jeg har _____ en kopp te.

## Dialogue 3 / Dialog 3

### Instant messaging / Chat (Audio 2.18)

Anne contacts Molly through instant messaging to finalize their lunch date. They agree to meet at an outdoor restaurant called Lekter'n at 11:30. They exchange mobile phone numbers.

18:14   **Anne**: Hei Molly! Jeg fikk mailen din.
18:17   **Molly**: Bra! Hva *synes* du? Har du tid til å spise lunsj med meg?
18:22   **Anne**: Ja da! Skal vi ta det på torsdag?

Unit Seven: *Keeping in touch*

18:23   **Molly**: Fint. Når passer det?
18:28   **Anne**: Klokka 11.30?
18:32   **Molly**: Bra. Hvor skal vi *treffes*?
18:33   **Anne**: Hva med Lekter'n? Det ligger på Aker Brygge. De har nydelige rekesmørbrød.
18:34   **Molly**: Kjempefint. Kl. 11.30 torsdag på Lekter'n. Vi *ses*!
18:35   **Anne**: Kan jeg få mobilnummeret ditt? Mitt er 973 33 333.
18:38   **Molly**: Mobilnummeret mitt er 984 42 233.

## Vocabulary / Vokabular

| | |
|---|---|
| mail (en) | email |
| synes | think, be of the opinion |
| passe | fit, be suitable |
| treffes | meet each other |
| Lekter'n | outdoor restaurant at Aker Brygge (means "The Barge") |
| Aker Brygge | Former ship yard, now a shopping centre in the Oslo harbour. |
| nydelig | beautiful |
| reke (en) | shrimp |
| smørbrød (et) | open sandwich |
| ses | see each other |
| få | have, receive |
| mobilnummer (et) | mobile phone number |

## Exercise 5

Answer the questions / Oppgave 5: Svar på spørsmålene

1  Hvilken dag skal Anne og Molly spise lunsj sammen?
2  Hvor og når skal de treffes?
3  Hvor ligger Lekter'n?
4  Hva har Anne lyst til å spise?
5  Hva er Annes mobilnummer?
6  Hva er mobilnummeret til Molly?

## Language point

### S-verbs

Verbs ending in -s sometimes have a reciprocal meaning:

| | |
|---|---|
| **treffes** | *meet each other* |
| **snakkes** | *talk to each other* |
| **møtes** | *meet each other* |
| **ses** | *see each other* |

**The subject must be plural:**

***Vi* ses på torsdag.** *(We'll see each other on Thursday.)*
***De* møtes hver uke.** *(They meet each other every week.)*
***Vi* snakkes i morgen.** *(We'll talk to each other tomorrow.)*

**Other verbs simply end in -s. Here are a few:**

**synes** *to be of the opinion, have the impression* (usually based on evidence)
**Jeg synes det er veldig dyrt i Norge.** *(I think it is very expensive in Norway.)*
**Jeg synes hun er snill.** *(I think she is nice.)*

**finnes** *to exist, be found*
**Det finnes mange innvandrere i Oslo.** *(There are many immigrants in Oslo.)*

**trengs** *be necessary*
**Nei, det trengs ikke.** *(It's not necessary.)*

**trives** *thrive*
**Hvordan trives du i Norge?** *(How are you thriving [getting along] in Norway?)*

## Exercise 6

S-verbs / Oppgave 6: S-verb

Underline all the s-verbs you can find in the instant message exchange above.

Unit Seven: *Keeping in touch*

## Culture / Kultur

Norwegians make extensive use of the internet – email, Skype, instant messaging, Facebook, Twitter, Instagram etc. are all heavily used. Over 90% of households have internet access (mostly broadband), and 60% of Norwegians participate in some kind of social network. In addition, smart phones are increasingly popular, with text messaging (SMS) being a primary mode of communication, especially among young people. Mobile broadband is also more and more common, with about 50% using this in 2014.

## Reading Text

**(Audio 2.19)**
Read the letter and answer the true / false questions in Exercise 7 / Lesetekst: Les brevet og svar på riktig / galt spørsmålene i Oppgave 7.

Molly writes a letter to Erika and Stian, thanking them for the pictures they had sent of their baby, Lukas. She is eager to visit them and suggests coming in early June. She would like to combine her visit to Trondheim with a trip farther north to Selbu to see a friend who lives there. She also talks about the lovely spring weather in Oslo and talks about her experience celebrating Norway's national day, 17th May, for the first time. She was even able to borrow a *bunad*, or national costume, watched the children's parade and ate hot dogs and ice cream with them.

Oslo 19. mai
Kjære Erika og Stian!
Takk for brev. Håper alt står bra til med dere. Trives dere fortsatt i Trondheim? Det var hyggelig å få bilder av lille Lukas. Det er ikke til å tro at han allerede er seks måneder gammel. Han ser virkelig søt ut. Jeg gleder meg til å komme på besøk og treffe ham. Jeg har faktisk tenkt å ta en liten ferie i begynnelsen av juni. Jeg lurte på om jeg kunne besøke dere enten 1.-3. juni eller 7.-8. Jeg har en venninne som bor i Selbu. Jeg hadde tenkt å besøke henne enten før eller etter at jeg besøker dere. Jeg skal jo gjennom Trondheim på vei til henne uansett.
Våren har kommet til Oslo – endelig! Etter seks uker med surt og kaldt vær, er det endelig solskinn. I går var det 19 grader, og det er spådd over 20 grader til helgen. Heldigvis var det godvær på 17. mai. Dette var første gang jeg feiret 17. mai i hovedstaden, og jeg gledet

meg kolossalt. Jeg lånte en bunad av en venninne her i byen. Hun inviterte meg til å se på toget sammen med dem. De har en datter som gikk i toget. Etterpå dro vi hjem til dem og grillet pølser. Selvfølgelig ble det også mye is og brus!

Klem fra
Molly

### Vocabulary / Vokabular

| stå bra til | to be good, going well |
|---|---|
| trives | to thrive, be happy |
| måned (en) | month |
| virkelig | really |
| søt | sweet, cute |
| ser ... ut | looks, appears |
| komme på besøk | to come for a visit |
| begynnelse (en) | beginning |
| venninne (en) | female friend |
| ha tenkt å | to intend, plan |
| enten / eller | either / or |
| uansett | in any event, at any rate |
| spå | to predict |
| godvær (et) | pleasant weather |
| bunad (en) | Norwegian national costume |
| klem (en) | hug (Common closing in letters between very close friends or relatives.) |

## Exercise 7

True or false? / Oppgave 7: Riktig (R) eller galt (G)?

0  Erika og Stian bor i Selbu.   *G*

1  De har en sønn som heter Lukas.
2  Lukas er seks år gammel.

3 Molly har lyst til å besøke dem i juni.
4 Hun skal også besøke noen i Selbu.
5 Hun må besøke henne før hun kommer til Stian og Erika.
6 Været har vært dårlig i Oslo.
7 Nå er det mye regn og vind.
8 Det var godt vær på 17. mai.
9 Molly fikk låne en bunad av en venninne.
10 Venninnen har en datter som skal gå i toget.
11 Molly har feiret 17. mai mange ganger i Oslo.
12 Etter toget dro de hjem og spiste pølser og is.

## Language points (Audio 2.20)

### Verbs: Past tense

The past tense is used for actions that occurred at a specific time in the past or repeated actions in the past.

## Weak verbs

Norwegian has four classes of weak verbs, where predictable endings are added to the root.

|  | Ending past / perfect | Infinitive | Past | Perfect |
| --- | --- | --- | --- | --- |
| **Class 1** stem ends in two consonants | -et / -et | vaske *(wash)* snakke *(talk)* droppe *(drop)* | vasket snakket droppet | vasket snakket droppet |
| **Class 2** stem ends in single consonant or *ll, mm, nn, nd* or *ng* | -te / -t | lese *(read)* spille *(play)* like *(like)* svømme *(swim)* kjøpe *(buy)* | leste spilte likte svømte kjøpt | lest spilt likt svømt kjøpt |

|  | Ending past / perfect | Infinitive | Past | Perfect |
| --- | --- | --- | --- | --- |
| **Class 3** stem ends in v, *ei* or *øy* | -de / -d | prøve *(try)* leve *(live)* leie *(rent)* bøye *(bend)* | prøvde levde leide bøyde | prøvd levd leid bøyd |
| **Class 4** stem ends in stressed vowel | -dde / -dd | bo *(live, reside)* sy *(sew)* | bodde sydde | bodd sydd |

## Strong (irregular) verbs

Strong (irregular) verbs have a vowel change in the root. These verbs must simply be memorized. Here are some of the most common ones. A more complete list is found at the end of the reference grammar.

| Infinitive | Past | Perfect |
| --- | --- | --- |
| bli *(become)* | ble | blitt |
| dra *(pull, go, leave)* | dro | dratt |
| drikke *(drink)* | drakk | drukket |
| få *(get, receive)* | fikk | fått |
| gjøre *(do)* | gjorde | gjort |
| se *(see, look)* | så | sett |
| si *(say, tell)* | sa | sagt |
| skrive *(write)* | skrev | skrevet |
| stå *(stand)* | sto / stod | stått |
| ta *(take)* | tok | tatt |
| være *(be)* | var | vært |

## Exercise 8

Simple past tense verbs / Oppgave 8: Verb-preteritum

Find and underline all the past tense verbs in the reading texts in this chapter.

## Exercise 9

Fill in the past tense of the verb / Oppgave 9: Fyll ut med preteritum

0 Hva *gjorde* du i går? *(gjøre)*

1 Molly _____ i Oslo på 17. mai. *(være)*
2 Hun _____ 17. mai med venner. *(feire)*
3 Hun _____ en bunad av en venn. *(låne)*
4 Hun _____ og _____ på toget i mange timer. *(stå / se)*
5 Jeg _____ til Trondheim for å besøke venner. *(reise)*
6 Der _____ jeg mye god mat. *(spise)*
7 Vi _____ og _____ vin til sent på natt. *(snakke / drikke)*
8 Jeg _____ på norskkurs sammen med Molly og Mark. *(gå)*
9 Hva _____ du i helgen? *(gjøre)*
10 Jeg _____ med Harald i går. *(snakke)*
11 Anne og Stein _____ sa at de skulle komme i dag. *(si)*

## Culture / Kultur

### Letter writing

## Salutations

| | |
|---|---|
| Kjære X | Dear X |
| Hei X! | informal salutation |

In business letters, it is common to omit the salutation and simply begin the text after the inside address.

## Closings

| | |
|---|---|
| Hilsen | Greetings |
| Hilsen fra | Greetings from |

Med vennlig hilsen (mvh)   With friendly greetings
Kjærlig hilsen             Love
Klem                       Hug

Note: No punctuation is used after the closing.

## Exercise 10

Write a letter / Oppgave 10: Skriv et brev

Fortell hva du gjorde i går, eller hva du gjorde i ferien. *Write a letter. Write about what you did yesterday or what you did on vacation.*

---

sted, dato *(place, date)*

Kjære _____!




Med vennlig hilsen

# Unit Eight
# Mat og drikke
Food and drink

In this unit you will learn how to:

- use verbs in the present perfect tense and as an imperative
- make compound words
- talk about how things look / appear (ser . . . ut)
- talk about table manners and traditional Norwegian foods

## Dialogue 1 / Dialog 1

### What's for dinner? / Hva skal vi spise til middag? (Audio 2.21)

Lisa and Mark discuss what to make for dinner. Mark suggests pizza, but Lisa would rather have homemade meatballs made according to her mother's recipe. She asks Mark to boil potatoes and make gravy while she makes the meatballs. He asks her to clean up afterwards, as he has homework for the next day. She agrees but reminds him that it will be his turn tomorrow!

Lisa:  Hva skal vi spise til middag i dag?
Mark:  Jeg vet ikke. Pizza?
Lisa:  Nei, det har vi hatt så ofte i det siste. Hva med kjøttkaker?
Mark:  Hjemmelagde?
Lisa:  Ja, naturligvis. Jeg bruker alltid mors oppskrift.

Mark: Har du alle ingrediensene?
Lisa: Ja. Kan du koke potetene og lage sausen mens jeg lager kjøttkakene?
Mark: Greit. Men kan du rydde opp etterpå? Jeg har lekser til i morgen.
Lisa: Ja vel, men i morgen er det din tur til å rydde opp.

## Vocabulary / Vokabular

| | |
|---|---|
| **i det siste** | lately |
| **kjøttkaker** | meatballs |
| **hjemmelagde** | homemade |
| **naturligvis** | naturally |
| **oppskrift (en)** | recipe |
| **ingrediens (en)** | ingredient |
| **saus (en)** | gravy |
| **lage** | make |
| **mens** | while |
| **greit** | fine, ok |
| **rydde opp** | clean up |
| **lekser** | homework |
| **din tur** | your turn |

## Exercise 1

Complete the sentences / Oppgave 1: Fullfør setningene

0  Mark har lyst på *pizza* til middag.

1  Lisa og Mark skal spise kjøttkaker _____ middag.
2  Lisa vil ikke spise pizza fordi _____.
3  Lisa skal bruke _____ _____ når hun lager kjøttkakene.
4  Hun har alle _____.

5 Mark skal koke _____ og lage _____
  mens Lisa lager kjøttkakene.
6 Mark ber Lisa om å rydde opp etterpå fordi _____.
7 Hun sier ja, men at det er _____ _____ til å rydde opp i morgen.

## Language point

### Present perfect

The perfect form of the verb is used in combination with helping verb **har** to form the **present perfect**. (With **hadde**, it forms the **past perfect**.) See the previous chapter for a list of verbs and their perfect forms.

The **present perfect** is used for an action that occurred at an unspecified time in the past, as well as for something that began in the past and continues indefinitely.

Examples:

> Han **har spis**t. *(He has eaten.)*
> Jeg **har vært** i Norge i to år. *(I have been in Norway for two years.)*

The **past perfect** describes an event that has occurred before something else in the past tense.

Example:

> Vi **hadde** allerede **spist** før de kom. *(We had already eaten before they arrived.)*

## Exercise 2

Fill in the correct form of the present perfect / Oppgave 2: Fyll inn korrekt form av presens perfektum

0  Lisa og Mark har ____*hatt*____ pizza før. *(ha)*

1  De har ikke _____ kjøttkaker på en stund. *(lage)*
2  Har du _____ mors kjøttkaker? *(spise)*

3 Ja, men jeg har aldri _____ lutefisk. *(ha)*
4 Har du _____ i Norge i det siste? *(være)*
5 Ja, men jeg har aldri _____ til Nord-Norge. *(reise)*
6 Har du _____ norsk før? *(snakke)*
7 Har Lisa _____ opp allerede? *(rydde)*

## Language point

### Verbs: Imperative

The imperative, or command form, is created by simply dropping the unstressed -e of the infinitive.

Example:

spise → spis *(eat!)*
komme → kom *(come!)* (The mm is simplified, as -mm is not permitted at the end of a word.)
gå → gå *(go!)*
sitte → sitt *(sit!)*

### Exercise 3

The imperative / Oppgave 3: Imperativformen

Underline the imperative forms of verbs in the recipe below.

## Reading: The recipe / Lesetekst: Oppskriften

Here is Lisa's mother's recipe for traditional Norwegian meatballs.

### Inger Johannes kjøttkakeoppskrift (Audio 2.22)

Ingredienser:

400 g kjøttdeig
(smak til med) litt salt og pepper

# Unit Eight: *Food and drink*

1 egg
1 ts bakepulver
1/2 glass vann (ca. 1 dl)
2–3 ss strøkavring (griljermel)
olje til steking

Slik gjør du:

1 Rør alt sammen.
2 Form kjøttet til boller ved hjelp av ei spiseskje dyppet i vann.
3 Stek kjøttkakene i stekepanna på begge sider.
4 Kok ut stekepanna etterpå for å få sjy / kraft til kjøttkakesausen.
5 Kok kjøttkakene med i kjøttkakesausen for å være sikker på at de ikke er rå i midten.

## Vocabulary / Vokabular

| | |
|---|---|
| kjøttdeig (en) | ground meat (beef or mixture of beef and pork) |
| gram (g) (et) | grams |
| smake til | to season |
| teskje (ts) (ei / en) | teaspoon |
| egg (et) | egg |
| bakepulver (et) | baking powder |
| strøkavring (en) | bread crumbs |
| griljermel (et) | breading flour |
| olje (en) | oil |
| steking (en) | frying |
| slik | thus, like this |
| røre | to stir |
| forme | to shape, form |
| bolle (ei / en) | bowl |
| spiseskje (ei / en) | tablespoon |
| dyppe | to dip |
| stekepanne (ei / en) | frying pan |
| begge | both |
| side (ei / en) | side |

| | |
|---|---|
| koke ut | cook out |
| etterpå | afterwards |
| sjy (en) | broth, juice |
| saus (en) | gravy |
| sikker på | sure |
| rå | raw |
| midt (en) | middle |

## Dialogue 2 / Dialog 2

### Family dinner / Familiemiddag (Audio 2.23)

Roberta calls the family to dinner. She is serving Sofia's favourite, spaghetti with meat sauce.

Roberta: Maten er ferdig. Kom og spis!
Magnus: Jeg kommer.
Sofia: Å, det er favorittmiddagen min! Spagetti med kjøttsaus. Nam, nam!
Roberta: Ja, jeg tenkte på deg da jeg laget middagen. Se, her har du en porsjon.
Sofia: Tusen takk, mamma.
Magnus: Det ser nydelig ut, elskling.
Roberta: Kan du sende meg parmesanen, er du snill?
Magnus: Vær så god.
Sofia: Takk for maten, mamma!
Roberta: Vel bekomme!

## Vocabulary / Vokabular

| | |
|---|---|
| ferdig | finished |
| favoritt | favourite |
| tenke på | think about |
| porsjon (en) | portion, serving |

Unit Eight: *Food and drink*

| | |
|---|---|
| **nydelig** | beautiful, lovely |
| **kan du sende meg** | please pass |
| **takk for maten** | thanks for the food |

## Language point

### Compound words

Norwegian makes heavy use of compound words. Sometimes they are a combination of an adjective plus a noun, as in the example in the dialog above: **favorittmaten**.

Note: The gender of a compound noun is determined by the last element. Because "mat" is masculine (*maten*), the compound "*favorittmat*" is also masculine: *favorittmaten*.

## Exercise 4

Compound nouns / Oppgave 4: Sammensatte substantiv

Look at the examples and then try to guess the meaning of the remaining compounds by looking at the individual elements.

*Examples of adjective + noun:*

lillebror (en): little + brother / *little brother*
storby (en):_____
fritid (ei / en):_____
minibank (en):_____
rødvin (en):_____
hvitvin (en):_____
rundstykke (et):_____

*Compound words can also consist of noun + noun. Try to figure out what these words mean:*

barneklær: children + clothing / *children's clothing*
skobutikk (en):_____
informasjonskontor (et):_____
datamaskin (en):_____

telefonkatalog (en):_____
dyrlege (en):_____
damesykkel (en):_____
eplekake (ei / en):_____
flyplass (en):_____
hovedstad (en):_____
postkontor (et):_____
biltur (en):_____
kaffekopp (en):_____
isbjørn (en):_____
juletre (et):_____
klasserom (et):_____
hodepine (en):_____
arbeidsdag (en):_____

*or verb + noun:*

spisestue (ei / en):_____
soverom (et):_____
badestrand (ei / en):_____
lærebok (en / ei):_____
bærepose (en):_____

*Adjectives and verbs can also be compound words:*

sjøsyk:_____
iskald:_____
lyserød:_____

## Language point

### Ser . . . ut *(looks, appears)*

Maten **ser** nydelig **ut**. *(The food looks delicious.)*

Note: The adjective must agree with the noun described.

Unit Eight: *Food and drink*

## Exercise 5

Complete the sentences / Oppgave 5: Fullfør setningene

0   Astri ser _____*trøtt*_____ ut. (looks tired)

1   Eivind _____. *(looks angry / sint)*
2   Bildene _____. *(look pretty / pen)*
3   Bøkene _____. *(look interesting / interessant)*
4   Brevet _____. *(looks old / gammel)*
5   Leiligheten _____. *(looks new / new)*
6   Sofaen _____. *(looks old / gammel)*
7   Huset _____. *(looks pleasant / hyggelig)*
8   Stua _____. *(looks cozy / koselig)*

## Culture / Kultur

### Table manners

**A number of phrases are common at mealtime:**

| | |
|---|---|
| **Velkommen til bords** | Welcome to the table (at a more formal meal) |
| **Kom og spis!** | Come and eat (less formal) |
| **Kan du sende meg . . . ?** | Can you pass . . . ? |
| **Værsågod** | here you are (said whenever you hand something to someone. Can also be said as a response to "takk".) |
| **takk** | thank you |
| **Takk for maten** | Thanks for the food. This is an essential phrase said at every meal, even at times when no one is hosting, such as when colleagues are eating lunch together. |
| **Vel bekomme** | You're welcome. Response by host or hostess to "Takk for maten". |

## Exercise 6

Write a dialogue / Oppgave 6: Skriv en dialog

Anita: *Velkommen til bords!*
(Welcomes the guests to the table)

Mari: _____
(Says the food looks delicious)

Hans: _____
(Asks Mari to pass the gravy)

Mari: _____
(Offers the salt)

Hans: _____
(Thanks her)

Anita: _____
(Asks if anyone would like more meatballs)

Hans: _____
(Answers positively)

Anita: _____
(Offers him the meatballs)

Hans: _____
(Thanks her)

Mari: _____
(Thanks Anita for the dinner)

Anita: _____
(Responds appropriately)

## Dialogue 3 / Dialog 3

### At a restaurant / På restaurant (Audio 2.24)

Molly and Gabriela have just finished their meal. Although they are full, they decide to have dessert. After hearing the waiter's recommendations, they settle on apple cake and chocolate cake. Molly drinks regular coffee, and Gabriela orders a latte. They tell the waiter that they will each pay for their own meal.

Unit Eight: *Food and drink*

| | |
|---|---|
| Kelner: | Er dere mette? |
| Molly: | Ja takk. Det var nydelig! |
| Gabriela: | Kan vi få se på dessertmenyen, vær så snill? |
| Kelner: | Selvfølgelig. Her er den. |
| Molly: | Hvilken dessert vil du anbefale? |
| Kelner: | Eplekake med krem er en populær dessert, og mangosorbeten er veldig god. Min favoritt er nok likevel sjokoladekaka. |
| Molly: | Jeg tar eplekaka og en vanlig kaffe. |
| Gabriela: | Kan jeg få en kaffelatte og ei sjokoladekake, vær så snill? |
| Molly: | Og etterpå vil vi gjerne ha regningen, er du snill. |
| Kelner: | Her er regningen. Skal dere betale sammen eller hver for dere? |
| Gabriela: | Vi betaler hver for oss. |

## Vocabulary / Vokabular

| | |
|---|---|
| mett | full, satisfied |
| vær så snill | please |
| meny (en) | menu |
| anbefale | recommend |
| eplekake (ei / en) | apple cake |
| sjokoladekake (ei / en) | chocolate cake |
| krem (en) | whipped cream |
| populær | popular |
| likevel | anyway |
| vanlig | regular |
| kaffelatte (en) | latté |
| regning (en) | bill |
| er du snill | please (used at the end of the sentence) |
| betale | pay |
| hver for dere / oss | each individually |

## Exercise 7

Answer the questions / Oppgave 7: Svar på spørsmålene

1 Har Molly og Gabriela fått nok å spise?
2 Har de lyst på dessert?
3 Hvilke desserter er populære?
4 Hvilken dessert liker kelneren best?
5 Hva vil Gabriela ha å drikke?
6 Hvem skal betale?

## Dialogue 4 / Dialog 4

### Eating on the run / Gatekjøkkenmat (Audio 2.25)

Molly orders a small kebab at a fast food kiosk. She also orders Solo, a Norwegian orange soda, and spicy sauce for the kebab. She also requests no corn or onion.

| | |
|---|---|
| Selger: | Vil du ha liten, medium eller stor kebab? |
| Molly: | Jeg vil gjerne ha en liten, takk. |
| Selger: | Vil du ha med 0,5 liter drikke? |
| Molly: | Ja takk, en Solo. |
| Selger: | Hva slags kebabsaus vil du ha – mild, medium eller sterk? |
| Molly: | Sterk, er du snill. |
| Selger: | Er det noe fyll du ikke vil ha? |
| Molly: | Ja, ikke løk og ikke mais, er du snill. |
| Selger: | Det er greit. |

## Vocabulary / Vokabular

| | |
|---|---|
| **kebab (en)** | Middle Eastern fast-food sandwich in pita bread |
| **drikke (en)** | drink |
| **Solo (en)** | brand of orange soda pop |
| **sterk** | strong |

Unit Eight: *Food and drink* 159

| **fyll (en)** | filling |
|---|---|
| **løk (en)** | onion |
| **mais (en)** | corn |

## Exercise 8

Answer the questions / Oppgave 8: Svar på spørsmålene

1  Hva vil Molly ha å spise?
2  Hva vil hun ha å drikke?
3  Hva slags kebabsaus liker Molly?
4  Hva liker hun ikke på kebaben sin?

## Culture / Kultur

Many Norwegians still eat traditional Norwegian foods like meatballs, boiled potatoes, fish, lamb and cabbage. International cuisine has, however, become increasingly popular. Young people especially enjoy Indian or Asian food, and restaurants specializing in these cuisines are common in the larger cities, where the prices are often more reasonable than at other restaurants. Fast food has also been influenced by international trends. In addition to the traditional Norwegian hotdog (*pølse med lompe* or *pølse med brød*), you also find kebab, as well as hamburgers and fries at American chains like Burger King or McDonald's. Kebabs and hotdogs are sold at kiosks or *gatekjøkken* (street kitchens).

# Unit Nine
# Konfirmasjonen
The confirmation

In this unit you will learn how to:

- write an invitation and speak politely on the telephone
- use verbs in the passive voice
- show ownership using genitive -s verbs or prepositional phrases
- make plans and suggestions

Reading: Invitation to a confirmation / Lesetekst: Invitasjon til konfirmasjon

Invitasjon til konfirmasjon! **(Audio 2.27)**

Kjære Lisa og Mark

Petter skal konfirmeres søndag 5. mai klokka 14 i Tonsenhagen kirke. Etter seremonien i kirka samles vi hjemme i Tonsenhagesvingen 3 for middag.

Vi håper at dere kan komme!

Vennlig hilsen Petter med familie

S.U. innen 15. april til tlf. 913 75 299 eller på e-post til marianne70@gmail.com

Unit Nine: *The confirmation*

## Vocabulary / Vokabular

| kjære | dear |
|---|---|
| **konfirmeres** | be confirmed (passive voice) |
| **seremoni (en)** | ceremony |
| **samles** | be gathered |
| **hjemme** | at home |
| **håpe** | hope |
| **vennlig** | friendly |
| **hilsen (en)** | greeting |
| **S.U. (Svar utbes)** | reply requested |
| **innen** | by, no later than |

## Language point

### Passive voice

In a passive sentence, the grammatical subject undergoes an action or has its state changed.

Example: Petter will be confirmed Sunday.

In Norwegian, one way to express the passive is by adding an -s ending to the infinitive of a verb.
  Petter **skal konfirmeres** søndag.
  This form is used mainly following a modal auxiliary and in the present tense. It is used most frequently in rules and regulations, instructions and recipes.

More examples:

  Frokost **serveres** mellom kl. 6 og 10. *(Breakfast is served between 6 and 10.)*
  Engelsk **snakkes** her. *(English is spoken here.)*
  Ekstremisme **kan skapes** av frykt. *(Extremism can be created by fear.)*

## Exercise 1

Send an email to Marianne with a response to the invitation / Oppgave 1: Send en e-post til Marianne med svar på invitasjonen

Hei Marianne!
_____ (many thanks) for invitasjonen. Jeg blir gjerne med! Så hyggelig at Petter skal _____ (be confirmed) på _____ (Sunday). Jeg husker godt da _____ (my son) ble konfirmert _____ _____ (six years ago). Vi _____ (had) også en _____ (big dinner) med mange gjester. Han _____ (got) mange gaver og _____ (money). Vet du hva Petter ønsker seg? Vi ses 5. mai.
   Hilsen fra _____

## Exercise 2

Fill in the correct s-passive form of the verb provided / Oppgave 2: Fyll ut med s-passivformen av verbet

0  snakke   Fransk _____snakkes_____ mange steder i verden.

1  servere  Når _____ frokost på hotellet?
2  vaske    Sa du at bilen skulle _____ i går?
3  sende    Alle invitasjonene må _____ ut snarest.
4  hente    Koffertene skal _____ klokka 7.
5  skrive   Brevene må _____ på nynorsk.

## Culture / Kultur

### Confirmation / Konfirmasjon

Confirmation is a rite of passage for young Norwegians. Although Norway is a quite secular society, and most Norwegians do not attend church regularly, about 85% of those who were baptized members of the Church of Norway are confirmed in the church 15 years later. This represents about 67% of Norwegian 15-year olds.

Unit Nine: *The confirmation*

There are alternatives, however, for non-churchgoers. The Human-Etisk Forbund (Norwegian Humanist Association) arranges a non-religious, humanistic confirmation program that emphasizes life stances and world religions, ethics and human sexuality, human rights and civic duties. About 17% of 15-year-olds choose humanistic confirmation.

Confirmation is a big family celebration. The formal ceremony is followed by a party with lots of guests, food, gifts, speeches, special songs and gifts for the confirmand.

## Dialogue 1 / Dialog 1

### Mark phones Magnus to ask for advice. / Mark ringer til Magnus for å spørre om råd. (Audio 2.28)

Mark calls Magnus to ask for advice on a confirmation gift for his girlfriend's nephew. He doesn't have much money for a gift, so Magnus suggests he find someone to go in on a gift with him. He also recommends finding out what the confirmand would like.

| | |
|---|---|
| Roberta: | Ja, hallo, det er hos Lien og Bruni. |
| Mark: | Hei, Roberta. Dette er Mark. Kan jeg få snakke med Magnus, er du snill? |
| Roberta: | Ja, naturligvis. Her er han. |
| Magnus: | Hei, Mark. Hvordan går det? |
| Mark: | Bare bra, takk. Og du? |
| Magnus: | Fint, takk. |
| Mark: | Du, jeg trenger et godt råd. Jeg skal i konfirmasjon til nevøen til samboeren min i mai, og jeg aner ikke hva vi skal gi ham. For å være ærlig har vi ikke råd til en dyr gave akkurat nå, for vi lever jo på én inntekt ennå, og norskkursene mine er ikke billige. |
| Magnus: | Jeg skjønner problemet. Det er nok best å finne noen å spleise med. Og så bør dere finne ut hva konfirmanten ønsker seg. |
| Mark: | Tusen takk. Det skal jeg gjøre. Takk for rådet! Vi snakkes! |
| Magnus: | Ha det bra! |

## Vocabulary / Vokabular

| | |
|---|---|
| er du snill | please (used at the end of a sentence) |
| naturligvis | naturally |
| godt råd (et) | good advice (a good piece of advice) |
| ane | to have an idea (usually negative: Jeg aner ikke – I have no idea) |
| dyr | expensive |
| gave (en) | gift |
| akkurat nå | right now |
| leve | live, be alive |
| inntekt (en) | income |
| ennå | yet, still |
| billig | chap |
| skjønne | understand |
| problem (et) | problem |
| finne | find |
| spleise | share costs, go in together |
| ønske seg | wish for, desire |

## Culture / Kultur

**Telephone etiquette / Telefonskikk**

# Answering the phone / Ta telefonen

Hallo!
Hei!
Det er hos . . . .

Unit Nine: *The confirmation*

# Ending a conversation / Legge på

Ha det!
Vi snakkes!
Hei!

## Exercise 3

Complete the sentences in this telephone conversation / Oppgave 3: Fullfør setningene i denne telefonsamtalen

Anita: _____! Det er_____Anita Andersen.
Pål: _____! _____ har du det, Anita?
Anita: _____!
  _____ gjør du i dag?
Pål: Jeg sitter bare og leser. Jeg har lyst til å gå på kino. Blir du med?
Anita: Ja, _____. _____ _____ begynner filmen?
Pål: Klokka 19.30. På Colosseum.
Anita: _____ film er det?
Pål: Det er en spansk kjærlighetsfilm.
Anita: Det høres bra ut. Skal vi treffes på kinoen?
Pål: Det er i orden. Kan vi _____ kvart over sju?
Anita: Bra. Vi _____! _____!
Pål: _____.

## Language point (Audio 2.29)

### Ownership

We've already seen the use of possessive pronouns to show ownership.
 With nouns or the names of people, prepositions are used or genitive -s, with no apostrophe.

Examples:

nevøen til samboeren min    my partner's nephew
Eriks sønn                  Erik's son

## Exercise 4

Translate using the genitive -s / Oppgave 4: Oversett med genitiv -s

0  Anne's father *Annes far*

1  the boy's dog
2  Erik's car
3  the father's shirt
4  Lisa's book

Note: An adjective following a possessive is in the definite form:

**Erik's new car    Eriks nye bil**

5  the father's red shirt
6  Jan's young son
7  Bjørn's old father
8  Sissel's new ring

## Exercise 5

Translate using a prepositional phrase / Oppgave 5: Bruk preposisjonsuttrykk til å oversette

0  the neighbour's house *huset til naboen*

1  Erik's mother
2  Sissel's ring
3  the boy's dog
4  the nephew's confirmation

Unit Nine: *The confirmation*

## Dialogue 2 / Dialog 2

**Mark and his friend are discussing the confirmand's gift on instant messaging. / Mark og vennen hans diskuterer konfirmantens gave på chat.** (Audio 2.30)

Mark suggests that he and Lars share the cost of the gift for Petter's confirmation. Lars has heard that he is saving to buy a moped so suggests that they just give him cash.

| | | |
|---|---|---|
| 21.22 | Mark: | Hei, Lars. Hvordan går det? |
| 21.23 | Lars: | Alt vel. Hva med deg? |
| 21.25 | Mark: | Bare bra. Du skal også i Petters konfirmasjon i mai, ikke sant? Skal vi spleise på presangen? |
| 21.26 | Lars: | God idé! Jeg har hørt at han sparer til moped. |
| 21.28 | Mark: | OK, så det er penger han ønsker seg. |
| 21.30 | Lars: | Ja, det er bare å bla opp :-) |
| 21.31 | Mark: | Vel, jeg får diskutere med Lisa hvor mye vi har råd til å gi. Du får beskjed senest på mandag. |
| 21.33 | Lars: | Den er god. Vi mailes! |
| 21.34 | Mark: | Vi mailes, ja! |

## Vocabulary / Vokabular

| | |
|---|---|
| konfirmasjon (en) | confirmation |
| ikke sant | isn't that true? right? |
| spleise på | split the cost, go in together |
| presang (en) | present, gift |
| idé (en) | idea |
| spare til | save for |
| moped (en) | moped (small motor scooter) |
| ønske seg | wish for |

| | |
|---|---|
| bla opp | pay up (money) |
| diskutere | discuss |
| ha råd til | be able to afford |
| få beskjed (en) | be informed, be told |
| senest | latest |
| mailes | email each other |

## Exercise 6

Answer the questions / Oppgave 6: Svar på spørsmålene

1 Hvorfor skriver Mark til Lars?
2 Synes Lars det er en god idé at de spleiser på presangen?
3 Hva tror Lars at Petter ønsker seg til konfirmasjonen?
4 Hva må Mark diskutere med Lisa?
5 Når skal han fortelle Lars hvor mye han har råd til å gi?
6 Hvordan skal han gi beskjed?

## Language point

### More s-verbs

As mentioned in Unit 7, sometimes verbs end in -s with no passive or reciprocal meaning.

Examples:

**synes**   think, be of the opinion (based on observation)
Jeg synes han er veldig hyggelig.

**trives**   thrive, be happy
Hvordan **trives** du i Oslo?

**kjennes**   feel
Det **kjennes** rart å være her etter så mange år.

**føles**   feel
Hvordan **føles** det å reise så langt?

**lykkes**  be successful
Jeg håper det **lykkes** ham å lære språket.

**trengs**  be necessary
Nei, det **trengs** ikke.

**spørs**  be a question of; be doubtful
Det **spørs** om han har nok penger til en moped.

## Exercise 7

Fill in a logical s-verb / Oppgave 7: Fyll ut med et logisk s-verb

0  Jeg vet ikke om det vil ___*lykkes*___ ham å finne en bedre jobb.

1  Jeg har bodd i Oslo i seks måneder. Jeg _____ kjempegodt her!
2  Nei, det _____ om jeg kan få en bedre jobb.
3  Det _____ veldig rart å snakke bare norsk hele tiden.
4  Hva _____ du om været i Oslo?

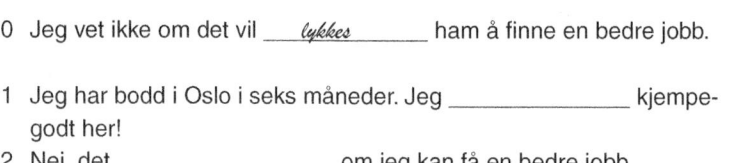

### The mother of the confirmand on the phone with a friend / Moren til konfirmanten i telefonen med en venninne (Audio 2.31)

Marianne telephones Hilde to ask for her advice on the confirmation dinner for her son, Petter. She is trying to decide between trout or reindeer roast. Hilde recommends the fish. Marianne is thinking about fruit salad with vanilla sauce or flan for dessert. She asks Hilde if she would bake a cake and also bring flowers. Hilde is happy to help and suggests they meet at a café on Saturday to discuss the details.

| | |
|---|---|
| Hilde: | Hallo? |
| Marianne: | Hei, det er Marianne. |
| Hilde: | Nei, men hei. Det var lenge siden. Hvordan går det? |

Unit Nine: **Konfirmasjonen**

| | |
|---|---|
| Marianne: | Bare fint, men det har vært travelt i det siste. Det er derfor jeg ikke har latt høre fra meg på en stund. |
| Hilde: | Sånn er det når man har barn – det er travelt! |
| Marianne: | Ja, nå er det konfirmasjonen til Petter som står for døra. Jeg lurte på hva du ville anbefale meg, du som har hatt to konfirmasjoner allerede. |
| Hilde: | Ja, tida flyr! Tenk at mine to går på videregående allerede. |
| Marianne: | Jeg kan ikke bestemme meg for om vi skal ha rensdyrstek eller ørret til middag. Hva synes du? |
| Hilde: | Jeg ville nok stemme for ørreten. Hva skal dere ha til dessert? |
| Marianne: | Enten fruktsalat med vaniljesaus eller karamellpudding med krem. |
| Hilde: | Vi hadde is med krumkaker og bær. Konfirmantene fikk velge selv. |
| Marianne: | Jeg ville også spørre deg om du kunne tenke deg å bake ei kake til konfirmasjonen og kanskje til og med ta med en blomsterdekorasjon? Du er så flink til både å bake og pynte til fest. |
| Hilde: | Selvfølgelig stiller jeg opp når bestevenninna mi trenger hjelp! Skal vi møtes på lørdag på «Kafé Sør» og diskutere detaljene over et glass hvitvin? |
| Marianne: | Det er en avtale! Ha det bra så lenge! |
| Hilde: | Vi ses! |

## Vocabulary / Vokabular

| | |
|---|---|
| lenge | a long time |
| travelt | busy |
| i det siste | recently |
| det er derfor | that's why |
| la høre fra | let hear from |
| stund (en) | a while |
| sånn | like that, thus |
| stå for døra | be at the door, be at the threshold |
| lure på | wonder |

Unit Nine: *The confirmation* 171

| | |
|---|---|
| anbefale | recommend |
| allerede | already |
| fly | fly |
| videregående | upper secondary school (age 16–19) |
| bestemme meg | decide |
| rensdyrstek (en) | reindeer roast |
| ørret (en) | trout |
| stemme for | vote for |
| vaniljesaus (en) | vanilla sauce |
| krumkake (ei / en) | thin, cone-shaped cookies |
| bær (et) | berries |
| spørre | ask |
| tenke deg | imagine, consider |
| til og med | even |
| ta med | bring along |
| blomst (en) | flowers |
| flink til | good at, clever at |
| pynte | decorate |
| fest (en) | party |
| selvfølgelig | of course |
| stille opp | step up, show up |
| trenge | need |
| hjelp (en) | help |
| venninne (ei / en) | female friend |
| detalj (en) | detail |
| avtale (en) | agreement, date |
| så lenge | for now |

## Exercise 8

Find the s-verbs in dialogue 3 / Oppgave 8: Finn s-verbene i dialog 3

Underline under the reciprocal verbs. Circle the s-verbs that are neither reciprocal nor passive.

## Exercise 9

Answer the questions / Oppgave 9: Svar på spørsmålene

1. Hvorfor har ikke Marianne snakket med Hilde på en stund?
2. Har Marianne barn?
3. Hvem er det som skal konfirmeres snart?
4. Har Hilde barn?
5. Hvor mange av dem har blitt konfirmert allerede?
6. Hva har Marianne tenkt å servere til konfirmsajonsmiddagen?
7. Hva synes Hilde er best?
8. Hva har Marianne tenkt å servere til dessert?
9. Hva serverte Hilde til dessert da barna hennes ble konfirmert?
10. Marianne vil at Hilde skal gjøre noe for å hjelpe til. Hva ber hun Hilde gjøre?
11. Vil Hilde gjøre det?
12. Hvor og når skal de møtes for å diskutere det og hva skal de drikke?

## Exercise 10

Fill in the correct words / Oppgave 10: Fyll ut med rett ord

1. _____ har jeg lyst til å komme! *(of course)*
2. Kan du skrive til meg med alle _____? *(the details)*
3. Jeg _____ om du kan hjelpe meg på lørdag. *(wonder)*
4. _____ jeg kan se at det er vanskelig å lage 10 kaker! *(even)*
5. Jeg har _____ med _____ i morgen. *(an appointment / a girlfriend)*
6. Jeg har ikke sett henne på _____. *(a while)*
7. Jeg er ikke _____ å _____ kaker. *(good at / decorating)*
8. Kunne du _____ å _____ noen _____? *(consider / bring along / flowers)*
9. _____ ! _____ jeg har ringt deg. *(the party / is at the door / That's why)*
10. Ha det bra, _____! Vi _____! *(for now / see each other)*

Unit Nine: *The confirmation*

## Reading

### Thank you card from the confirmand / Leseteksł 2: Takkekort fra konfirmanten (Audio 2.32)

Petter writes a short note to his aunt and uncle, thanking them for the gift of money. He encloses a photo of the moped he has purchased with his confirmation money.

> Kjære tante Lisa og onkel Mark
> Tusen takk for pengegaven jeg fikk til konfirmasjonen min!
> Som dere ser av bildet, har jeg nå kjøpt meg mopeden jeg ønsket meg :-)
> Vennlig hilsen
> Petter

## Vocabulary / Vokabular

| | |
|---|---|
| kjære | dear: salutation in letter to family or friend. |
| pengegave (en) | gift of money |
| fikk | past tense of *få*. Received |
| hilsen (en) | greetings |
| bilde (et) | picture |

## Language points

### Asking for suggestions

| | |
|---|---|
| Hva skal vi gjøre? | What shall we do? |
| Hva har du lyst til å gjøre? | What would you like to do? |
| Hva vil du foreslå? | What would you suggest? |
| Har du en idé? | Do you have an idea? |
| Kom med et forslag! | Make a suggestion! |

## Making suggestions

| | |
|---|---|
| Skal vi . . . ? | Shall we . . . ? |
| La oss . . . | Let's . . . |
| Blir du med og . . . ? | Would you like to join me and . . . ? |
| Har du lyst til å . . . ? | Would you like to . . . ? |
| Hvorfor ikke . . . ? | Why not . . . ? |
| Hva med . . . ? | What about . . . ? How about . . . ? |
| Jeg foreslår at vi . . . | I suggest that we . . . |

## Responding to a suggestion

| | |
|---|---|
| Ja, gjerne! | Yes, gladly, I'd love to. |
| Hvorfor ikke? | Why not? |
| God idé! | Good idea! |
| Hvis du vil. | If you like. |
| Gjerne for meg. | I'd like that. |
| Greit for meg. | That'd be fine. |
| Fint! | Fine! |
| Flott! | Wonderful! |
| OK! | OK! |
| Som du vil! | As you like! |

### Exercise 11

Fill in the missing words / Oppgave 11: Fyll inn ordene som mangler

1 _____ gå på kino på lørdag?
  *Shall we go to the movies on Saturday?*

2 _____. _____ et glass vin etterpå?
  *Yes, I'd love to. How about a glass of wine afterwards?*

3 _____! _____?
  *Great! What do you suggest?*

4 _____ går på Aker Brygge.
  *I suggest that we go to Aker Brygge shopping centre.*

5 _____. Vi ses på lørdag!
  *I'd like that.*

# Unit Ten
# Shopping
Shopping

In this unit you will learn how to:

- use demonstratives to indicate distance
- go shopping for clothes and mobile phones
- use loan words from English
- use comparative and superlative forms of adjectives

## Dialogue 1 / Dialog 1

### A customer buying a new mobile phone / En kunde kjøper en ny mobiltelefon (Audio 2.33)

The customer has an old mobile phone and is considering purchasing a smart phone. The sales person discusses the various considerations in selecting a phone.

Selger: Hei. Trenger du hjelp?
Kunde: Ja, jeg har denne gamle mobilen, men jeg har lyst på en smartphone.
Selger: Ja, da har vi disse alternativene.
Kunde: Hva er forskjellen på denne og denne?
Selger: Denne har talestyring og mye større minne, men hvilken som er best for nettopp deg, varierer jo med hva du skal bruke den til.

Kunde:   Hva er med i abonnementet?
Selger:  Her står informasjonen om mobildata, ringetid, mms-er og sms-er som er inkludert i abonnementet.

## Vocabulary / Vokabular

| | |
|---|---|
| mobiltelefon (en) | mobile phone |
| selger (en) | sales representative |
| kunde (en) | customer |
| alternativ (et) | alternative |
| forskjell (en) | difference |
| talestyring (en) | speech recognition |
| større | bigger |
| minne (et) | memory |
| nettopp | just, exactly |
| variere | vary |
| bruke | use |
| abonnement (et) | subscription |
| informasjon (en) | information |
| ringetid (en) | calling time (minutes) |
| sms-er | text messages on mobile phones |
| mms-er | multimedia messages |

## Exercise 1

Insert the correct word / Oppgave 1: Sett inn rett ord

Når man skal kjøpe en ny ____*mobiltelefon*____ (mobile phone) er det viktig å tenke på alle _____. (the alternatives) Det er stor _____ (difference) mellom _____ (old) mobiler og _____ (new) smarttelefoner. Noen telefoner har mer _____ (memory) enn andre, eller _____ (speech recognition), og det kommer

Unit Ten: *Shopping*

an på hvordan du skal _____ *(use)* den. Noen trenger mye _____ *(calling time)*, mens andre har _____ *(bigger / greater)* behov for å sende _____ *(text messages)* eller for å bruke data. Det er derfor mange forskjellige _____ *(subscriptions)* man kan tegne, og prisene _____ *(vary)* veldig. Du kan få _____ *(information)* hos mobilleverandører som Telenor eller Netcom, men også i elektronikkbutikker som Ekspert eller Elkjøp.

## Language point

### Demonstratives

Demonstratives indicate distance from the speaker, and must agree in number and gender with the noun. They correspond to this / that / these / those in English:

| Masculine / feminine | Neuter | Plural | Distance |
|---|---|---|---|
| denne *(this)* | dette *(this)* | disse *(these)* | near |
| den *(that)* | det *(that)* | de *(those)* | far |

**Demonstratives are used with the definite form of the noun:**

denne boka *(this book)*    den boka *(that book)*
dette huset *(this house)*    det huset *(that house)*
disse bilene *(these cars)*    de bilene *(those cars)*

## Exercise 2

Demonstratives / Oppgave 2: Demonstrativ

Which one? denne, dette eller disse?

0  *Disse* skoene er veldig dyre, men jeg liker dem så godt!

1  Jeg liker _____ telefonen best.
2  Jeg synes at _____ abonnementet passer best.
3  Hva synes du om _____ eplene?

4 _____ boka handler om kjærlighet.
5 Han har bodd i _____ huset i over 50 år.

Fill in the correct demonstrative plus noun. Fyll ut med demonstrativ pluss substantiv.

1 Liker du _____*denne butikken*_____ bedre enn
   _____?
   *this store    that store*
2 Jeg synes at _____ er bedre enn _____.
   *that bread   this bread*
3 Kan du sette _____ sammen med _____ der?
   *these bottles   those bottles*

## Dialogue 2 / Dialog 2

### Buying clothes / Å kjøpe klær (Audio 2.34)

A customer needs help choosing trousers. She likes stretch pants but worries that they are too tight. The clerk assures her that they get looser with wearing. She tries them on and decides to take the red ones with slightly shorter legs.

Selger: Hei. Bare si fra hvis du trenger hjelp.
Kunde: Ja, jeg lurte på om du kan anbefale ei bukse i størrelse 40 som sitter godt.
Selger: Ja, vil du ha bomull, stretch eller jeans?
Kunde: Stretch er jo veldig praktisk.
Selger: Ja, da har vi disse buksene i grått, svart og blått.
Kunde: Den ser litt trang ut.
Selger: Ja, men stretch utvider seg etter hvert, så den blir større.
Kunde: Har dere en modell som har litt kortere bein?
Selger: Ja, da kan du prøve denne buksa som også finnes i rødt og hvitt. Prøverommet er der borte i hjørnet.
   . . .
Kunde: Jeg liker den røde buksa. Jeg tar den.
Selger: Det blir 349 kroner.
Kunde: Vær så god.

Unit Ten: *Shopping*

## Vocabulary / Vokabular

| si fra | speak up |
|---|---|
| lure på om | wonder if |
| bukse (ei / en) | pants, trousers |
| størrelse (en) | size |
| sitte | sit (here), fit |
| godt | well |
| bomull (ei / en) | cotton |
| stretch | stretch (English loanword) |
| jeans (en) | jeans (English loanword) |
| praktisk | practical |
| grått | grey |
| svart | black |
| blått | blue |
| trang | tight |
| utvide seg | expand, stretch |
| etter hvert | eventually, gradually |
| modell (en) | model |
| kortere | shorter |
| bein (et) | leg |
| prøve | try |
| rødt | red |
| prøverom (et) | dressing room |
| der borte | over there |
| hjørne (et) | corner |

## Exercise 3

Answer the questions / Oppgave 3: Svar på spørsmålene

1 Hva vil kunden kjøpe?
2 Hvilken størrelse bruker hun?
3 Hvilke farger har stretchbuksene?

4 Hvilke farger har buksene med litt kortere bein?
5 Hvor er prøverommet?
6 Hvilken bukse vil kunden ha?
7 Hva koster den?

## Exercise 4

Insert the correct word / Oppgave 4: Sett inn riktig ord

---

Marianne vil kjøpe en ny ____*bukse*____ (trousers) i
_____ (size) 42. Hun finner et par
som _____ (fit) godt, men dessverre
er de veldig dyre. Hun _____
(wonders) hvorfor klær er så dyrt i Norge.

Hun finner en som er _____
(cheaper), men de har dem bare i _____ (red)
og _____ (blue), og hun har lyst på en
_____ (black) bukse.

_____ (Eventually) finner
hun en _____
(black trousers) som hun liker og som koster bare 229 kroner.
Hun _____(tries) størrelse 42, men den
var litt for _____ (tight), så hun
kjøper en bukse i _____ (size) 44.

---

## Language point (Audio 2.35)

### More colours / Flere farger

| | |
|---|---|
| rød / rødt / røde | red |
| blå / blått / blå | blue |
| blågrønn / blågrønt / blågrønne | blue green |
| turkis / turkist / turkise | turquoise |
| gul / gult / gule | yellow |

# Unit Ten: Shopping

grønn / grønt / grønne — green
hvit / hvitt / hvite — white
brun / brunt / brune — brown
svart / svart / svarte — black
rosa / rosa / rosa — pink
lilla / lilla / lilla — lavender
fiolett / fiolett / fiolett — violet
rødfiolett — purple
oransje — orange

## Exercise 5

Insert the correct form of the adjective indicated / Oppgave 5: Sett inn adjektivet i riktig form

0  brun  Buksene og skoene er *brune*. Skjerfet er *brunt*.

1  blå  Himmelen er _____. Huset er _____.

2  hvit  Jeg liker den _____ skjorta best.

3  rød / grønn  Jeg liker _____ epler bedre enn _____.

4  gul  Hvor er den _____ bananen som lå på benken?

5  rosa  Jeg vil kjøpe et _____ skjørt og ei _____ bluse.

6  grønn  Mari har lyst på et _____ skjerf.

## Language point (Audio 2.36)

### Klær / clothing

**Dameklær / Women's clothing**
kjole (en)      dress
bluse (ei / en) blouse
skjørt (et)     skirt
kåpe (ei / en)  coat

| | |
|---|---|
| **strømper** | stockings |
| **BH (en)** | bra |
| **truse (ei / en)** | panties |
| **badedrakt (ei / en)** | swim suit |
| **bikini (en)** | bikini |
| **singlet (en)** | tank top |
| **topp (en)** | top |
| **drakt (ei / en)** | lady's suit |
| **støvletter** | dress boots |

**Herreklær / Men's clothing**

| | |
|---|---|
| **dress (en)** | suit |
| **skjorte (ei / en)** | shirt |
| **slips (et)** | tie |
| **frakk (en)** | coat |
| **badebukse (ei / en)** | swim trunks |

**Begge** — **Both**

| | |
|---|---|
| **sokker** | socks |
| **underbukser** | underpants |
| **underskjorte (ei / en)** | undershirt |
| **bukse (ei / en)** | trousers |
| **jeans (en)** | jeans |
| **belte (et)** | belt |
| **jakke (ei / en)** | jacket |
| **regnfrakk (en)** | raincoat |
| **anorakk (en)** | pullover jacket |
| **skjerf (et)** | scarf |
| **sko** | shoes |
| **sandaler** | sandals |
| **støvler** | heavy boots |
| **shorts (en)** | shorts |
| **genser (en)** | pullover sweater, jumper |
| **lue (ei / en)** | stocking cap |
| **hatt (en)** | hat |
| **caps (en)** | baseball cap |
| **pyjamas (en)** | pajamas |
| **votter** | mittens |
| **hansker** | gloves (often leather) |
| **vanter** | gloves (often knitted) |

Unit Ten: *Shopping*

## Exercise 6

What kind of clothes do you wear? / Oppgave 6: Hva slags klær bruker du?

0  Hva har du på hodet om vinteren når det er kaldt? *En hatt. Ei lue.*

1  Hva bruker du når du skal bade?
2  Hva tar du på deg når du skal sove?
3  Hva bruker du når det regner?
4  Hva bruker du for å holde buksene oppe?
5  Hva har du på føttene, inne i skoene?
6  Hva har du på føttene når du skal gå tur i fjellet?

What is it called in Norwegian? Hva heter det på norsk?

skirt: _et skjørt_
blouse: _____
tank top: _____
shorts: _____
sandals: _____
stockings: _____
tie: _____
man's suit: _____
lady's suit: _____
baseball cap: _____
bra: _____
panties: _____

## Culture / Kultur

Norwegian has always received words from other languages, including English. Sometimes they are integrated into the language completely, and the spelling is changed to comply with Norwegian spelling norms. Some have been in the language so long that no one remembers where they originated. A couple of examples are

chaufeur → sjåfør     all right → ålreit

In recent years, especially in youth culture, many words have been adopted from English. Many have to do with computer and internet technology. Examples include: *OK, service, stretch, jeans, shorts, caps, muffins, mail* (email), *laptop, PC*. The Language Council of Norway (*Språkrådet*) has tried to come up with Norwegian words to substitute for the English ones, with greater or lesser degrees of success. One successful substitution is "*lesebrett*" for tablet readers like Kindles.

### Dialogue 3 / Dialog 3

**Roberta and Magnus buy Christmas presents. / Roberta og Magnus kjøper julegaver.** (Audio 2.37)

Roberta and Magnus discuss what to buy for the children for Christmas. They are concerned about their budget. Sofia has toy animals and dolls on her wish list, but Emma is too little to have a list. It is difficult to know what to buy for Magnus's parents and for his sister's children. They come up with ideas for each child.

| Roberta: | Hva synes du vi skal kjøpe til Sofia i år? |
|---|---|
| Magnus: | Hun ønsker seg blant annet flere dyr til dyrehospitalet eller dukker. Ønskelista hennes er veldig lang! |
| Roberta: | Ja, men dyrefigurene er heldigvis billigere enn dukkene. Hvis vi skal klare å holde budsjettet, må vi holde igjen litt. |
| Magnus: | Ja, det er bra at Emma er for lita til å ha ønskeliste. |
| Roberta: | Hva skal du gi til foreldrene dine? |
| Magnus: | Ja, si det. Det er et like stort problem hvert år å finne noe til folk som har alt. |
| Roberta: | Og barna til søstera di, hva skal de få i år? |
| Magnus: | Jeg tenkte at Oskar kunne få et abonnement på Donald Duck, og Truls kan få ei bok, for han er så glad i å lese. Men hva skal vi gi til Maja? |
| Roberta: | Jeg har spurt søstera di hva Maja ønsker seg, og i år er det visst smykker som gjelder. Vi kan stikke innom gullsmeden her borte. |
| Magnus: | Greit, men etterpå må vi ta en pause på kafeen. Å gå i butikker er det kjedeligste jeg vet. Nå har jeg lyst til å kose meg med et stykke bløtkake og en kopp kaffe. |

# Unit Ten: Shopping

## Vocabulary / Vokabular

| | |
|---|---|
| blant annet | among other things |
| flere | more (countable) |
| dyr (et) | animal |
| dyrehospital (et) | animal hospital |
| dukke (ei / en) | doll |
| ønskeliste (ei / en) | wish list |
| lang | long |
| dyrefigur (en) | animal figure |
| billigere enn | cheaper than |
| klare | manage, be able to |
| holde budsjettet | keep on budget |
| budsjett (et) | budget |
| holde igen | hold back |
| for lita | too small |
| si det | good question |
| like stort | equally large |
| hvert | each |
| glad i | fond of |
| i år | this year |
| smykke (et) | jewelry |
| gjelde | apply, be relevant |
| stikke innom | drop in |
| gullsmed (en) | goldsmith |
| her borte | over here |
| etterpå | afterwards |
| gå i butikker | go shopping |
| kjedelig | boring |
| kose meg | enjoy myself |

## Exercise 7

Fill in the missing words / Oppgave 7: Sett inn ordene som mangler

1 Sofia har ei lang ___ønskeliste___. Hun ønsker seg _____ til dyrehospitalet eller _____, blant annet.
2 De vil ikke bruke for mange penger, fordi de må holde _____ _____.
3 Roberta og Magnus diskuterer også hva de skal gi til _____ _____ hans.
4 Det er et stort _____ å finne på noe å gi dem, fordi de har alt.
5 Det er ikke så vanskelig med barna til Magnus' søster. Oskar skal få et _____ på Donald Duck, og Truls skal få ei _____.
6 Maja vil ha _____, så de må gå i gullsmedbutikken.
7 Å gå i butikker er _____ Magnus vet. Han har lyst til å _____ seg med et stykke bløtkake og en _____ kaffe.

## Language point

### Comparative adjectives

Comparative and superlative forms of adjectives are usually created by adding endings: -ere for comparative, and -est for superlative, regardless of gender or number:

| Positive form | Comparative (-ere) | Superlative (-est) |
|---|---|---|
| pen / pent / pene (pretty) | pen**ere enn** (prettier than) | pen**est** (prettiest) |
| ny / nytt / nye (new) | ny**ere enn** (newer than) | ny**est** (newest) |

The superlative is used even when there are only two alternatives:

Hvilken telefon er dyrest, Samsung eller iPhone?
Anne og Marit er søstre. Hvem er høyest?

Unit Ten: *Shopping*

## Exercise 8

Insert the comparative form of the adjective / Oppgave 8: Sett inn komparativformen av adjektivet

0 hyggelig    Huset hennes er mye ___*hyggeligere enn*___ huset hans.

1 høy  Glittertind er _____ _____ Gaustatoppen.
2 dyr  Norsk mat er _____ _____ svensk mat.
3 ny  Bilen min er _____ _____ bilen din.
4 billig  Det er _____ å kjøpe bil i USA _____ enn _____ i Norge.
5 fattig  Folk er _____ i Hellas _____ i Norge.
6 fuktig  Det er mye _____ i India _____ i Norge.
7 lys  Det er mye _____ om sommeren _____ det er om vinteren.
8 sen  Han kan ikke komme nå, men han kommer litt _____ _____ i dag.
9 søt  Hennes baby er _____ _____ de andre babyene!
10 vanlig  Er det _____ å koke poteter _____ å steke dem?
11 viktig  Familien er _____ _____ jobben.

## Exercise 9

Insert the superlative form of the adjective / Oppgave 9: Sett inn superlativformen av adjektivet

0 pen  Dette huset er ___*penest*___ synes jeg.

1 høy  Hvem er _____, Jon eller Erik?
2 dyr  Hvilken fisk er _____? Torsk eller laks?
3 ny  Denne kjolen er _____.
4 lys  Det er _____ om sommeren.
5 søt  Dattera hennes er _____.

## Language point

### Definite form of superlative

The superlative, like the positive form of the adjective, also has a definite form, ending in -e. In addition, there is a definite article before the adjective, and the noun is in the definite form:

the newest house *(det nyeste huset)*
the prettiest dress *(den peneste kjolen)*
the nicest girl *(den snilleste jenta)*

Sometimes no noun is necessary: **Det er det kjedeligste jeg vet**. (That's the most boring thing I can think of.)

Note: For the superlative of adjectives ending in -ig, add –st,

kjedelig→ kjedeligst / kjedeligste

hyggelig→ hyggeligst / hyggeligste

## Exercise 10

Insert the definite form of the superlative / Oppgave 10: Sett inn bestemt form av superlativet

0  kjedelig    Dette er den ___*kjedeligste*___ boka jeg har lest.

1  snill       Han er den _____ læreren på hele skolen.
2  pen         Dette er den _____ dagen vi har hatt i sommer.
3  hyggelig    Dette er det _____ huset jeg har sett.
4  kjekk       Han er den _____ gutten i hele klassen.
5  høy         Galdhøpiggen er det _____ fjellet i Norge.

## Culture / Kultur

Mobile phones (on the GSM standard) are ubiquitous in Norway. Not only do most adults have the devices, according to figures by Statistics Norway, 95% of children of all ages had mobile phones including virtually all 15- to 16-year-olds, 98% of 12- to 14-year olds and 91% of 9- to 11-year-olds. As a result, it is difficult to even find a pay phone.

With the increased popularity of smart phones, usage is expanding from texts (SMS) and talk to increased use of the phones to take photos and videos and to access the internet.

Because of the use anonymous mobile phones in crime, it is now necessary to provide identification in order to purchase a SIM card. Various types of subscriptions are available, from *kontantkort* (pay as you go) to monthly subscriptions (*abonnement*) with various amounts of talk, text and data. A couple of the major mobile providers are Telenor and Netcom, but in recent years, competitors have appeared, such as Chess, Lebara, My Call and others.

There are now plans to do away with standard landlines altogether by 2017, replacing them with internet-based telephones.

# Unit Eleven
# Helse, sykdom og skade

Health, illness and injury

In this unit you will learn how to:

- use reflexive verbs and reflexive pronouns
- use verbs as imperatives
- talk about body parts and ailments
- use irregular comparative adjectives
- talk about how things look / appear (ser ... ut)
- talk about Norway's healthcare system

## Dialogue 1 / Dialog 1

**Norwegian class – the teacher is ill. /
Norskkurset – læreren er syk.** (Audio 2.38)

There is a substitute teacher in the Norwegian class. She tells them that their teacher Trine is out sick but that it is nothing serious.

| | |
|---|---|
| Molly: | Hva skjer? Hvor er læreren? |
| Vikaren: | Hei, jeg heter Anne Sofie. Jeg er vikar for Trine i dag. Hun er nemlig syk. |

Unit Eleven: *Health, illness and injury*     191

Roberta: Huff da. Jeg håper det ikke er noe alvorlig.
Vikaren: Nei, hun har bare mistet stemmen.
Mark: Så hun kan ikke snakke?
Vikaren: Ja, det stemmer. Derfor vikarierer jeg for henne i dag og i morgen, og så får vi håpe at hun er frisk igjen på mandag.

## Vocabulary / Vokabular

| | |
|---|---|
| **skje** | happen |
| **vikar (en)** | substitute |
| **nemlig** | you see, namely |
| **alvorlig** | serious |
| **miste** | lose |
| **stemme (en)** | voice |
| **det stemmer** | that's correct, that's right |
| **derfor** | therefore |
| **å vikariere** | to substitute |
| **få håpe** | have to hope |
| **frisk** | healthy |

## Exercise 1

Fill in the missing words in the paragraph according to the information and vocabulary in the dialogue / Oppgave 1: Fyll inn ordene som mangler i avsnittet. Bruk informasjonen og ordforrådet i dialogen

I dag kommer ikke læreren Trine på jobb fordi hun er _____.
Det er ikke noe _____.
Hun har bare _____ stemmen. Hun kan ikke _____.
Anne-Sofie vikarier for Trine _____.
Hun håper Trine er _____ igjen på _____.

## Exercise 2

Answer the questions / Oppgave 2: Svar på spørsmålene

1 Hvorfor har klassen en vikar?
2 Hva heter vikaren?
3 Er det noe alvorlig i veien med Trine?
4 Kan hun snakke?
5 Når kommer hun tilbake?

## Language point

### Reflexive verbs and reflexive pronouns

Except in the third person, the reflexive object pronoun is identical to the object pronoun. The reflexive pronoun is used in combination with certain verbs, called *reflexive verbs* or as objects of prepositions referring to the subject.

|  | Subject form | Object form | Reflexive object form |
|---|---|---|---|
| **1st person** | jeg<br>vi | meg<br>oss | meg *(myself)*<br>oss *(ourselves)* |
| **2nd person** | du<br>De<br>dere | deg<br>Dem<br>dere | deg *(yourself)*<br>Dem *(yourself-formal)*<br>dere *(yourself)* |
| **3rd person** | han<br>hun<br>den<br>det<br>de | ham<br>henne<br>den<br>det<br>dem | seg *(himself)*<br>seg *(herself)*<br>seg *(itself)*<br>seg *(itself)*<br>seg *(themselves)* |

Sometimes this involves the subject carrying out an action directed at itself.

# Unit Eleven: Health, illness and injury

Examples:

å vaske seg *(to wash oneself)*
å legge seg *(to lie down, go to bed)*
å sette seg *(to sit down, seat oneself)*

However, often a reflexive verb in Norwegian would not necessarily be reflexive in English.

Examples:

å like seg *(to like it, be happy)*
  Han liker seg i Norge. *(He likes it in Norway.)*
å greie seg *(to manage)*
  Hun greier seg alene. *(She manages alone.)*
å glede seg *(to look forward to)*
  Vi gleder oss til sommeren. *(We are looking forward to summer.)*
å kose seg *(to have a good time, enjoy oneself)*
  De koser seg med et glass vin. *(They are enjoying themselves with a glass of wine.)*
å føle seg *(to feel)*
  Hun føler seg syk. *(She feels sick.)*

## Exercise 3

Insert the correct reflexive pronoun / Oppgave 3: Sett inn riktig form av refleksivpronomenet

0  Læreren føler *seg* dårlig i dag.

1  Jeg skal prøve å legge _____ tidlig i dag.
2  Når pleier du å legge _____?
3  Faren min legger _____ alltid kl 9 hver kveld.
4  Jeg gleder _____ til å besøke deg!
5  Vi gleder _____ alle sammen!
6  Hvordan føler du _____ i dag?
7  Jeg føler _____ mye bedre enn jeg gjorde i går.

8  Jeg håper dere liker _____ i Norge!
9  Ja, vi liker _____ veldig godt!
10  Skal vi sette _____ i stua og ta et glass vin?
11  Du setter _____. Jeg henter vinen.

## Dialogue 2 / Dialog 2

### The teacher goes to the doctor. / Læreren hos legen. (Audio 2.39)

Trine goes to the see the doctor because she has lost her voice. The doctor advises her to avoid talking as much as possible. She tells the doctor that she has had laryngitis for two months, ever since she had a cold. The doctor tells her that if resting her voice doesn't help, he will send her to a specialist.

| | |
|---|---|
| Legen: | Hei. Hva feiler det deg? |
| Trine: | Hei. Som du hører, kan jeg nesten ikke snakke. |
| Legen: | Oj, det hørtes ikke bra ut. Det er visst best at du snakker minst mulig for å spare stemmen. |
| Trine: | En norsklærer snakke lite? Greit, jeg prøver. Det startet for to måneder siden med en forkjølelse. Ble ikke bra. Hostet, sov ikke om natta. Store klasser med mange studenter. Lange dager. |
| Legen: | Det holder. Jeg forstår problemet. Du må hvile stemmen mest mulig til mandag. Hvis du ikke er bedre da, må jeg gi deg en henvisning til en spesialist. Her er en resept på en mikstur som er bra for stemmebåndene. |
| Trine: | (nikker stumt) |

## Vocabulary / Vokabular

| | |
|---|---|
| **feile** | be wrong with |
| **høres ut** | sound |
| **visst** | certainly |
| **minst** | least |

Unit Eleven: *Health, illness and injury* 195

| | |
|---|---|
| **mulig** | possible |
| **spare** | to save |
| **lite** | little |
| **forkjølelse (en)** | (head) cold |
| **hoste** | to cough |
| **å holde** | to be sufficient |
| **problem (et)** | problem |
| **hvile** | rest |
| **bedre** | better |
| **henvisning (en)** | referral |
| **spesialist (en)** | specialist |
| **resept (en)** | prescription |
| **mikstur (en)** | mixture |
| **stemmebånd (et)** | vocal cord |
| **nikke** | to nod |
| **stumt** | mutely |

## Exercise 4

Answer the questions about the dialogue / Oppgave 4: Svar på spørsmålene om dialogen

1  Hva er det som feiler Trine?
2  Hvilket råd *(advice)* gir legen?
3  Når begynte problemet med stemmen?
4  Trine var forkjølet. Hvilke symptomer *(symptoms)* hadde hun?
5  Hva skal legen gjøre hvis Trine ikke er bedre på mandag?
6  Hva slags resept gir legen henne?

## Language point (Audio 2.40)

### Body parts

| | |
|---|---|
| **hode (et)** | head |
| **øye (et)** | eye |

| | |
|---|---|
| øre (et) | ear |
| panne (ei / en) | forehead |
| nese (ei / en) | nose |
| munn (en) | mouth |
| tann (ei / en) | tooth |
| kinn (et) | cheek |
| hake (en) | chin |
| hals (en) | throat |
| nakke (ei / en) | neck |
| skulder (ei / en) | shoulder |
| arm (en) | arm |
| albue (en) | elbow |
| håndledd (et) | wrist |
| hånd (ei / en) | hand |
| finger (en) | finger |
| bryst (et) | chest |
| hofte (ei / en) | hip |
| mage (en) | stomach |
| rygg (en) | back |
| bein (et) | leg |
| kne (et) | knee |
| lår (et) | thigh |
| legg (en) | calf |
| ankel (en) | ankle |
| fot (en) | foot |
| tå (ei / en) | toe |

Body parts are usually referred to in the definite. It is often unnecessary to use a possessive, since ownership is obvious.

*Examples:*

> Jeg har vondt i hodet. *I have pain in the head (understood as my head)*
> Han brakk håndleddet. *He broke the wrist (understood as his wrist)*

Unit Eleven: *Health, illness and injury*

## Exercise 5

Label the body parts / Oppgave 5: Skriv inn navnene på kroppsdelene

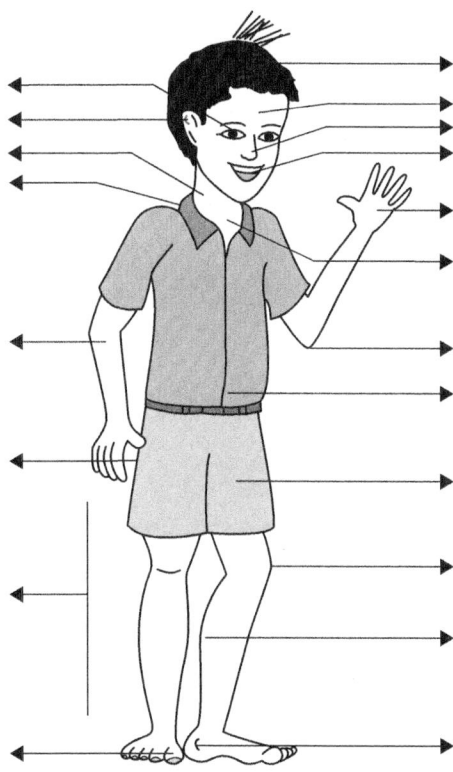

## Many body parts have irregular plurals:

|  | Indefinite singular | Definite singular | Indefinite plural | Definite plural |
|---|---|---|---|---|
| eye | et øye | øyet | øyne | øynene |
| tooth | ei / en tann | tanna / tannen | tenner | tennene |

|  | Indefinite singular | Definite singular | Indefinite plural | Definite plural |
|---|---|---|---|---|
| shoulder | en / ei skulder | skuldera / skulderen | skuldrer | skuldrene |
| hand | en / ei hånd | hånda / hånden | hender | hendene |
| finger | en finger | fingeren | fingrer | fingrene |
| leg | et bein | beinet | bein | beina |
| knee | et kne | kneet | knær | knærne |
| ankle | en ankel | ankelen | ankler | anklene |
| foot | en fot | foten | føtter | føttene |
| toe | ei / en tå | tåa / tåen | tær | tærne |

## Exercise 6

Fill in correct body parts / Oppgave 6: Fyll ut med riktig kroppsdel

0   Jeg har vondt i foten. Erik har vondt i ___føttene___.

1   Den lille babyen har bare en tann. Mange voksne har 28 _____.
2   Jeg har fem _____ på hver fot.
3   Og han har fem fingrer på hver _____.
4   Han falt og slo seg på kneet. Nei, han slo seg på begge _____.
5   Hunden hennes har ett blått øye og ett brunt øye. Min hund har to brune _____.
6   Hun har vondt i ankelen. Jeg har vondt i begge _____.

Reading text

### Read the text and answer the questions / Leseteskt: Les teksten og svar på spørsmålene
(Audio 2.41)

While Trine is waiting to see the doctor, she picks up a pamphlet about getting more exercise.

Unit Eleven: *Health, illness and injury*

## Mosjoner mer!

Føler du deg slapp og sliten? Har du problemer med å sove? Blir du andpusten av å gå til bussen? Vi vet alle sammen hva som hjelper – å mosjonere mer.

Når vi går en tur i naturen eller i parken, får vi frisk luft, sover bedre og blir i bedre humør. De som har problemer med å sove om natta, bør gå en tur et par timer før de skal legge seg.

Hvis du føler at du ikke har tid til å trimme, bør du starte i det små: Gå trappene i stedet for å ta heisen, ikke ta bussen eller trikken helt fram til døra, men gå av en holdeplass før. Alt hjelper! En halvtimes spasertur i raskt tempo hjelper. Ikke overdriv i starten. To-tre gangers mosjon i uka er nok til å bli sprekere.

### Vocabulary / Vokabular

| | |
|---|---|
| mosjonere (-te, -t) | to exercise |
| andpusten | out of breath |
| hjelpe (hjalp, hjulpet) | to help |
| i naturen | outside, in nature |
| frisk | fresh |
| humør (et) | mood |
| trimme (-et, -et) | to exercise, work out |
| i det små | little by little |
| trapp (ei / en) | stairs |
| heis (en) | elevator, lift |
| trikk (en) | tram, streetcar |
| holdeplass (en) | stop (for a bus, tram etc.) |
| spasertur (en) | stroll, walk |
| rask | rapid |
| overdrive (-drev, -drevet) | to exaggerate |
| mosjon (en) | exercise |
| sprek | spry, vigorous, fit |

## Exercise 7

Answer the questions about the reading in English / Oppgave 7: Svar på spørsmålene om leseteksten på engelsk

1 What are the three problems mentioned in the beginning of the article that can be helped by getting more exercise?
2 What are the advantages of going for a walk outside?
3 What should you do if you have trouble sleeping?
4 What are a couple of recommendations for those don't have time for exercising?
5 How many times a week is enough to make you healthier?

## Language point

### Imperative

The imperative, or command form, is created by simply dropping the unstressed -e of the infinitive.

Example:

spise → spis *(eat!)*
komme → kom *(come!)* (the *mm* is simplified, as -mm is not permitted at the end of a word)
gå → gå *(go!)*
sitte → sitt *(sit!)*

## Exercise 8

Give advice with the imperative form of the verbs / Oppgave 8: Gi råd med imperativformen

0 ___*Gå*___ i trappene! *(gå)*

1 _____ mer! *(mosjonere)*
2 _____ en rask spasertur! *(ta)*
3 _____ i det små. *(starte)*
4 Ikke _____! *(overdrive)*

Unit Eleven: *Health, illness and injury* 201

## Dialogue 3 / Dialog 3

### Someone falls on the ice. / Noen faller på isen. (Audio 2.42)

Someone has fallen on the ice, is injured and goes to the emergency room. The patient's wrist is painful and may be broken. The patient is told to take a number and wait to be called. The nurse says that an X-ray is needed.

| | |
|---|---|
| Sykepleier 1: | Hei. Hva er problemet? |
| Pasient: | Jeg tror jeg brakk håndleddet da jeg falt på isen. |
| Sykepleier 1: | Her har du en kølapp. Sett deg i den sonen der og vent på tur. |
| Pasient: | Hvor lang tid tar det? |
| Sykepleier 1: | Det kan ta en stund – det er mange som har falt i dag. |
| | ... |
| Sykepleier 2: | Hallo. Hva kan jeg hjelpe deg med? |
| Pasient: | Jeg har veldig vondt i håndleddet. Jeg lurer på om det er brukket. |
| Sykepleier 2: | Hm, ja, dette ser ikke bra ut. Du må ta røntgen. Sett deg ved brusautomaten der borte, så roper noen opp navnet ditt. Det er dessverre mange i køen foran deg. |
| Pasient (sukker): | Ja, sånn er det når det er glatt. Da blir det lang ventetid på legevakta. |

## Vocabulary / Vokabular

| | |
|---|---|
| **brekke** | to break |
| **håndledd (et)** | wrist |
| **falle** | to fall |
| **is (en)** | ice |
| **kølapp (en)** | number (in queue) |

| | |
|---|---|
| **sette seg** | to sit down, be seated |
| **sone (en)** | zone |
| **vente på** | to wait for |
| **tur (en)** | turn |
| **stund (en)** | while |
| **gjøre vondt** | to hurt |
| **lure på om** | to wonder if |
| **brukket** | broken |
| **røntgen** | X-ray (named after the creator, Dr. Wilhelm Röntgen) |
| **brusautomat (en)** | soda pop machine |
| **rope** | to call, shout |
| **navn (et)** | name |
| **dessverre** | unfortunately |
| **kø (en)** | line, queue |
| **foran** | in front of |
| **sånn** | thus, like this |
| **glatt** | slippery, slick |
| **ventetid (ei / en)** | wait time |
| **legevakt (ei / en)** | emergency service, urgent care |

 Language point

### Se . . . ut

This expression is used to express how something looks. In the dialogue the nurse says: Dette **ser** ikke bra **ut**.

Any adjective can be inserted between the words **se** and **ut**.

Examples:

    Det ser godt ut.
    Det ser dårlig ut.
    Han ser trøtt ut.

## Exercise 9

Ser . . . ut. Use the adjective in parentheses to describe how something or someone looks. / Oppgave 9: Bruk adjektivet i parentes for å beskrive hvordan noe eller noen ser ut.

0  Jeg har ikke sett Erik på en stund. Hvordan *ser* han ___*ut*___ nå?

1  Kjæresten hans _____. *(hyggelig)*
2  Læreren til Nils _____. *(snill)*
3  Hunden hans _____. *(sint)*
4  Været _____. *(bra)*
5  Bilen hennes _____. *(ny)*

## Language points

### Comparative adjectives – irregular adjectives

Many adjectives have irregular forms of comparative and superlative. These must simply be memorized. See a more complete list in the reference grammar.

| Positive form | Comparative | Superlative |
| --- | --- | --- |
| god / godt / gode *(good)* | bedre enn | best (den / det / de beste) |
| mange *(many)* | flere enn | flest (den / det / de fleste) |
| mye *(much)* | mer enn | mest (den / det / de meste) |
| ung / ungt / unge *(young)* | yngre enn | yngst (den / det / de yngste) |
| gammel / gammelt / gamle *(old)* | eldre enn | eldst (den / det / de eldste) |
| liten / lita / lite / små *(little)* | mindre enn | minst (den / det / de minste) |
| stor / stort / store *(big)* | større enn | størst (den / det / de største) |

## Exercise 10

Fill in the comparative or superlative form of the adjectives / Oppgave 10: Sett inn riktig komparativ- eller superlativform av adjektivene

0   Han spiller mye *bedre* enn meg. Men Einar spiller *best*. *(godt)*

1   Oslo er _____ Kristiansand. London er _____ både Oslo og Kristiansand. Men Shanghai er den _____ byen i verden. *(stor)*
2   Disse skoene er for store. Har du noen _____? *(liten)*
3   Anita er det _____ barnet i klassen. *(liten)*
4   Tønsberg er den _____ byen i Norge, og ble grunnlagt rundt 1100. *(gammel)*
5   Aleks er 12 år og Johannes er 10 år. Aleks er _____ enn Johannes, og Johannes er _____ enn Aleks. Aleks er _____, og Johannes er _____. *(gammel, ung)*
6   Du ga meg fem penner, men jeg trenger _____. *(mange)*
7   Jeg er så sulten! Kan jeg få _____ kake? *(mye)*

## Adjectives using mer and mest

A few types of adjectives use **mer** (*more*) and **mest** (*most*) in comparative and superlative:

### compound words

| | | |
|---|---|---|
| sjøsyk *(seasick)* | mer sjøsyk enn | mest sjøsyk |
| selvsikker *(self confident)* | mer selvsikker enn | mest selvsikker |

### complicated loan words

| | | |
|---|---|---|
| interessant *(interesting)* | mer interessant enn | mest interessant |
| komplisert *(complicated)* | mer komplisert enn | mest komplisert |

Unit Eleven: *Health, illness and injury*

## multi-syllabic adjectives ending in -sk

| praktisk *(practical)* | mer praktisk enn | mest praktisk |
| historisk *(historical)* | mer historisk enn | mest historisk |

## adjectives derived from verbs (participles)

| elsket *(loved)* | mer elsket enn | mest elsket |
| slitt *(worn out)* | mer slitt enn | mest slitt |

## Exercise 11

Fill in the comparative or superlative form of the adjectives / Oppgave 11: Sett inn riktig komparativ- eller superlativform av adjektivene

0  Jeg ble mer *sjøsyk* da jeg seilte på Nordsjøen enn da jeg seilte på Atlanterhavet. *(sjøsyk)*

1  Hvilken bok synes du er _____? *(interessant)*

2  Det er _____ enn du tror. *(komplisert)*

3  Jeg håper hun blir _____ når hun blir eldre. *(selvsikker)*

## Culture / Kultur

### Healthcare in Norway

Medical services are provided to all residents of Norway (both citizens and non-citizens) by the National Insurance Scheme. Everyone is assigned a *fastlege*, or primary care physician. This physician can refer patients to specialists when needed. It is possible to switch to a different *fastlege* once a year. Patients make a small copayment (*egenandel*) to see their *fastlege*. There is no copayment for children under the age of 12. Hospitalization is completely free of charge. There has been quite a bit of political controversy about the length of time one must wait for non-critical surgeries such as a knee or hip replacement. There is ostensibly a maximum wait of three months, but there have been much anecdotal evidence that people often must wait longer. There has also been criticism of the treatment of cancer, which has led to changes in policies. The new conservative government had promised an increase in privatization of health care but do not seem to be moving quickly in that direction.

Some people do choose to have private health insurance, which permits them to see private specialists or be admitted in one of the few private hospitals. This insurance is relatively inexpensive, since they are also covered under the National Insurance Scheme.

There is a fairly low maximum out-of-pocket limit. After one pays NOK 1900 in a year, there are no co-payments for treatments.

Dental care is not covered under the National Insurance Scheme, except for children under the age of 18 in most parts of Norway. They receive free dental care, except for braces.

# Unit Twelve
# Reise
Travel

In this unit you will learn how to:

- use verbs in the future tense
- use the adjectives hvilken / hvilket / hvilke
- talk about vacations and accommodations
- talk about Norway's excellent public transportation system
- use verbs in the past tense and in narrating a sequence of events

## Dialogue 1 / Dialog 1

### Winter vacation / Vinterferie (Audio 2.43)

The class discusses their plans for winter vacation. Lisa and Mark plan a skiing vacation. Magnus and Roberta prefer someplace warm, so are going to Cyprus. Magnus's parents will take care of the children. Molly's mother is paying for her ticket to London, where they will meet.

| | |
|---|---|
| Mark: | Endelig pause! |
| Molly: | Ja, noen ganger varer timene i evigheter. Spesielt når vi jobber med grammatikk. . . . |
| Roberta: | Hva skal dere gjøre i vinterferien? |
| Mark: | Lisa og jeg skal på skiferie. |
| Roberta: | Jeg er imponert, Mark. Du er jo helt integrert! |

Mark: Ha, ha. Jeg har ikke så veldig lyst, men Lisa påstår at det er herlig å komme seg ut i naturen og gå på ski fra hytte til hytte.
Roberta: Magnus foreslo også å dra på skiferie, men da satte jeg foten ned. Over mitt lik, sa jeg til ham. Jeg trenger sol og varme, så vi skal til Kypros – uten barna! Svigerforeldrene mine skal passe dem.
Molly: Jeg skal til London. Mamma spanderer billetten på meg, og så møtes vi i London.
Mark: Heldiggris!

## Vocabulary / Vokabular

| | |
|---|---|
| pause (en) | break, intermission |
| noen ganger | sometimes |
| vare | to last |
| time (en) | hour, class period |
| evighet (en) | eternity |
| spesielt | especially |
| grammatikk (en) | grammar |
| vinterferie (en) | winter vacation (school vacation, usually in February) |
| skiferie (en) | ski vacation |
| imponert | impressed |
| integrert | integrated |
| påstå | to claim, maintain |
| herlig | wonderful |
| komme seg ut | to get out |
| natur (en) | nature |
| hytte (ei) | cabin |
| foreslo | past tense of foreslå: to suggest |
| satte foten ned | past tense of sette foten ned *(to put one's foot down)* |
| lik (et) | corpse, dead body |
| varme (en) | heat |
| Kypros | Cyprus |
| uten | without |

| | |
|---|---|
| **svigerforeldre** | parents-in-law |
| **spandere** | to treat, pay for |
| **heldiggris (en)** | lucky dog (literally lucky pig) |

## Exercise 1

Answer the questions / Oppgave 1: Svar på spørsmålene

1 Hva skal Lisa og Mark gjøre i vinterferien?
2 Har Mark lyst til å gjøre det?
3 Hva med Roberta og mannen hennes? Skal de også dra på skiferie? Hvorfor?
4 Hvor skal Molly? Hvem betaler for turen hennes?

## Language point

### Talking about the future

There is no future tense in Norwegian, but future time is expressed in a variety of ways:

1 Present tense:

Jeg **reiser** til Oslo i morgen. *(I'm going to Oslo tomorrow.)*

2 Modal auxiliary "skal" plus the infinitive (*planned activity*):

Jeg **skal vaske** huset på lørdag. *(I'm going to clean the house on Saturday.)*

## Exercise 2

Insert verb to make the sentences express future meaning / Oppgave 2: sett in riktig form av verbet

1 Erik og Nina skal _____ nytt hus til høsten. *(kjøpe)*
2 De _____ inn i det nye huset i neste uke. *(flytte)*
3 Skal de _____ det gamle huset først? *(selge)*
4 De håper de får solgt det. Men de skal _____ *(kjøpe)* et nytt hus til høsten uansett. Det gamle er altfor lite, nå som de skal _____ *(ha)* barn.

## Culture / Kultur

**Ferie**

Norwegians love their vacations! Everyone who is employed is entitled to four weeks and one day paid vacation each year. Some get five weeks by contract. Those over 60 get one additional week. Employees are required by law to take their vacation, and employers are required to ensure that employees take vacation. This required vacation also applies if you start a new job, for vacation money (*feriepenger*) is accrued during the previous calendar year, and stays with the employee. Employees have the right to take three weeks during the summer (1st June–30th September). For this reason, the month of July is often referred to as *fellesferie*, or common vacation. Some businesses even close during July, and even those that are open often do not operate at full capacity. In addition to the vacation weeks, there are many other holidays during the year: New Year's Day; the Thursday, Friday and Monday around Easter; Ascension Day; the Monday after Pentecost (Whitsunday); May Day (1st May); Constitution Day (17th May) and 25th–26th December (first and second days of Christmas). Christmas Eve and New Year's Eve are half-days. With so much time off, many Norwegians travel internationally, especially to warm destinations such as Greece and Spain, though the traditional Easter vacation is to a cabin in the mountains.

## Dialogue 2 / Dialog 2

### At the travel agency / På reisebyrå (Audio 2.44)

Magnus goes to a travel agency to get help planning their trip to Cyprus. They are interested in a charter flight but prefer to explore on their own. They are interested in renting a car while they are in Cyprus.

| | |
|---|---|
| Reisebyråansatt: | Hei. Hva kan jeg hjelpe deg med? |
| Magnus: | Kona mi og jeg vil gjerne reise på chartertur til Kypros i vinterferien, men ikke «all inclusive». Vi |

# Unit Twelve: Travel

| | |
|---|---|
| | liker å prøve forskjellige lokale spisesteder når vi er på ferie. Har du noen brosjyrer? |
| Reisebyråansatt: | Ja, her er det brosjyrer fra tre forskjellige steder på Kypros. Hva er viktigst for dere? Er det for eksempel shoppingmuligheter, strender eller atmosfære eller . . . ? |
| Magnus: | Kona mi er mest opptatt av sol og varme. Hun er italiensk, skjønner du, så vinteren i Norge er både lang og tøff for henne. |
| Reisebyråansatt: | Ja, det forstår jeg. Og hva prioriterer du? |
| Magnus: | Jeg vil gjerne oppleve litt også. Går det an å leie en bil der nede og ta noen turer? |
| Reisebyråansatt: | Ja, så klart. Det er mange fine bilturer du kan ta. Bilen kan vente på dere på flyplassen hvis du vil. Har du tenkt på hvilket flyselskap dere skal reise med? |
| Magnus: | Nei, det spiller ingen rolle. |

## Vocabulary / Vokabular

| | |
|---|---|
| **prøve** | try |
| **forskjellig** | different, various |
| **lokal** | local |
| **spisested (et)** | eating place |
| **brosjyre (en)** | brochure |
| **sted (et)** | place |
| **viktigst** | most important |
| **mulighet (en)** | opportunity, possibility |
| **strender** | plural of **ei strand**: beach |
| **opptatt av** | interested in, concerned with |
| **tøff** | tough |
| **prioritere** | to prioritize |

| | |
|---|---|
| **oppleve** | to experience |
| **går det an** | is it possible |
| **leie** | to rent |
| **der nede** | down there |
| **så klart** | absolutely |
| **vente på** | wait for |
| **flyplass (en)** | airport |
| **flyselskap (et)** | airline |
| **det spiller ingen rolle** | that doesn't matter |

## Exercise 3

Answer the questions / Oppgave 3: Svar på spørsmålene

1. Hvor har Magnus og kona hans lyst til å reise?
2. Hvor går Magnus for å få informasjon?
3. Hva er kona til Magnus mest interessert i?
4. Hva vil Magnus gjøre?
5. Er det mulig å leie en bil?
6. Hvor kan de hente den?
7. Hvilket flyselskap vil Magnus reise med?

## Exercise 4

Complete the sentences with vocabulary from the dialogue / Oppgave 4: Fullfør setningene med ord fra dialogen

0. Magnus og kona hans vil gjerne ____*reise*____ på chartertur til Kypros.

1. De liker å _____ forskjellige spisesteder når de er på ferie.
2. Kona til Magnus er mest _____ av sol og varme fordi hun er italiensk.
3. Magnus, derimot, har lyst til å _____ litt også. Derfor har han lyst til å _____ en bil.

Unit Twelve: *Travel*

## Language point

### Hvilken / hvilket / hvilke

Like other adjectives, "which" (hvilken / hvilket / hvilke) must agree with the noun it is used with.

> Hvilken bil liker du best? (masculine or feminine)
> Hvilket eple vil du ha? (neuter)
> Hvilke studenter tar norsk? (plural)

Hvilken / Hvilket / Hvilke is used where one might use "what" in English.

What day is she coming? *Hvilken dag kommer hun?*

You cannot normally use "hva" (what) in front of a noun.

## Exercise 5

Fill in the correct form of the word for "which", hvilken / hvilket / hvilke
Oppgave 5: Fyll inn den riktige formen: hvilken / hvilket / hvilke

0  *Hvilket*  hus bor han i?

1  _____ dager går du på norskkurs?
2  _____ mann skal jeg snakke med?
3  _____ hotell skal dere bo på?
4  Jeg vet ikke _____ sko jeg skal kjøpe.
5  Vet du _____ studenter som er i klassen hennes?
6  _____ bok må jeg kjøpe?
7  _____ sider skal vi lese til i morgen?

## Culture / Kultur

Norway has excellent public transportation, including trains, buses, ferries and other boats and planes. Even with this good system, it is sometimes more convenient to drive a car. If you drive yourself, be prepared for the high cost of fuel. Accommodations are available at all levels, ranging from the least expensive camping cabins (*campinghytter*), youth hostels (*vandrerhjem*) and pensions (*pensjonater*) to more expensive hotels (*hoteller*) and mountain hotels (*høyfjellshoteller*).

## Dialogue 3 / Dialog 3

**Mark and his girlfriend on vacation / Mark og kjæresten på ferie** (Audio 2.45–2.48)

Mark and his girlfriend, Lisa, are planning a winter vacation. Mark proposes that they rent a car, going first to Geilo to ski and then to western Norway to visit their friends. Lisa would rather take the train and bus, but she is finally convinced. After their ski vacation, they drive to western Norway. At one point, they need to take the ferry across a fjord but arrive just a bit too late. They disagree over whose fault it is.

### Tog eller leiebil?

Mark: Du, jeg tenkte vi kunne leie en bil og dra på skiferie til Geilo.
Lisa: Ja, men har vi råd til det?
Mark: Men hvis vi leier bil, så kan vi dra til Vestlandet fra Geilo for å besøke Unn og Anders. Jeg har lyst til å se litt mer av Norge.
Lisa: Hva om vi tar toget og bussen i stedet for leiebil? Blir ikke det billigere?
Mark: Vi må leve mens vi er unge. Penger er til for å brukes!
Lisa: Det er jo mye mer miljøvennlig å reise med tog enn med bil.
Mark: Jo, men det er bedre å ha det komfortabelt og fritt. Med leiebil slipper vi å stresse. Med tog og buss må vi passe på klokka hele tida.
Lisa: Ok, som du vil. Vi leier en bil!

### Mark leter etter leiebil på internett.

Mark: Skal vi se. Hvilken type bil skal vi ha? Den minste?
Lisa: Det er vel den billigste typen de har? Vi har ikke råd til noe stort og flott noe.

Mark: Ja, Ford Fiesta ser ut til å være den billigste. Du ser prisene her, per døgn, og bensin kommer i tillegg.
Lisa: Ja, bra. Da tar vi den.

## Rom. Lisa ringer til vandrerhjemmet på Geilo.

Lisa: Hei, vi lurte på om dere hadde et ledig dobbeltom fra torsdag til mandag?
Vandrerhjemmet: Vi har ikke dobbeltrom, men vi har to ledige køyer på sovesal hvis det går bra?
Lisa: Ja, det går fint. Hva med ski, har dere ski til leie?
Vandrerhjemmet: Nei, men dere kan leie i det nærmeste skianlegget. Det er ikke så dyrt hvis man kjøper et dagskort.
Lisa: Det høres bra ut. Vi ses på torsdag.
Vandrerhjemmet: Velkommen til oss!

## På mandag reiser Mark og Lisa til Vestlandet. De må ta en ferge over en fjord, men kommer litt for seint.

Lisa: Å nei, ferga har akkurat gått! Og det står her at neste ferge ikke kommer før om en og en halv time!
Mark: Det er din feil! Hvorfor brukte du så lang tid på å sminke deg i morges?
Lisa: Hallo! Hvem var det som sto opp sent fordi du drakk for mye øl i går kveld? Og etterpå skravlet du med mammaen din i over en time! Det er din skyld, ikke min.
Mark: Alltid skal du skylde på meg!
Lisa: Takk det samme!
Mark: La meg være i fred! Nå går jeg på kafeen der borte, og så kan du sitte her i bilen og tenke deg om.

## Vocabulary / Vokabular

| | |
|---|---|
| **leie (-de, -d)** | to rent |
| **skiferie (en)** | ski vacation |
| **ha råd til (hadde, hatt)** | to afford |

| | |
|---|---|
| **hvis** | if |
| **dra (dro, dratt)** | to go |
| **besøke (-te, -t)** | to visit |
| **har lyst til** | want to |
| **hva om** | what if |
| **ta toget** | take the train |
| **buss (en)** | bus |
| **i stedet for** | instead of |
| **billigere** | cheaper |
| **er til (være til)** | exist |
| **å brukes** | to be used (passive form) |
| **miljøvennlig** | environmentally friendly |
| **slipper (slapp, sluppet)** | get out of, don't have to do something |
| **stresse (-et, -et)** | to be stressed out |
| **passe på (-et, -et)** | watch out for, pay attention to |
| **hele tida** | all the time |
| **leter etter (lette, lett)** | looks for |
| **døgn (et)** | 24-hour period |
| **bensin (en)** | fuel, gasoline, petrol |
| **lurte på om** | wondered if |
| **ledig** | available, free |
| **køye (en)** | bunk bed |
| **sovesal (en)** | dormitory |
| **til leie** | for rent |
| **skianlegg (et)** | ski area |
| **ferge (ei / en)** | ferry |
| **feil (en)** | mistake |
| **sminke seg (-et, -et)** | to put on make-up |
| **skravle (-et, -et)** | chat, gossip |
| **skyld (en)** | fault |
| **i fred** | in peace |
| **tenke seg om (-te, -t)** | to think things over |

## Exercise 6

Answer the questions / Oppgave 6: Svar på spørsmålene

1 Hvordan vil Lisa reise på ferie?
2 Hva vil Mark heller gjøre?
3 Hvorfor er det bedre å reise med tog og buss?
4 Hvorfor er det bedre å reise med bil?
5 Hva slags bil skal Mark og Lisa leie?
6 Hvorfor tar de den?
7 Hvor skal de bo på Geilo?
8 Skal de ha eget rom?
9 Har de sine egne ski?
10 Hvorfor krangler Lisa og Mark?
11 Mark sier det er Lisas skyld. Hvorfor?
12 Lisa sier det er Marks skyld. Hvorfor?
13 Hvem skal de besøke på Vestlandet?

## Dialogue 4 / Dialog 4

### Vacations / Ferier (Audio 2.49)

The first class after vacation, the students tell each other about what they did. Roberta and Molly had a great time in Cyprus and London. Mark is less enthusiastic about his ski trip. It was cold, and he kept falling down when he tried to ski. Roberta encourages him to keep trying. Mark said his father-in-law recommended that he learn the Norwegian mountain code to keep safe.

Roberta: Hei, Mark. Hvordan går det? Hei, Molly. Du ser godt ut!
Molly: Takk i like måte! Du ser brun og uthvilt ut. Hvis jeg skal være ærlig, så du litt sliten ut før vinterferien.
Roberta: Ja, det var jeg også. To små barn krever sitt. Kypros var rene vitamininnsprøytingen, for både helsa og ekteskapet. Men fortell om London og mora di. Hadde dere det hyggelig?
Molly: Ja, absolutt. Først shoppet vi og så gikk vi i teater. Neste dag var vi på sightseeing og så gikk vi på pub. Det var

|         | koselig å være sammen med mamma igjen. Hva med deg, Mark, hadde du det hyggelig på fjellet? |
|---|---|
| Mark: | Nei, slett ikke. Det er det verste jeg har opplevd! Det var kaldt, jeg frøs, og jeg falt hele tida når jeg prøvde å gå på ski. Lisa lo av meg, men de andre var høflige og lo ikke av meg – så vidt jeg vet. De gjorde det kanskje bak ryggen på meg. Men etter fem dager på Geilo, dro vi til Vestlandet og besøkte noen venner. Det var hyggelig. |
| Roberta: | Det er aldri morsomt at noen ler av deg, Mark. Men jeg lover deg at hvis du ikke gir opp, så vil du bli flink til å gå på ski til slutt. Du må bare fortsette å prøve noen ganger til. Hvis jeg kan klare det, så kan du også. |
| Mark: | Svigerfar sier også at jeg bare må prøve litt til, så blir det snart morsomt. Men han sier også at det er viktig å ha respekt for naturen. Han sier at jeg bør lære meg fjellvettreglene. |

## Fjellvettreglene

1 Planlegg turen og meld fra hvor du går
2 Tilpass turen etter evne og forhold
3 Ta hensyn til vær- og skredvarsel
4 Vær forberedt på uvær og kulde, selv på korte turer
5 Ta med nødvendig utstyr for å kunne hjelpe deg selv og andre
6 Ta trygge veivalg. Gjenkjenn skredfarlig terreng og usikker is
7 Bruk kart og kompass. Vit alltid hvor du er
8 Vend i tide, det er ingen skam å snu
9 Spar på kreftene og søk ly om nødvendig
(Source: www.dnt.no/fjellvett/)

## Vocabulary / Vokabular

| ser ... ut | look, appear ... |
|---|---|
| uthvilt | rested |
| ærlig | honest |
| sliten | exhausted |

Unit Twelve: *Travel*

| | |
|---|---|
| **kreve** | to demand |
| **ren** | pure |
| **vitamin** | vitamin |
| **innsprøyting (en)** | injection |
| **helse (ei / en)** | health |
| **ekteskap (et)** | marriage |
| **fortelle** | to tell |
| **shoppe** | to shop |
| **gå i teater** | go to the theatre (stage) |
| **koselig** | pleasant, nice |
| **slett ikke** | not at all |
| **det verste** | the worst thing |
| **oppleve** | to experience |
| **frøs** | past tense of **fryse**: to freeze, be cold |
| **falt** | past tense of **falle**: to fall |
| **lo av** | past tense of **le av**: to laugh at |
| **le av** | to laugh at |
| **love** | to promise |
| **gi opp** | to give up |
| **til slutt** | in the end, finally |
| **fortsette** | to continue |
| **klare** | to manage |
| **fjellvettreglene** | The Norwegian mountain code (mountain safety rules) |

## Exercise 7

Imperative / Oppgave 7: Imperativ

Remember that the imperative, or command form, is created by dropping the -e from the infinitive form of the verb: ***Kom! Sitt!***
   **Find and underline all the imperative verbs in Fjellvettreglene (above). There are thirteen.**

## Exercise 8

Answer the questions / Oppgave 8: Svar på spørsmålene

1 Hvor reiste Molly på ferie?
2 Hvem var hun sammen med, og hva gjorde de?
3 Hvor var Roberta og mannen hennes i ferien?
4 Hvordan hadde Mark det på fjellet?
5 Hvor mange dager var Mark og kjæresten på Geilo?
6 Hvor dro de etterpå?

## Language point

### Verbs: Past tense

The past tense is used for actions that occurred at a specific time in the past or repeated actions in the past.

### Verbs: Perfect

The perfect form of the verb is used in combination with **har** to form the **present perfect**.
   With **hadde** it forms the **past perfect**.
   The **present perfect** is used for an action that occurred at an unspecified time in the past, as well as for something that began in the past and continues indefinitely.

Examples:

Han **har spis**t. *(He has eaten.)*
Jeg **har vært** i Norge i 2 år. *(I have been in Norway for two years.)*

The **past perfect** describes an event that has occurred before something else in the past tense.

Example:

Vi **hadde** allerede **spist** før de kom. *(We had already eaten before they arrived.)*

# Weak verbs

There are four classes of weak verbs in Norwegian, where predictable endings are added to the root.

|  | Ending past / perfect | Infinitive | Past | Perfect |
|---|---|---|---|---|
| **Class 1** stem ends in two consonants | -et / -et | vaske *(wash)* snakke *(talk)* droppe *(drop)* | vasket snakket droppet | vasket snakket droppet |
| **Class 2** stem ends in single consonant or *ll, mm, nn, nd* or *ng* | -te / -t | lese *(read)* spille *(play)* like *(like)* svømme *(swim)* kjøpe *(buy)* | leste spilte likte svømte kjøpte | lest spilt likt svømt kjøpt |
| **Class 3** stem ends in *v, ei* or *øy* | -de / -d | prøve *(try)* leve *(live)* leie *(rent)* bøye *(bend)* | prøvde levde leide bøyde | prøvd levd leid bøyd |
| **Class 4** stem ends in stressed vowel | -dde / -dd | bo *(live, reside)* sy *(sew)* | bodde sydde | bodd sydd |

## Exercise 9

Use the rules in the chart above to predict the past tense of the following weak verbs / Oppgave 9: Bruk reglene i figuren over for å finne ut preteritum til følgende svake verb

| Infinitive | Preterite (past tense) |
|---|---|
| spise |  |
| strikke |  |
| snø |  |
| øve |  |
| slikke |  |
| vise |  |

| Infinitive | Preterite (past tense) |
|---|---|
| mase | |
| male | |
| vekke | |
| lure | |
| feie | |
| sope | |
| rulle | |

## Strong (irregular) verbs

Strong (irregular) verbs have a vowel change in the root. These verbs must simply be memorized. Here are some of the most common ones. A more complete list is found at the end of the reference grammar.

| Infinitive | Past | Perfect |
|---|---|---|
| bli *(become)* | ble | blitt |
| dra *(pull, go, leave)* | dro | dratt |
| drikke *(drink)* | drakk | drukket |
| gjøre *(do)* | gjorde | gjort |
| se *(see, look)* | så | sett |
| si *(say, tell)* | sa | sagt |
| skrive *(write)* | skrev | skrevet |
| stå *(stand)* | sto | stått |
| ta *(take)* | tok | tatt |
| være *(be)* | var | vært |

## Exercise 10

Rewrite the following paragraph in the past tense. Refer to the list of strong verbs in the reference grammar. / Oppgave 10: Skriv om følgende avsnitt i preteritum. Bruk lista over sterke verb i referansegrammatikken.

Studentene på norskkurset **drar** på vinterferie. Mark og Lisa **reiser** til Geilo, mens Roberta og Magnus **bestemmer** seg for å dra til Kypros.

Unit Twelve: *Travel*

Molly **er** i London sammen med sin mor. Der **går** de i teater, **shopper**, og **gjør** mange hyggelige ting. Nesten alle **har** det hyggelig, men ikke Mark. Han **liker** seg ikke på Geilo. Og så **kommer** de for sent til ferga fordi han **snakker** i telefonen med sin mor og Lisa **sminker** seg. De **krangler**.

Studentene på norskkurset ____ *dro* . . . .

## Exercise 11

Try to write a short paragraph about what you did last weekend (*i helgen*) or yesterday (*i går*) / Oppgave 11: Prøv å skrive et kort avsnitt om hva du gjorde i helgen eller i går

## Language point

### Sequence of events

When you are narrating a series or sequence of events, it is common to use the words *først* (first) and *så* (then). Remember to invert subject and verb when you begin a clause with an adverbial.

**For example:** Først **dro** Mark og Lisa til Geilo, og så **reiste de** til Vestlandet.

## Exercise 12

Combine the two sentences using *først* and *så*. Remember to invert subject and verb as necessary. / Oppgave 12: Kombiner setningene ved å bruke først eller så. Husk inversjon av subjekt og verb, hvis det er nødvendig.

0   Mark og Lisa leide en bil. De ringte og bestilte rom på Geilo.
    *Først leide Mark og Lisa en bil, og så ringte de og bestilte rom på Geilo*

1   Mark og Lisa gikk på ski på Geilo. De reiste til Vestlandet.
2   Roberta fortalte om ferien sin. Molly sa hva hun gjorde.
3   Molly shoppet. Hun gikk i teater.
4   Molly og mora hennes gikk på sightseeing. De gikk på pub.
5   Læreren fortalte om ferien sin. Studentene fortalte om feriene sine.

# Unit Thirteen
# Geografi
Geography

### In this unit you will learn how to:

- talk about nature
- use verbs in the passive voice (-bli passive and -s passive)
- talk about the geographical divisions of Norway and regional policies
- use prepositional phrases to give directions

Source: All maps in this unit are based on Marmelad's "Image:Norway counties.svg" at Wikimedia Commons [CC-BY-SA-2.5 (http://creativecommons.org/licenses/by-sa/2.5)].

Unit Thirteen: *Geography*

Tekst 1: Norsk geografi. Landsdeler **(Audio 2.50–2.51)**

**Norway is divided into five different sections. The texts below describe each part of Norway and lists the main cities.**

Det bor cirka 5 millioner mennesker i Norge (januar 2014). Åtti prosent av dem bor i byer og tettsteder, men cirka en million mennesker bor på steder med spredt befolkning. Bare omtrent 3 % av Norges areal kan brukes til jordbruk. 38 % av Norge er dekket av skog. I Europa er det bare Island som har færre innbyggere per kvadratkilometer. Norge er inndelt i fem landsdeler – Østlandet, Sørlandet, Vestlandet, Midt-Norge / Trøndelag og Nord-Norge.

### Vocabulary / Vokabular

| | |
|---|---|
| tettsted (et) | populated area (more than 200 people) |
| spredt | widely spread |
| befolkning (en) | population |
| jordbruk (en) | agriculture |
| dekke (-et, -et) | to cover |
| skog (en) | forest |
| færre | fewer |
| inndelt | divided |

## Exercise 1

Answer the questions / Oppgave 1: Svar på spørsmålene

1 Hvor mange mennesker bor i Norge?
2 Hvor mye av Norges jord kan brukes til jordbruk?
3 Hvor mange landsdeler har Norge? Hva heter landsdelene?

## Exercise 2 **(Audio 2.52)**

Find the cities / Oppgave 2: Finn byene

Use an atlas or Google maps or other online sources to locate the main cities of Norway on the map (above) and find the population of each one:

|  | Befolkning / Population | Part / Landsdel |
|---|---|---|
| Arendal | | |
| Bergen | | |
| Bodø | | |
| Drammen | | |
| Fredrikstad | | |
| Hamar | | |
| Haugesund | | |
| Kragerø | | |
| Kristiansand | | |
| Lillehammer | | |
| Mo i Rana | | |
| Molde | | |
| Moss | | |
| Namsos | | |
| Oslo | | |
| Porsgrunn | | |
| Røros | | |
| Sandefjord | | |
| Skien | | |
| Stavanger | | |
| Steinkjer | | |
| Tromsø | | |
| Trondheim | | |
| Tønsberg | | |
| Ålesund | | |

Unit Thirteen: *Geography*

Tekst 2: Østlandet **(Audio 2.53–2.54)**

Gudbrandsdalen

Valdres

Hovedstaden i Norge er Oslo. Det er den største byen i landet, og den byen som har flest innvandrere. Omtrent 31 % av Oslos befolkning er innvandrere. Mange av innvandrerne kommer fra europeiske land som Polen, Sverige og Litauen, og mange kommer fra land i Asia og Afrika, som Pakistan, Somalia og Eritrea. Oslo har mye å by på. Her er det både skog og mark, fine badestrender, mange parker, flotte kulturtilbud og et allsidig natteliv. Dessverre reiser ofte turistene raskt gjennom Oslo på vei til Vestlandet og Nord-Norge uten å ta seg tid til å besøke Oslos mange severdigheter. Mange nordmenn pendler fra andre byer til hovedstaden fordi det ikke er nok jobber i andre byer og fordi det er billigere å bo utenfor Oslo.

## Vocabulary / Vokabular

| | |
|---|---|
| hovedstad (en) | capital city |
| flest | the most (with countable objects) |
| innvandrer (en) | immigrant |
| å by på (bød, budt) | to offer |
| mark (ei / en) | uncultivated land |
| badestrand (ei / en) (-strender) | bathing beach |
| kulturtilbud (et) | cultural offerings |
| allsidig | comprehensive, all-round |
| natteliv (et) | night life |
| raskt | rapidly |
| uten | without |
| severdighet (en) | tourist attraction |
| pendle (-et, -et) | to commute |
| utenfor | outside of |

## Exercise 3

Answer the questions / Oppgave 3: Svar på spørsmålene

1 Hva heter Norges hovedstad?
2 Hva heter den største byen i Norge?
3 Hvor mange prosent av Oslos befolkning er innvandrere?
4 Hvor kommer innvandrerne fra?
5 Hvorfor pendler mange inn til Oslo fra andre byer?

Tekst 3: Vestlandet (**Audio 2.55–2.56**)

Vestlandet består av de fire fylkene Møre og Romsdal, Sogn og Fjordane, Rogaland og Hordaland. De mest kjente byene på Vestlandet er Bergen, Stavanger og Ålesund. I Bergen liker turistene å besøke Edvard Griegs hjem, ta Fløibanen opp til Fløyfjellet med flott utsikt over byen, spasere på Bryggen og besøke Fisketorget. I Stavanger kan man dra på Norsk Oljemuseum. Sogn og Fjordane er kjente for sin vakre natur, med fjorder, isbreer og fjell. Ålesund er kanskje Norges vakreste by. Arkitekturen er i den spesielle jugendstilen. I sentrum av byen er det en havn med salg av reker og fersk fisk. I Norge er Ålesund den byen som produserer mest klippfisk.

# Unit Thirteen: Geografi

Trollstigen

Bøyabreen

Jølster

Ålesund

Bryggen i Bergen

## Vocabulary / Vokabular

| | |
|---|---|
| bestå av (-sto, -stått) | to consist of |
| fylke (et) | county |
| kjent | familiar, well known |
| Fløibanen | funicular railway in Bergen that goes from downtown to the top of the Fløyen mountain |
| utsikt (en) | view |
| spasere (-te, -t) | to stroll |
| Bryggen | the Hanseatic wharf, dating back hundreds of years |
| Fisketorget | the fish market, located near Bryggen at the harbour |

| | |
|---|---|
| oljemuseum (et) | oil museum |
| isbre (en) | glacier |
| jugendstil (en) | style of architecture, also known as art nouveau |
| havn (ei / en) | harbour |
| salg (et) | sale |
| reke (en) | shrimp |
| klippfisk (en) | dried and salted codfish |

## Exercise 4

Fill in the answers / Oppgave 4: Fyll ut med riktige svar

1 Vestlandet består av følgende fylker: *Hordaland*, _____
   _____, _____, og _____.
2 Oljemuseet er i _____.
3 Fløibanen finner du i _____.
4 Byen kjent for sin vakre arkitektur er: _____.
5 I Bergen kan man besøke hjemmet til den kjente komponisten
   _____.

Tekst 4: Sørlandet **(Audio 2.57–2.58)**

Nesten alle nordmenn har en drøm om å ha ei hytte ved havet på Sørlandet. Mange synes at det er det beste feriestedet i Norge om sommeren. Det er ikke alle som eier ei hytte selv, men heldigvis har mange nordmenn mulighet til å låne eller leie ei hytte. De flotteste hyttene koster i dag mer enn luksusvillaer. Noen hytter er like godt utstyrt som vanlige hjem, andre hytter er primitive uten strøm og innlagt vann. Kronprinsparet kjøpte for eksempel ei hytte uten strøm eller innlagt vann på Flatholmen ved Risør som i 2008 kostet 9 millioner kroner.

Sørlandskysten

Sørlandskysten

## Vocabulary / Vokabular

| | |
|---|---|
| eie (-de, -d) | to own |
| mulighet (en) | possibility, opportunity |
| låne (-te, -t) | to borrow |
| leie (-de, -d) | to rent |
| luksusvilla (en) | luxury home |
| utstyrt | equipped |
| vanlig | ordinary |
| strøm (-men) | electricity |
| innlagt vann | indoor plumbing |

### Exercise 5

Refer to the text to find the words that logically fit in the blanks / Oppgave 5: Se på teksten for å finne ord som passer logisk i hullene

1  Mange nordmenn drømmer om å ha ei hytte ved _____ på _____ .

# Unit Thirteen: Geography

2 Hvis du ikke eier ei hytte, kan du _____ eller _____ ei hytte.
3 Mange hytter har alt, men andre er primitive, uten _____ _____ eller innlagt _____.
4 Kronprins Håkon og kronprinsesse Mette-Marit _____ _____ ei hytte som de kjøpte for _____ millioner kroner. Den ligger ved _____.

Tekst 5: Trøndelag / Midt-Norge (**Audio 2.59–2.60**)

Den viktigste byen i Midt-Norge er Trondheim. I Trondheim bør Nidarosdomen besøkes fordi den er Norges nasjonalhelligdom, Norges viktigste kirke. Det er mange særegne museer i byen. Hva med en tur på Rockheim? Det er det nasjonale museet for populærmusikk. Området rundt Trondheim er noe av Norges beste jordbruksareal. Røros er en del av verdens kulturarv og står på UNESCOs liste. Det er en populær by i Norge som også kalles Bergstaden på grunn av bergverksdriften som foregikk der helt til slutten av 1970-tallet. Røros er et av de kaldeste stedene i Norge og har en kulderekord på – 50,4 grader Celsius.

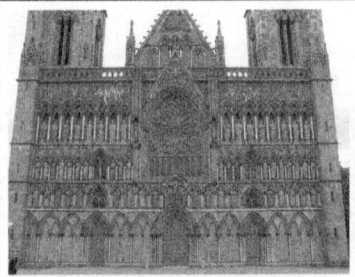
Nidarosdomen i Trondheim

Kristiansund

Røros

Stiklestad, hvor Olav den hellige falt

## Vocabulary / Vokabular

| | |
|---|---|
| viktig | important |
| Nidarosdomen | Nidaros cathedral |
| nasjonalhelligdom (-men) | national holy site, place of worship |
| særegen | remarkable |
| kulturarv (en) | cultural heritage |
| berkverksdrift (en) | mining |
| foregå (-gikk, -gått) | to occur, happen |
| slutt (en) | end |

### Exercise 6

Answer the questions / Oppgave 6: Svar på spørsmålene

1. Hvor ligger Nidarosdomen?
2. Hvorfor bør den besøkes?

# Unit Thirteen: Geography

3  Når var slutten av bergverksdriften på Røros?
4  Hvordan er været på Røros om vinteren?

Tekst 6: Nord-Norge **(Audio 2.61–2.62)**

Mange utlendinger føler seg mer velkommen i nord enn i resten av landet. Nordlendingene kan oppleves som varmere, lettere å bli kjent med, mer direkte og mindre reserverte enn andre nordmenn. Den lange kystlinjen og det rike fisket førte i tidligere tider til mange besøk fra utenlandske fiskefartøyer, og man kan mistenke at lokalbefolkningen er blandet opp med for eksempel skipbrudne spanjoler og italienere. Tromsø kalles i Norge for «Nordens Paris». Det er fordi det er så mange utesteder i byen i forhold til størrelsen. Studentene i Tromsø sørger for at byen har et yrende uteliv.

## Vocabulary / Vokabular

| | |
|---|---|
| **nordlending (en)** | person from north-Norway |
| **oppleves** | be experienced |
| **mer / mindre** | more / less |
| **føre til (-te, -t)** | to lead to |

| | |
|---|---|
| besøk (et) | visit |
| utenlandsk | foreign |
| fiskefartøy (et) | fishing vessel |
| mistenke (-te, -t) | to suspect |
| lokalbefolkning (en) | local populace |
| skipbrudne | ship wrecked |
| i forhold til | in relationship to |
| yrende | lively |

Tromsø

Hurtigrute – Coastal steamer

## Culture / Kultur

### Nature / Naturen

Norwegians place a high value on nature. Statistics show that over 80% of Norwegians say they have taken a hike in nature (forest or mountains) in the previous year. Other outdoor activities such as cross-country and downhill skiing, bicycling, camping, fishing and hunting are also popular. Many Norwegians even admit that they wished they spent more time outdoors, and most own or have access to a cabin up in the mountains or at the seashore. Although cabins have become much more modern and comfortable in recent years, there is still a substantial number of rustic ones, lacking electricity and indoor plumbing.

# Language point

## Directions

| | |
|---|---|
| i nærheten av | in the vicinity of |
| ved siden av | next to |
| langs | along |
| nord for | north of |
| sør for | south of |
| vest for | west of |
| øst for | east of |
| på vei til | on the way to |
| på et sted | at a place |
| i en by | in a city |

## Exercise 7

Fill in words or phrases that mean the same as the words in parentheses / Oppgave 7: Sett inn ord eller uttrykk som betyr det samme som ordene i parentes

1 Hvor ligger Lillehammer? Det ligger _____ Oslo. *(north of)*
2 _____ Trondheim stoppet vi der. *(on the way to)*
3 Alta ligger i Nord-Norge, _____ Nordkapp. *(south of)*
4 Hvilket land ligger _____ Norge? Sverige! *(east of)*
5 Vi gikk en lang tur _____ Akerselva på søndag. *(along)*
6 Leiligheten hans ligger _____ Frognerparken. *(next to)*
7 Og Frognerparken ligger _____ Majorstuen. *(west of)*
8 Oslo S ligger _____ Slottet. *(east of)*

## Language points

### Passive voice – bli passive

When the perfect is used with helping verbs **bli, blir, ble** or **har blitt** it forms the passive.

Examples:

Stua **blir malt** i dag. *(The living room is being painted today.)*
Bilen **ble solgt** i går. *(The car was sold yesterday.)*
Maleriet **har blitt solgt**. *(The painting has been sold.)*

Usually the passive is used when you wish to emphasize the action, rather than the agent or actor. The important thing is that the house was painted or that the car or painting was sold. If, however, you wish to include the agent, you use the preposition "av": *Maleriet **ble malt av** Picasso. (The painting was painted by Picasso.)*

### Exercise 8

Fill in the correct form of the perfect in each sentence / Oppgave 8: Sett inn riktig form av perfektum i hver setning

0  Vanligvis blir lutefisk ___*spist*___ med baconfett i Norge. *(spise)*

1  Boka blir _____ av mange barn. *(lese)*
2  Det er viktig at brevet blir _____ i dag. *(skrive)*
3  Bilen ble _____ i går. *(vaske)*
4  Når ble ølet _____ opp? *(drikke)*
5  Mange mennesker blir _____ hvert år. *(hjelpe)*

### Passive voice – s-passive

Passive can also be expressed with the s-passive. This form is used mainly following a modal auxiliary and in the present tense. It is used most frequently in rules and regulations, instructions and recipes. It is made by adding an -s to the infinitive.

Unit Thirteen: Geography

## Examples:

Middagen **serveres** mellom kl. 17 og 20. *(Dinner is served between 6 and 10.)*
Norsk **snakkes** her. *(Norwegian is spoken here.)*

## Exercise 9

Insert the correct form of the s-passive / Oppgave 9: Sett in riktig form av s-passiv

0  Det ___sies___ at han kommer fra Ukraina. *(si)*

1  Smalahove _____ på Vestlandet. *(spise)*
2  Vin _____ av mange i Norge i dag. *(drikke)*
3  Nøtter kan ikke _____ mange steder på grunn av allergier. *(servere)*
4  Jeg vet ikke om det kan _____ slik. *(gjøre)*

## Culture / Kultur

One of the biggest concerns in post-WWII Norway was how to rebuild North Norway and prevent the centralization to the larger cities that was the case in neighbouring Sweden. A special fund was established for rebuilding of rural Norway, also known as *Distriktsnorge*. In the 1970s, this fund was incorporated into the larger umbrella of *Distriktspolitikken*, or Regional Policy. The goal of *Distriktspolitikken* has been to make it more attractive for people to live in the less-populated areas of Norway through a combination of tax laws, establishment of industry and jobs, infrastructure improvement and other means. Millions of kroner have been spent building tunnels, bridges and new roads in remote areas of Norway. Another result of the plan was the deliberate policy of moving of governmental oversight bodies out of Oslo and to smaller cities. This caused quite a bit of controversy in the early 2000s, when a number of national oversight agencies were moved from Oslo to smaller cities. In addition, the decision was made to establish the National Library in Mo i Rana, which lies 1000 km north of Oslo.

# Unit Fourteen
# Jobber, yrker og framtidsplaner

Jobs, occupations and future plans

In this unit you will learn how to:

- talk about occupations including job-related rights (child-bearing leave, equal pay, 60/40 rule on boards, work week, vacation, sick leave)
- use verbs to discuss the future
- express your opinions (jeg synes; jeg mener)
- use the idiomatic genitive expression (til + -s)

## Dialogue 1 / Dialog 1

### Conversation at a party / Samtale på en fest (Audio 2.63)

While Mark is at a party, he meets Anders. They engage in a conversation about Mark's plans and about what Anders does for a living. Anders is a lawyer and works helping people with legal problems. They both agree that the key to a good work environment is good colleagues.

Mark: Hei, jeg heter Mark, hva heter du?
Anders: Hei, jeg heter Anders. Hva jobber du med?
Mark: Jeg jobber ikke her i Norge ennå. Jeg må lære norsk først, så jeg går på norskkurs nå.

Unit Fourteen: *Jobs, occupations and future plans*

Anders: Trenger du å lære mer norsk, da? Etter min mening er du flink i norsk.
Mark: Takk for komplimenten, men jeg vil jobbe som førskolelærer, så jeg må være kjempeflink i norsk.
Anders: Det høres veldig meningsfylt ut å jobbe med barn, men det er ikke noe for meg. Jeg jobber som advokat.
Mark: Hva gjør du på jobben?
Anders: Jeg gir råd og hjelper folk med ulike problemer, både juridiske problemer og andre typer problemer.
Mark: Hvordan trives du på jobben?
Anders: Bra, jeg har mange gode kollegaer. Hvordan er det å gå på norskkurs?
Mark: Veldig bra! Jeg har fått mange gode venner på norskkurset, så jeg trives svært godt!
Anders: Ja, gode venner hjelper! På arbeidsplassen min har vi et godt miljø der vi støtter og oppmuntrer hverandre. Derfor trives vi alle sammen.
Mark: Jeg håper at jeg klarer å holde kontakten med vennene mine fra norskkurset, selv etter at vi er ferdige, men jeg vet at jeg kommer til å få mange nye venner når jeg begynner å jobbe som førskolelærer.
Anders: Jeg er sikker på at dere klarer å holde kontakten, og det vil sikkert bli spennende å begynne å jobbe også.
Mark: Det er sant. Jeg gleder meg virkelig til jeg kan begynne å jobbe!

## Vocabulary / Vokabular

| | |
|---|---|
| **jobb (en)** | work, job |
| **Hva jobber du med?** | What do you work as? |
| **etter min mening** | in my opinion |
| **kompliment (en)** | compliment |
| **meningsfylt** | meaningful |
| **Jeg jobber som....** | I work as.... |
| **advokat (en)** | attorney, lawyer |

| råd (et) | advice |
| --- | --- |
| ulike | various, different |
| juridiske problemer | legal issues |
| kollega (en) | colleague |
| arbeidsplass(en) | work place |
| miljø (et) | environment, milieu |
| å holde kontakten | to keep in touch |
| selv | even |
| glede seg (-et, -et) | to look forward to |

## Exercise 1

Answer the questions about the dialogue / Oppgave 1: Svar på spørsmålene om dialogen

1 Hvorfor jobber ikke Mark i Norge?
2 Hva gjør han for å lære norsk?
3 Hvorfor må Mark bli veldig flink i norsk?
4 Hva synes Anders om norsken hans?
5 Hva jobber Anders med?
6 Har han lyst til å jobbe med barn?
7 Hva gjør han på jobben?
8 Hvordan trives Anders på jobben?
9 Hvordan trives Mark på norskkkurset?
10 Hvorfor trives Anders på jobben?
11 Hva gleder Mark seg til?

 Language point  (Audio 2.64)

### Occupations / Yrker

Of course, there are dozens of possible occupations. Look at this website for a lengthy list: http://utdanning.no/yrkesbeskrivelser. Jobs in Norway are relatively gender segregated, as are training programs at

Unit Fourteen: *Jobs, occupations and future plans* 243

both secondary and post-secondary levels. It is not usual to use the indefinite article when describing one's occupation. For example: **Jeg er forfatter** *(I am an author)* or **Han er lege** *(He is a doctor).*
Here is a short list of some occupations to practice with:

| | |
|---|---|
| **advokat** | lawyer, solicitor |
| **apoteker** | pharmacist |
| **arkitekt** | architect |
| **baker** | baker |
| **bonde** | farmer |
| **brannkonstabel** | fire fighter |
| **flygeleder** | air traffic controller |
| **forfatter** | author |
| **fotograf** | photographer |
| **frisør** | hair stylist |
| **ingeniør** | engineer |
| **journalist** | journalist |
| **kokk** | cook |
| **kunstner** | artist |
| **lege** | doctor, physician |
| **lærer** | teacher |
| **maler** | painter |
| **musiker** | musician |
| **pensjonist** | pensioner |
| **pilot** | pilot |
| **politibetjent** | police officer |
| **prest** | pastor, priest |
| **resepsjonist** | receptionist |
| **rørlegger** | plumber |
| **servitør** | waiter |
| **sjåfør (bussjåfør, taxisjåfør, lastebilsjåfør)** | driver (bus driver, taxi driver, truck driver) |
| **skuespiller** | actor |
| **sykepleier** | nurse |
| **tannlege** | dentist |
| **veterinær** | veterinarian |
| **øyelege** | eye doctor |

## Exercise 2

Answer the following questions about occupations / Oppgave 2: Svar på spørsmålene om yrker

1 Hva jobber faren hans med? Han er _____ *(pharmacist)*
2 Hva vil du bli når du blir stor? Jeg vil bli _____ *(teacher)*
3 Hva gjør mora til Annika? Hun er _____ *(lawyer)*
4 Hva gjør faren til Anders? Han er _____. *(actor)*
5 Hva jobber du med? Jeg er _____. *(fill in your own)*
6 Hvem jobber på kontor?
7 Hvem jobber i helsesektoren?
8 Hvem jobber i kirken?
9 Hvem tegner hus?
10 Hvem kjører biler, busser eller lastebiler?
11 Hvem jobber på restaurant?

## Language point

### Future time

As we learned in Unit 12, there is no future tense in Norwegian. In addition to using present tense or "skal" + infinitive, there are two other commonly used forms of future time that have a slightly different usage: "vil" + infinitive and "kommer til å" + infinitive.

1 Present tense with future context: Han **reiser** i morgen.
2 Modal auxiliary "skal" plus the infinitive *(planned activity)*: Hun **skal flytte** inn neste uke.
3 Modal auxiliary "vil" plus the infinitive *(used for events that cannot be planned)*: Bensinprisene **vil øke** i sommer. *(The gasoline prices will increase this summer.)*
4 Phrase "kommer til å" *(less formal, used for unplanned events)*: Jeg **kommer til å savne** deg. *(I'm going to miss you.)*

Unit Fourteen: *Jobs, occupations and future plans* 245

## Exercise 3

Fill in the blanks with the appropriate word, "skal" or "vil", depending on whether the event can be planned and controlled, or whether it is something that cannot be planned / Oppgave 3: Fyll ut med "skal" eller "vil", alt ettersom det er snakk om noe som er planlagt og kontrollert, eller noe som skjer uten planlegging

0  Vi __*skal*__ treffes klokka tre i morgen.

1  Jeg _____ reise til Bodø i morgen.
2  _____ mannen din bli med deg?
3  Nei, han _____ være hjemme.
4  Det _____ bli mye kaldere der nordpå!
5  Ja, men meterologen sier at temperaturen _____ øke i morgen.
6  Hva tror du _____ skje med kronen? _____ den fortsette å gå ned i verdi?

### Culture / Kultur

**Labour rights**

Official information about work in Norway, as well as services and benefits to workers are found at the website of NAV (The Norwegian Labour and Welfare Administration / Arbeids- og velferdstjenester): http://nav.no. Norwegians have many labour-related rights. The normal work week is 37½ hours, and, as mentioned in chapter 12, all employed Norwegians are entitled to a minimum of four weeks and a day of paid vacation. Workers over 60 have the right to an additional week. By law, they are entitled to take at least three weeks during the summer (1st June–30th September). Norwegians also have generous illness benefits and are entitled to take time off if their children are ill as well.

The Norwegian State has found it important that genders be equally represented in leadership. There is therefore a law requiring that boards of directors of any publicly held companies have no more than 60% of one gender and no less than 40% of the other. This is known as the 60/40 rule. Unfortunately, though women are well represented on boards of directors, the same cannot be said about upper management in companies.

This guideline is also followed in government and politics by all political parties except for Fremskrittspartiet (The Progress Party). This means that all ballots will have at least 40% women and no more than 60% men. As a result, the Norwegian Parliament has approximately 40% women, and the government (ministers) has been at least 40% women since Gro Harlem Brundtland began the practice in the 1980s.

As you learned in Unit 4, Norway has generous benefits for families who give birth to or adopt children. As long as the parents have been employed for at least 6 months, they are entitled to 57 weeks of parental leave. Fourteen weeks are earmarked for the mother, and ten weeks for the father. The remaining weeks can be divided by the parents as they choose. It is also possible to combine part-time work with the parental leave, stretching the leave out for as long as three years.

## Dialogue 2 / Dialog 2

### Roberta gets pregnant / Roberta blir gravid.

(Audio 2.65)

She and Magnus are discussing how they will share the parental leave to which they are entitled.

| | |
|---|---|
| Roberta: | Nå som vi venter vårt tredje barn sammen, må vi finne ut av hvordan vi skal fordele foreldrepermisjonen. |
| Magnus: | Ja, det er sant. Her i Norge kan vi jo bestemme dette nesten helt selv, og vi har rett til 59 uker permisjon. |
| Roberta: | Jeg synes at vi kan prøve å fordele foreldrepermisjonen nesten likt mellom oss, slik at vi begge to får være sammen med den lille. |
| Magnus: | Det synes jeg også. Hva om du tar permisjon de første ukene etter fødselen, så kan jeg ta permisjon senere? Jeg vil i alle fall ta ut de 10 ukene jeg kan få i fedrekvote, for de faller bort dersom jeg ikke tar ut fedrekvoten. |
| Roberta: | Ja, jeg synes at du burde ta ut hele fedrekvoten, så kan jeg ta ut mødrekvoten på 14 uker. |
| Magnus: | Hva skal vi gjøre med de resterende ukene? |

Unit Fourteen: Jobs, occupations and future plans

Roberta: Vi kan fordele de resterende ukene likt mellom oss, eller hva mener du?
Magnus: Ja, det høres bra ut. Nå som vi har snakket om dette, føler jeg meg lettere til sinns. Jeg må innrømme at jeg var litt bekymret for om du ville ta mesteparten av permisjonen selv.

## Vocabulary / Vokabular

| | |
|---|---|
| vente (-et, -et) | to expect |
| fordele (-te, -t) | to distribute |
| bestemme (-te, -t) | to decide |
| permisjon (en) | leave of absence |
| likt | equally |
| i alle fall | at any rate |
| fedrekvote (en) | father's quota |
| falle bort (falt, falt) | to lapse |
| dersom | if |
| resterende | remaining |
| til sinns | in one's mind |
| innrømme (-te, -t) | to admit |
| bekymret | concerned |
| mesteparten | the majority |

## Exercise 4

Answer the questions about the dialogue / Oppgave 4: Svar på spørsmålene om dialogen

1 Hvor mange ukers foreldrepermisjon har Roberta og Magnus rett til sammen?
2 Hvor mange uker må Roberta ta selv?
3 Hvor mange uker må Magnus ta? Hva skjer hvis Magnus ikke tar de ukene?
4 Hvordan skal Roberta og Magnus fordele de resterende ukene?
5 Hva var Magnus litt bekymret for?

## Reading

Internet forum: Mom and baby / Lesetekst:
Internettforum: Mamma og barn (**Audio 2.66–2.67**)

Roberta is having trouble getting 6-month-old Emma to sleep through the night. She posts a question on an internet forum for mothers. / Roberta sliter med å få Emma til å sove og søker hjelp på et forum for mammaer.

---

### Hjelp til å få minstemann til å sove?

Hei,
Jeg søker hjelp til hvordan jeg kan få minstemann til å sove. Hun har i den siste tiden begynt å få tenner og sliter med å sove. Hva kan jeg gjøre?

### Svar: Hjelp til å få minstemann til å sove?

Hei,
Jeg hadde det samme problemet med mitt barn for noen uker siden. Fant ut at det hjalp å ha same rutiner hver kveld: Stelle henne for natta til samme tid hver kveld, synge den samme nattasangen, sette på den samme klassiske musikken veldig lavt i bakgrunnen. Babyen vil jo protestere og gråte likevel, men da går vi inn igjen hvert femte minutt og snakker rolig til henne. Etter ei uke sov hun som hun skulle.

---

## Vocabulary / Vokabular

| | |
|---|---|
| **søke (-te, -t)** | seek (v.) |
| **minstemann (en)** | the youngest child |
| **tenner (tann ei / en)** | teeth |
| **slite (slet, slitt)** | struggle (v.) |
| **samme** | the same |
| **rutine (en)** | routine |
| **stelle (-te, -t)** | prepare, make ready (v.) |

Unit Fourteen: *Jobs, occupations and future plans* 249

| | |
|---|---|
| **nattasang (en)** | good night song |
| **sette på (satte, satt)** | put on (v.) |
| **bakgrunn (en)** | background |
| **protestere (-te, -t)** | protest (v.) |
| **gråte (gråt, grått)** | cry (v.) |
| **rolig** | calmly |

## Exercise 5

Fill in logical vocabulary words / Oppgave 5: Fyll ut med logiske ord

1 Emma _____ med å sove fordi hun har begynt å få _____.
2 Den som skriver med gode råd hadde samme _____ _____ med sitt barn. Hun skriver at det hjelper og ha _____ rutine hver kveld.
3 Hun anbefaler at Roberta steller Emma for natta til _____ tid, synger den _____ nattasangen, setter på den _____ klassiske musikken.
4 Barnet vil protestere og gråte _____, men da kan man gå inn og snakke _____.

## Language point

### Expressing opinion

There are basically four words that mean "think" in Norwegian.

## Tenker

Usually used to describe the thought process, what one is thinking about.

Example:

Jeg tenker på kjæresten min.
Hva tenker du på?

### Tror:

Used to express a belief or an opinion not based on experience or evidence. Can express uncertainty.

Examples:

> Jeg tror på Gud.
> Jeg tror han kommer fra Iran.
> Tror du han liker meg?

### Mener:

Used to express an opinion based on personal feelings.

Examples:

> Hva mener du er typisk norsk?
> Hva mener du om abort?

### Synes:

Used to express an opinion based on personal experience or evidence, a judgement.

Examples:

> Jeg synes maten er god i Norge. *(You've tasted it.)*
> Hva synes du om boka du leser?
> Hva synes du om hans nye kone?

## Exercise 6

Which word for "think" is best? Tenker, tror, mener or synes? / Oppgave 6: Hvilket ord passer best? Synes, tror, mener eller synes?

0   Han ___*tenker*___ bare på seg selv.

1   Du har spist thaimat, ikke sant? Hva _____ om den nye restauranten?
2   Jeg _____ hun kommer i morgen, men jeg er ikke sikker.
3   Hva _____ du er best for barna?

4 Jeg _____ at han skulle slutte i jobben.
  Men jeg _____ ikke at han kommer til å gjøre det.
5 Hvilken bil _____ du er best?

## Language point

### til + -s

While modern Norwegian only uses two cases, nominative and accusative, with the occasional use of the genitive -s in showing ownership, there are remnants of other cases in idiomatic expressions. One example is the use of the genitive case after the preposition "til". One was seen in dialogue two, where Magnus says, "Jeg føler meg lettere til sinns". Here are several additional examples of the genitive used in idiomatic expressions:

| | |
|---|---|
| til sengs | to bed |
| til skogs | to the woods |
| til sjøs | to sea |
| til overs | extra, remaining |
| til livs | to put an end to something (komme noe til livs) |
| til bords | to the table, at table |

It is even used in the well-known Norwegian table prayer:

I Jesu navn går vi til bords.
Å spise og drikke på ditt ord.
Deg Gud til ære, oss til gavn.
Så får vi mat i Jesu navn.

# Norwegian reference grammar

## Nouns

|   | Indefinite singular | Definite singular | Indefinite plural | Definite plural |
|---|---|---|---|---|
| M | en bil *(a car)* | bilen *(the car)* | biler *(cars)* | bilene *(the cars)* |
| F | ei dør *(a door)*<br>ei jente *(a girl)* | døra *(the door)*<br>jenta *(the girl)* | dører *(doors)*<br>jenter *(girls)* | dørene *(the doors)*<br>jentene *(the girls)* |
| N | et hus *(a house)*<br>et eple *(an apple)*<br>et sted *(a place)*<br>et barn *(a child)* | huset *(the house)*<br>eplet *(the apple)*<br>stedet *(the place)*<br>barnet *(the child)* | hus *(houses)*<br>epler *(apples)*<br>steder *(places)*<br>barn *(children)* | husene *(the houses)*<br>eplene *(the apples)*<br>stedene *(the places)*<br>barna *(the children)* |

## Adjectives

### Indefinite adjectives:

en *stor* bil *(a large car)*  Bilen er *stor*. *(The car is large.)*
ei *stor* jente *(a large girl)*  Jenta er *stor*. *(The girl is large.)*
et *stort* hus *(a large house)*  Huset er *stort*. *(The house is large.)*
*store* biler *(large cars)*  Bilene er *store*. *(The cars are large.)*

### Basic rules

| Masculine / feminine | Neuter | Plural |   |
|---|---|---|---|
| pen | pent | pene | *pretty, nice* |
| hvit | hvitt | hvite | *white* |
| dyr | dyrt | dyre | *expensive* |
| god | godt | gode | *good* |

## Special spelling rules

| Adjectives that: | Masculine / feminine | Neuter | Plural |
|---|---|---|---|
| end in -ig or -sk. No -t in neuter | hyggelig *(pleasant)* praktisk *(practical)* | **hyggelig** **praktisk** | hyggelige praktiske |
| end in unstressed vowel. Not declined. | moderne *(modern)* lilla *(purple)* | **moderne** **lilla** | **moderne** **lilla** |
| end in stressed vowel. -tt in neuter | ny *(new)* blå *(blue)* | **nytt** **blått** | nye blå |
| end in unstressed -el, -er, -en. Drop unstressed *e* in plural, simplify any double consonant | gammel *(old)* vakker *(beautiful)* sulten *(hungry)* | gammelt vakkert sultent | **gamle** **vakre** **sultne** |
| end in -d or -t. No -t in neuter | svart *(black)* lat *(lazy)* | **svart** **lat** | svarte late |
| end in double consonant. Simplify before adding –t | grønn *(green)* trygg *(safe, secure)* | **grønt** **trygt** | grønne trygge |

The forms of little are completely irregular:

| Masculine | Feminine | Neuter | Plural |
|---|---|---|---|
| liten | lita | lite | små |

## Definite endings

When an adjective is used before a definite noun, the adjective normally ends in -e, and a free-standing definite article is placed before the adjective. This definite article agrees in number and gender with the noun.

**den** *nye* hytta *(the new cabin)*
**den** *nye* bilen *(the new car)*

**det** *nye* huset *(the new house)*
**de** *nye* skoene *(the new shoes)*

**Liten** is an exception:

den *lille* hytta   den *lille* bilen   det *lille* huset   de *små* skoene

## Comparative adjectives

| Positive form | Comparative (-ere) | Superlative (-est) |
|---|---|---|
| pen / pent / pene *(pretty)* | pen**ere enn** *(prettier than)* | pen**est** *(prettiest)* |
| ny / nytt / nye *(new)* | ny**ere enn** *(newer than)* | ny**est** *(newest)* |

Adjectives ending in **-ig** and **-som** add **-st** in superlative:

| Positive form | Comparative (-ere) | Superlative (-st) |
|---|---|---|
| hyggelig / hyggelig / hyggelige *(pleasant)* | hyggelig**ere enn** *(more pleasant than)* | hyggelig**st** *(most pleasant)* |
| morsom / morsomt / morsomme *(fun)* | morsom**mere enn** *(more fun than)* | morsom**st** *(most fun)* |

## Irregular forms of comparative and superlative

| Positive form | Comparative | Superlative |
|---|---|---|
| god / godt / gode *(good)* | bedre enn | best |
| ille / vond (vondt / vonde) *(bad)* | verre enn | verst |
| få *(few)* | færre enn | færrest |
| mange *(many)* | flere enn | flest |
| mye *(much)* | mer enn | mest |
| ung / ungt / unge *(young)* | yngre enn | yngst |
| gammel / gammelt / gamle *(old)* | eldre enn | eldst |
| liten / lita / lite / små *(little)* | mindre enn | minst |
| stor / stort / store *(big)* | større enn | størst |
| lang / langt / lange *(long)* | lengre enn | lengst |

A few adjectives use **mer** (*more*) and **mest** (*most*) in comparative and superlative:

| | | |
|---|---|---|
| selvsikker *(self confident)* | mer selvsikker enn | mest selvsikker |
| interessant *(interesting)* | mer interessant enn | mest interessant |
| komplisert *(complicated)* | mer komplisert enn | mest komplisert |
| praktisk *(practical)* | mer praktisk enn | mest praktisk |
| elsket *(loved)* | mer elsket enn | mest elsket |

Definite form:

den best**e** kaka *(the best cake)*
det størst**e** huset *(the largest house)*

Norwegian uses the superlative when contrasting two things:

Hvem er høyest, Knut eller Erik? *(Who is taller, Knut or Erik?)*

## Personal pronouns

| | Subject form | Object form | | |
|---|---|---|---|---|
| **1st person** | jeg | *I* | meg | *me* |
| | vi | *we* | oss | *us* |
| **2nd person** | du | *you* | deg | *you* |
| | De *(rare)* | *you (formal)* | Dem | *you (formal)* |
| | dere | *you (plural)* | dere | *you (plural)* |
| **3rd person** | han | *he* | ham | *him* |
| | hun | *she* | henne | *her* |
| | den | *it (masc / fem)* | den | *it* |
| | det | *it (neuter)* | det | *it* |
| | de | *they* | dem | *them* |

### Reflexive pronouns

Used in combination with certain verbs, called reflexive verbs, or as objects of prepositions referring to the subject.

|  | Subject form | Object form | Reflexive object form |
|---|---|---|---|
| 1st person | jeg<br>vi | meg<br>oss | meg *(myself)*<br>oss *(ourselves)* |
| 2nd person | du<br>De<br>dere | deg<br>Dem<br>dere | deg *(yourself)*<br>Dem *(yourself)*<br>dere *(yourself)* |
| 3rd person | han<br>hun<br>den<br>det<br>de | ham<br>henne<br>den<br>det<br>dem | seg *(himself)*<br>seg *(herself)*<br>seg *(itself)*<br>seg *(itself)*<br>seg *(themselves)* |

## Possessives

|  | Masculine | Feminine | Neuter | Plural (all genders) |
|---|---|---|---|---|
| **jeg** | sønnen **min** | boka **mi** | bordet **mitt** | vennene **mine** |
| **du** | sønnen **din** | boka **di** | bordet **ditt** | vennene **dine** |
| **han** | sønnen **hans** | boka **hans** | bordet **hans** | vennene **hans** |
| **hun** | sønnen **hennes** | boka **hennes** | bordet **hennes** | vennene **hennes** |
| **vi** | sønnen **vår** | boka **vår** | bordet **vårt** | vennene **våre** |
| **dere** | sønnen **deres** | boka **deres** | bordet **deres** | vennene **deres** |
| **de** | sønnen **deres** | boka **deres** | bordet **deres** | vennene **deres** |

For emphasis or in more formal writing, the possessive can be used before the indefinite form of a noun: **Dette er min bil, ikke din!**

### Reflexive possessives

When the subject of the clause is third person, and this subject is the owner of the object of the verb, the reflexive possessive is used. The reflexive possessive may not be used in the subject of a clause.

Examples:

Erik elsker kona **si**. *(Erik loves his [own] wife.)*

|  | regular possessive | Reflexive Possessives | | | |
|---|---|---|---|---|---|
|  | All genders and numbers | Masculine | Feminine | Neuter | Plural |
| **han** | hans | sin | si | sitt | sine |
| **hun** | hennes | sin | si | sitt | sine |
| **den** | dens | sin | si | sitt | sine |
| **det** | dets | sin | si | sitt | sine |
| **de** | deres | sin | si | sitt | sine |

Other ways to show ownership:

Ownership can also be indicated with a preposition, usually *til*:

ballen til gutten *(the boy's ball)*
huset til familien *(the family's house)*

or by adding an -s to a noun or name. Note that no apostrophe is used:

Tors hammer *(Tor's hammer)*
guttens ball *(the boy's ball)*

## Relative pronouns

som *(who / which / that)*

Jeg har en søster **som** bor i Bergen. *(I have a sister who lives in Bergen.)*
Jeg liker det huset **som** ligger i Ankerveien. *(I like the house that is located in Ankerveien.)*

## Demonstratives

| Masculine / feminine | Neuter | Plural | Distance |
|---|---|---|---|
| denne *(this)* | dette *(this)* | disse *(these)* | near |
| den *(that)* | det *(that)* | de *(those)* | far |

Norwegian reference grammar 259

**Demonstratives are used with the definite form of the noun:**

denne boka *(this book)* den boka *(that book)*
dette huset *(this house)* det huset *(that house)*
disse bilene *(these cars)* de bilene *(those cars)*

## Quantifiers

| Masculine / feminine | Neuter | Plural | English |
|---|---|---|---|
| all | alt | alle | all |
| noen | noe | noen | some |
| ingen / ikke noen | ikke noe | ingen / ikke noen | none |
| hvert | hvert | — | each |

| Countable nouns | Collective (non-countable) nouns |
|---|---|
| mange *(many)* | mye *(much)* |
| få *(few)* | lite *(little, not much)* |
| | litt *(a little, some)* |
| begge *(both)* | hele *(the whole, all)* |
| | halve *(half)* |

## Numbers

| Cardinal numbers | | Ordinal numbers | |
|---|---|---|---|
| 1 | én / ei / ett | 1. | første |
| 2 | to | 2. | andre |
| 3 | tre | 3. | tredje |
| 4 | fire | 4. | fjerde |
| 5 | fem | 5. | femte |
| 6 | seks | 6. | sjette |
| 7 | sju (syv) | 7. | sjuende (syvende) |
| 8 | åtte | 8. | åttende |
| 9 | ni | 9. | niende |
| 10 | ti | 10. | tiende |

| Cardinal numbers | | Ordinal numbers | |
|---|---|---|---|
| 11 | elleve | 11. | ellevte |
| 12 | tolv | 12. | tolvte |
| 13 | tretten | 13. | trettende |
| 14 | fjorten | 14. | fjortende |
| 15 | femten | 15. | femtende |
| 16 | seksten | 16. | sekstende |
| 17 | sytten | 17. | syttende |
| 18 | atten | 18. | attende |
| 19 | nitten | 19. | nittende |
| 20 | tjue (tyve) | 20. | tjuende (tyvende) |
| 21 | tjueen (enogtyve) | 21. | tjueførste (enogtyvende) |
| 22 | tjueto (toogtyve) | 22. | tjueandre (toogtyvende) |
| 23 | tjuetre (treogtyve) | 23. | tjuetredje (treogtyvende) |
| 24 | tjuefire (fireogtyve) | 24. | tjuefjerde (fireogtyvende) |
| 25 | tjuefem (femogtyve) | 25. | tjuefemte (femogtyvende) |
| 26 | tjueseks (seksogtyve) | 26. | tjuesjette (seksogtyvende) |
| 27 | tjuesju (syvogtyve) | 27. | tjuesjuende (syvogtyvende) |
| 28 | tjueåtte (åtteogtyve) | 28. | tjueåttende (åtteogtyvende) |
| 29 | tjueni (niogtyve) | 29. | tjueniende (niogtyvende) |
| 30 | tretti (tredve) | 30. | trettiende (tredevte) |
| 31 | trettien (enogtredve) | 31. | trettiførste (enogtredevte) |
| Higher numbers: Ordinals are not usually used after 31st (used for telling dates). Beyond that, one would say "number fifty" (*nummer femti*). | | | |
| 40 | førti | 50 | femti |
| 60 | seksti | 70 | sytti |
| 80 | åtti | 90 | nitti |
| 100 | (ett) hundre | 101 | hundreogen |
| 200 | to hundre | 217 | tohundreogsytten |
| 1000 | (ett) tusen | 1305 | ett tusentrehundreogfem |
| 1 000 000 | | en million | |
| 1 000 000 000 | | en milliard | |

# Verbs

The verb forms are the same for any subject, regardless of number or gender:

jeg **er** *(I am)*    vi **er** *(we are)*
du **er** *(you are)*    dere **er** *(you-plural are)*
han **er** *(he is)*    de **er** *(they are)*
hun **er** *(she is)*

Norwegian has four basic verb forms:

| Infinitive | Present tense | Past tense | Perfect (used with a helping verb) |
|---|---|---|---|
| spise *(eat)* | spiser *(eats, is eating)* | spiste *(ate, was eating)* | spist *(eaten)* |

Infinitive:

The infinitive form, or dictionary form, usually ends in an unstressed -e or a stressed vowel. It must be used in combination with a finite verb, such as a modal auxiliary.

Jeg kan **synge**. *(I can sing.)*

The infinitive marker is **å**. The infinitive with the infinitive marker is used after a non-modal auxiliary.

Han liker **å reise** med fly. *(He likes to travel by plane.)*

It can also be used as the subject of a sentence or as the object of a preposition.

**Å spise** sunn mat er viktig. *(Eating healthy food is important.)*
Han drar til byen for **å gå** på kino. *(He's going to the city to go to a movie.)*

## Modal auxiliaries

| Infinitive | Present tense | Past tense | Perfect | English |
|---|---|---|---|---|
| kunne | kan | kunne | kunnet | *can, is able to* |
| skulle | skal | skulle | skullet | *shall, is going to* |
| ville | vil | ville | villet | *will, wants to* |
| måtte | må | måtte | måttet | *must, has to* |
| burde | bør | burde | burdet | *ought to* |

## Weak verbs

| | Ending past / perfect | Infinitive | Past | Present perfect |
|---|---|---|---|---|
| Class 1 stem ends in two consonants | -et / -et | vaske *(wash)* snakke *(talk)* droppe *(drop)* | vasket snakket droppet | har vasket har snakket har droppet |
| Class 2 stem ends in single consonant or *ll*, *mm*, *nn*, *nd* or *ng* | -te / -t | lese *(read)* spille *(play)* like *(like)* svømme *(swim)* kjøpe *(buy)* | leste spilte likte svømte kjøpt | har lest har spilt har likt har svømt har kjøpt |
| Class 3 stem endes in *v*, *ei* or *øy* | -de / -d | prøve *(try)* leve *(live)* leie *(rent)* bøye *(bend)* | prøvde levde leide bøyde | har prøvd har levd har leid har bøyd |
| Class 4 stem ends in stressed vowel | -dde / -dd | bo *(live, reside)* sy *(sew)* | bodde sydde | har bodd har sydd |

## Strong (irregular) verbs

| Infinitive | Past | Present perfect / past perfect |
|---|---|---|
| bli *(become)* | ble | har blitt / hadde blitt |
| dra *(pull, go, leave)* | dro | har dratt / hadde dratt |
| drikke *(drink)* | drakk | har drukket / hadde drukket |
| gjøre *(do)* | gjorde | har gjort / hadde gjort |

| Infinitive | Past | Present perfect / past perfect |
|---|---|---|
| se *(see, look)* | så | har sett / hadde sett |
| si *(say, tell)* | sa | har sagt / hadde sagt |
| skrive *(write)* | skrev | har skrevet / hadde skrevet |
| stå *(stand)* | sto / stod | har stått / hadde stått |
| ta *(take)* | tok | har tatt / hadde tatt |
| være *(be)* | var | har vært / hadde vært |

## Passive voice: bli-passive and s-passive

### Bli-passive

Huset **blir malt** i dag. *(The house is being painted today.)*
Bilen **ble solgt** i går. *(The car was sold yesterday.)*

### S-passive

Frokost **serveres** mellom kl. 6 og 10. *(Breakfast is served between 6 and 10.)*
Engelsk **snakkes** her. *(English is spoken here.)*
Ekstremisme **kan skapes** av angst. *(Extremism can be created by fear.)*

### Imperative

spise → spis *(eat!)*
komme → kom *(come!)*
gå → gå *(go!)*
sitte → sitt *(sit!)*

## Conjunctions

**Coordinating conjunctions introduce an independent clause:**

og *(and)* Han synger og hun danser. *(He sings and she dances.)*
men *(but)* Han synger, men hun liker ikke å danse. *(He sings, but she doesn't like to dance.)*

eller *(or)* Vi kan synge eller danse. *(We can sing or dance.)*
for *(for)* Han vil ikke danse, for han er trøtt. *(He doesn't want to dance, for he is tired.)*

**Subordinating conjunctions (also known as subjunctions) introduce a dependent clause**:

# Time

da *(when – one-time event in past)*
når *(when – present, future, or repeated event in past)*
etter at *(after)*
mens *(while)*
før *(before)*
innen *(before, until)*
siden *(since)*

# Cause and effect

fordi *(because)*
siden *(since)*
ettersom *(since)*
da *(since)*

# Condition or requirement

hvis *(if)*
dersom *(if)*
om *(if, whether)*

# Admission or concession

enda *(although)*
selv om *(even though)*
skjønt *(although)*

# Indirect statement or question

at *(that)*
om *(if, whether)*

Purpose or intention

så *(so that)*

# Sentence structure

## Statement word order

### Normal word order (subject – verb):

**Jeg snakker** norsk nå. *(I speak Norwegian now.)*
**Vi skal** gå på kino etter middag. *(We're going to go to the movies after dinner.)*

### Inverted word order (adverbial – verb – subject):

Nå **snakker jeg** norsk. *(Now I speak Norwegian.)*
Etter middag **skal vi** gå på kino. *(After dinner we're going to go to the movies.)*

## Question word order

Verb first: **Snakker du** norsk? *(Do you speak Norwegian?)*

**Kan du** hjelpe meg? *(Can you help me?)*

### With interrogatives:

**Hvor** bor du? *(Where do you live?)*
**Når** spiser du middag? *(When do you eat dinner?)*
**Hva** heter du? *(What are you called?)*
**Hvem** er det? *(Who is that?)*
**Hvorfor** lærer du norsk? *(Why are you learning Norwegian?)*
**Hvilken** skjorte liker du best? *(Which / What shirt do you like best?)* **(masc / fem)**
**Hvilket** hus bor han i? *(Which / What house does he live in?)* **(neuter)**
**Hvilke** sokker er best? *(Which / What socks are best?)* **(plural)**
**Hvor mange** barn har du? *(How many children do you have?)*
**Hvor mye** koster det? *(How much does it cost?)*
**Hvor gammel** er du? *(How old are you?)*
**Hvor stort** er huset? *(How large is the house?)*

## Position of sentence adverbs

Sentence adverbs normally come directly after the finite verb:

ikke *(not)* aldri *(never)* alltid *(always)* ofte *(often)* sjelden *(seldom)*

>Jeg kommer **ikke** fra Norge. *(I do **not** come from Norway.)*

>>Han **kan** ikke danse. *(He can**not** dance.)*

>If a pronoun follows the verb, the adverb comes after it as well.

>>Jeg kjenner henne **ikke**. *(I do not know her.)*

## Dependent clauses

Dependent clauses are introduced by a subordinating conjunction (subjunction), such as **fordi** *(because)*. Within the dependent clause, the word order is normal: subject – verb. However, any sentence adverb comes before the verb.

>Jeg spiser ikke middag fordi jeg **ikke har** tid.

If the dependent clause precedes the main clause, it acts like an adverbial and causes the subject and verb in the main clause to be inverted.

>Fordi jeg ikke har tid, **spiser jeg** ikke middag.

# Prepositions

## Prepositions of location or direction

| | |
|---|---|
| bak *(behind)* | Han kjører **bak** oss. *(He's driving behind us.)* |
| blant *(among)* | Du er **blant** venner. *(You are among friends.)* |
| etter *(after)* | Han kommer **etter** middag. *(He's coming after dinner.)* |
| foran *(in front of)* | Du kan gå **foran** meg. *(You can go in front of me.)* |
| fra *(from)* | Vi kommer **fra** Tyskland. *(We come from Germany.)* |
| før *(before)* | Han kom før kl. 6. *(He came before 6:00.)* |

| | |
|---|---|
| gjennom *(through)* | Han gikk **gjennom** døra. *(He walked through the door.)* |
| hos *(with, at the home of)* | Vi spiser middag **hos** Anne. *(We're eating dinner at Anne's.)* Han er **hos** legen. *(He's at the doctor's.)* |
| i *(in)* | De er **i** Bergen. *(They are in Bergen.)* |
| langs *(along)* | Vi gikk **langs** elva. *(We walked along the river.)* |
| med *(with)* | Jeg vil snakke **med** deg. *(I want to talk with you.)* |
| mellom *(between)* | Erik sitter mellom oss. *(Erik is sitting between us.)* |
| mot *(toward, against)* | Jeg har ikke noe mot deg. *(I don't have anything against you.)* |
| over *(over, above)* | Lampa henger **over** bordet. *(The lamp is hanging over the table.)* |
| på *(on, at)* | Jeg sitter **på** stolen. *(I'm sitting on the chair.)* Han er **på** jobben. *(He is at work.)* |
| til *(to)* | Jeg reiser **til** Tromsø. *(I'm traveling to Tromsø.)* |
| til høyre for *(to the right of)* | Pål står **til høyre for** Marit. *(Pål is standing to the right of Marit.)* |
| til venstre for *(to the left of)* | Legg gaffelen **til venstre for** tallerkenen. *(Put the fork to the left of the plate.)* |
| under *(under)* | Hunden ligger **under** bordet. *(The dog is lying under the table.)* |
| ved *(by, at)* | Han studerer **ved** universitetet. *(He's studying at the university.)* Hun sitter **ved** bordet. *(She's sitting at the table / by the table.)* |
| ved siden av *(next to)* | Anne sitter **ved siden av** Per. *(Anne Is sitting next to Per.)* |

## Prepositions in time expressions

| | |
|---|---|
| i *(for, during period of time)* | Jeg har vært der **i** 6 uker. *(I've been there for six weeks.)* |
| for ... siden *(ago)* | Han kom **for** en uke **siden**. *(He came a week ago.)* |
| om *(in, future)* | Vi reiser **om** to dager. *(We're leaving in two days.)* |
| på *(for—negative)* | Jeg har ikke sett ham **på** mange år. *(I haven't seen him for many years.)* |

# Adverbs

Modifying the meaning of an adjective:

veldig *(very)*   forferdelig *(terribly)*   for *(too)*   nesten *(almost)*

## Transition words:

| | | | |
|---|---|---|---|
| derfor | likevel | imidlertid | dessuten |
| *(therefore)* | *(anyway)* | *(however)* | *(besides)* |

## Indicating uncertainty or negation:

| | | | |
|---|---|---|---|
| sannsynligvis | kanskje | muligens | neppe |
| *(probably)* | *(maybe)* | *(possibly)* | *(scarcely)* |

## Adverbs indicating location and motion:

| Adverbs of location | Adverbs of motion / direction |
|---|---|
| Mari er **inne** i huset. *(Mari is inside the house)* | Kom **inn**! *(Come in!)* |
| Per leker **ute**. *(Per is playing outside.)* | Gå **ut**! *(Go out!)* |
| Mor er **oppe** i soverommet. *(Mother is up in the bedroom.)* | Erik gikk **opp** trappa. *(Erik went up the stairs.)* |
| Jeg er **nede** i kjelleren. *(I'm down in the basement.)* | Kom **ned** fra treet! *(Come down from the tree!)* |
| Han er **hjemme**. *(He is [at] home.)* | Hun reiser **hjem** i dag. *(She's going home today.)* |
| Pengene er **borte**. *(The money is gone.)* | Vi reiser **bort** i helgen. *(We're going away this weekend.)* |
| Anne er ikke **her**. *(Anne is not here.)* | Kom **hit** og hjelp meg. *(Come here and help me.)* |
| Bilen står **der**. *(The car is standing there.)* | Når du kommer **dit**, kan du sove. *(When you get there you can sleep.)* |

Some adverbs are formed from adjectives by adding -t. The same rules apply as to the neuter form of the adjective.

Example:

| Adjective | Adverb | Example of adverb |
|---|---|---|
| god | godt | Han spiller godt. *(He plays well.)* |
| rar | rart | Magnus snakker rart. *(Magnus talks strangely.)* |
| høflig | høflig | Mannen smilte høflig. *(The man smiled politely.)* |

## Comparison of adverbs

Adverbs are compared in the same way as adjectives.

| Positive | Comparative | Superlative |
|---|---|---|
| høyt *(loudly)* | høyere *(more loudly)* | høyest *(most loudly)* |
| klart *(clearly)* | klarere *(more clearly)* | klarest *(most clearly)* |

# Common irregular verbs

| Infinitive | Present | Past | Perfect | English |
|---|---|---|---|---|
| be | ber | ba / bad | bedt | *request, invite* |
| bli | blir | ble | blitt | *become* |
| bære | bærer | bar | båret | *carry* |
| dra | drar | dro | dratt | *pull, go* |
| drikke | drikker | drakk | drukket | *drink* |
| falle | faller | falt | falt | *fall* |
| finne | finner | fant | funnet | *find* |
| fly | flyr | fløy | fløyet | *fly* |
| forsvinne | forsvinner | forsvant | forsvunnet | *disappear* |
| fortelle | forteller | fortalte | fortalt | *tell* |
| følge | følger | fulgte | fulgt | *follow* |
| få | får | fikk | fått | *get, receive* |
| gi | gir | ga / gav | gitt | *give* |
| gjøre | gjør | gjorde | gjort | *do* |
| gå | går | gikk | gått | *go, walk* |

| Infinitive | Present | Past | Perfect | English |
|---|---|---|---|---|
| hete | heter | het | hett | *be called* |
| hjelpe | hjelper | hjalp | hjulpet | *help* |
| komme | kommer | kom | kommet | *come* |
| le | ler | lo | ledd | *laugh* |
| legge | legger | la | lagt | *lay, place* |
| ligge | ligger | lå | ligget | *lie* |
| løpe | løper | løp | løpt | *run* |
| se | ser | så | sett | *see* |
| selge | selger | solgte | solgt | *sell* |
| sette | setter | satte | satt | *set, place* |
| sitte | sitter | satt | sittet | *sit* |
| skjære | skjærer | skar | skåret | *cut, slice* |
| skrive | skriver | skrev | skrevet | *write* |
| slå | slår | slo | slått | *hit, strike* |
| sove | sover | sov | sovet | *sleep* |
| spørre | spør | spurte | spurt | *ask* |
| stjele | stjeler | stjal | stjålet | *steal* |
| stå | står | sto / stod | stått | *stand* |
| synge | synger | sang | sunget | *sing* |
| ta | tar | tok | tatt | *take* |
| treffe | treffer | traff | truffet | *meet* |
| trekke | trekker | trakk | trukket | *pull* |
| velge | velger | valgte | valgt | *choose* |
| vinne | vinner | vant | vunnet | *win* |
| vite | vet | visste | visst | *know* |
| være | er | var | vært | *be* |

## Grammar references

*Norwegian: Verbs & Essentials of Grammar.* Louis Janus. Passport Books, 1999.
*Norwegian: An Essential Grammar.* Rolf and Åse-Berit Strandskogen. Routledge, 1999.

# About *nynorsk*

As described in the introduction to this book, Norway has two official written forms of Norwegian, *bokmål*, taught in this book, and *nynorsk*. Both forms were developed in the 1800s, during the period of National Romanticism. Both have continued to evolve and develop to this day.

Danish had been the official language during the long union with Denmark, and Norwegians desired to have their own written language that was closer to their spoken dialects. *Bokmål* (first called *riksmål*) was developed from Danish, and *nynorsk* (called *landsmål* until 1929) was created by Ivar Aasen on the basis of spoken dialects mainly from western Norway and the mountainous regions. Both languages have had official status since 1885, and there are specific guidelines for use in government, including state-run television and radio and the compulsory schools. All school children must learn both forms, and schoolbooks must be published in both languages. Though there are no official statistics on how many Norwegians use *nynorsk*, *bokmål* is used by the vast majority, probably about 90%. *Nynorsk* is, however, strong in rural areas of western Norway, as well as parts of northern Gudbrandsdal, Valdres, Hallingdal, western Telemark and Setesdal. Several prominent authors write in *nynorsk*, including A. O. Vinje, Arne Garborg, Tarjei Vesaas, Halldis Moren Vesaas, Kjartan Fløgstad, Edvard Hoem, and Jon Fosse.

Although *bokmål* and *nynorsk* are referred to as different languages, they are quite mutually intelligible once one becomes accustomed to variations in spelling.

Here are some comparative examples of *bokmål* and *nynorsk*:

| Bokmål | Nynorsk | English |
|---|---|---|
| Jeg vet ikke hva hun heter. | Eg veit ikkje kva ho heiter. | *I don't know what she is called.* |
| De kommer fra Norge. | Dei kjem frå Noreg. | *They come from Norway.* |

| Bokmål | Nynorsk | English |
|---|---|---|
| Skal vi se. | Skal me sjå. | Let's see. |
| Jeg kjenner ikke guttene som bor ved siden av dere. | Eg kjenner ikkje gutane som bur ved sida av dykk. | I don't know the boys who live next to you (all). |

The pronouns have different forms:

| Bokmål | Nynorsk | English |
|---|---|---|
| jeg / meg | eg / meg | I / me |
| du / deg | du / deg | you / you |
| han / ham | han / han | he / him |
| hun / henne | ho / ho (henne) | she / her |
| vi / oss | vi (me) / oss | we / us |
| dere / dere | de / dykk | you / you (plural) |
| de / dem | dei / dei | they / them |

Sometimes there are completely different vocabulary words, or the spelling is significantly different. Even the name of the country has two versions.

| Bokmål | Nynorsk | English |
|---|---|---|
| forskjell | skilnad | difference |
| kjærlighet | kjærleik | love |
| ikke | ikkje | not |
| Norge | Noreg | Norway |
| kommer | kjem | comes |
| sover | søv | sleeps |
| øst | aust | east |

There are also grammatical differences, but these only cause difficulty if one needs to write *nynorsk*.

The suffix -lig in *bokmål* is -leg in *nynorsk*: *vanlig* in *bokmål* is the same as *vanleg* in *nynorsk*.

# About nynorsk

**Nouns:** *Nynorsk* has three genders (feminine, masculine and neuter); *bokmål* can have the same three, but masculine and feminine can be combined into one common gender.

The indefinite articles are ei, en and et in *bokmål* but ei, ein and eit in *nynorsk*.

|  | Bokmål | Nynorsk | English |
|---|---|---|---|
| **Feminine** (in *bokmål* common gender can be used, identical to masculine) | ei bok / en bok<br>boka / boken | ei bok<br>boka | a book<br>the book |
| **Masculine** | en gutt<br>gutten | ein gut<br>gutten | a boy<br>the boy |
| **Neuter** | et hus<br>huset | eit hus<br>huset | a house<br>the house |

Indefinite plural ending of most masculine nouns is different in *nynorsk* and *bokmål*:

biler (bm)   bilar (nn) *(cars)*

Interrogatives:

hva (bm)    kva (nn) *(what)*
hvorfor (bm)   kvifor (nn) *(why)*
hvor (bm)   kor (nn) *(where)*
hvem (bm)   kven (nn) *(who)*

Verb forms:

*Nynorsk* can have both -e and -a endings in the infinitive:
å kaste / å kasta *(to throw)*

The common verbs *å bli* (to become) and *å være* (to be) look quite different in the two forms.

| bm | å bli | blir | ble | har blitt |
|---|---|---|---|---|
| nn | å bli | blir / vert | blei | har blitt / vorte |
| bm | å være | er | var | har vært |
| nn | å være / vera | er | var | har vore |

# Key to exercises

## Unit 1

### Oppgave 1

1 Hvorfor   2 Hvor   3 Hvorfor   4 Hva   5 Hvor

### Oppgave 2

1 Jeg heter *(name)*.
3 Han kommer fra *(place)*.
2 Jeg kommer fra *(place)*.
4 Jeg bor i *(place)*.

### Oppgave 3

1 snakker norsk *(all)*
2 forstår norsk *(all)*
3 lærer norsk *(all)*

### Oppgave 4

1 Hei   2 God kveld   3 God morgen   4 Ha det   5 Adjø

### Oppgave 5

Anne: Hei, jeg heter Anne. Hva heter du?
Erik: Jeg heter Erik. Hyggelig å treffe deg.
Anne: Hvor kommer du fra?
Erik: Jeg kommer fra Norge, men jeg bor i England nå.
Anne: Studerer du i England?
Erik: Ja, jeg studerer ved universitetet i London. Hvorfor er du i London?
Anne: Jeg har en jobb i London.

### Oppgave 6

1 Hun   2 du   3 jeg   4 du

## Oppgave 7

1 engelsk
3 franskmann ... fransk
5 Spania ... spansk
7 Jeg kommer fra *(place)*.
9 Jeg snakker *(language)*.

2 Italia
4 tysk ... fransk ... italiensk
6 israeler / israelisk ... hebraisk
8 Jeg er *(nationality)*.

## Oppgave 8

1 Jeg kommer fra. . . .
3 Han kommer fra Norge.
5 Jeg snakker. . . .
7 I USA snakker man engelsk.
9 Jeg er. . . .

2 Ja, hun snakker italiensk.
4 Ja, han snakker litt italiensk.
6 I Frankrike snakker man fransk.
8 I Kina snakker man kinesisk.

## Oppgave 9

**Across**

1 enkemann   3 gift   5 separert   7 singel   8 enke

**Down**

2 kjæreste   4 forlovet   5 samboer   6 ugift   7 skilt

## Oppgave 10

1 sulten   2 tørst   3 bor   4 bor

## Oppgave 11

| H | X | C | S | W | V | I |
|---|---|---|---|---|---|---|
| A | T | O | N | J | R | S |
| N | F | M | D | E | R | E |
| Y | D | U | B | G | V | K |
| O | Æ | A | T | R | P | S |
| H | U | N | W | D | E | H |

## Oppgave 12

1 Jeg  2 Han  3 Hun  4 Vi  5 dere  6 Vi

## Oppgave 13

1 skal snakke norsk  2 må lære norsk  3 vil ha en kopp te

## Oppgave 14

1–5.  Jeg liker å. . . .  Jeg lærer å. . . .

## Oppgave 15

1 studere . . . studerer
2 snakker . . . snakke
3 snakke . . . snakke. . . . snakker

# Unit 2

## Oppgave 1

1 R  2 G  3 R  4 R  5 G

## Oppgave 2

1 Mark må kjøpe lærebøker, to blyanter og et viskelær.
2 Molly trenger et par penner og papir.
3 Pennene koster kr 25.

## Oppgave 3

4, 12, 0, 6, 14, 10, 3, 11, 18, 9
5, 17, 8, 2, 19, 7, 16, 20, 1, 13

## Oppgave 4

| åtte | ni | tre | en | sju | fem | seks | fire | to |
|------|------|------|------|------|------|------|------|------|
| sju | to | fire | åtte | tre | seks | ni | en | fem |
| fem | seks | en | to | fire | ni | tre | åtte | sju |

# Key to exercises

| to | en | fem | seks | åtte | fire | sju | ni | tre |
|----|----|-----|------|------|------|-----|----|-----|
| **fire** | tre | seks | ni | **en** | sju | fem | to | **åtte** |
| ni | **sju** | åtte | fem | **to** | tre | fire | seks | en |
| tre | **fem** | to | fire | seks | åtte | en | **sju** | ni |
| seks | **åtte** | ni | **sju** | fem | en | to | tre | fire |
| **en** | fire | sju | tre | **ni** | to | åtte | fem | **seks** |

Oppgave 5

boken ... boka
melken ... melka
listen ... lista
kassen ... kassa
blyanten
fargen
kaffen
mannen
permen
samboeren
kurset
viskelæret
pålegget
morsmålet
navnet

Oppgave 6

1 blyanter    2 blokker    3 rundstykker    4 kroner    5 barn

Oppgave 7

1 pennene    2 rundstykkene    3 brødene    4 barna    5 posene

Opggave 8

1 De skal spise laks.
2 Han foretrekker kylling.
3 Det er billigere og sunt.

4 De skal kjøpe kneippbrød og noen rundstykker.
5 De skal kjøpe jordbærsyltetøy, brunost og salami.
6 Jeg foretrekker _____

## Oppgave 9

1 Jeg trenger ikke å kjøpe noe.
2 Det er ikke så dyrt.
3 Jeg vil ikke bli med.
4 Vi skal ikke spise middag nå.
5 Han studerer ikke kinesisk.
6 Han kommer ikke fra Bergen.
7 Vi bor ikke i Tromsø.
8 Jeg er ikke sulten.
9 Han er ikke gift.
10 Hun er ikke singel.

## Oppgave 10

1 Kommer du fra Norge?
2 Heter du Mark?
3 Snakker han italiensk?
4 Er du sulten?
5 Liker du fisk?

## Oppgave 11

| 1 Hvem | 2 Hva | 3 Hvor mange | 4 Hvorfor |
| 5 Når | 6 Hvilken | 7 Hvilke | 8 Hvordan |

## Oppgave 12

1 Han må betale 453 kroner.
2 Han skal betale med kort.
3 Han vil få 200 kroner kontant.
4 Mark trenger tre poser.

## Oppgave 13

| 1 spiser | 2 heter | 3 bli | 4 å drikke | 5 snakke |
| 6 Snakker | 7 å komme | 8 er | 9 gjør | 10 ha |

## Oppgave 14

Ja, hva trenger du?
Det blir 174 kroner.
Jeg skal kjøpe en flaske Cola, 400 gram karbonadedeig, og seks rundstykker.
Ja, jeg har et bankkort.
Vær så god!
Ha det!

# Unit 3

Oppgave 1

1 R   2 G   3 R   4 G   5 G   6 R   7 G

Oppgave 2

1 Gabriela og Molly skal gå en tur i dag.
2 rundt Sognsvann
3 Ja, Gabriela har lyst til å være med.
4 Det er fint vær i dag.
5 Det blir sikkert regn i morgen.

Oppgave 3

1 studere norsk
2 til å bo i Norge
3 lyst til å finne en jobb
4 Har du lyst til å ta en kopp kaffe?
5 Har du lyst til å bli med?
6 Har du lyst til å lære tysk?

Oppgave 5

1 Ja, det er mange mennesker som går tur rundt Sognsvann i dag.
2 Nei, Gabriela har ikke en hund.
3 Hun kommer fra Tsjekkia.
4 Katten hennes bor hos foreldrene hennes.
5 De bor i Tsjekkia.

Oppgave 6

1 mennesker, løper   2 tur, hunden   3 en hund, katter
4 savner             5 katten, hjemme

Oppgave 7

1 den   2 den   3 De   4 det

## Oppgave 8

1 Mark er en fra norskkurset.
2 Det går bra med ham.
3 De skal gå hjem til Gabriela og lage en kopp te.
4 Ja, Mark har lyst til å være med.

## Oppgave 9

tur, norskklassen, går det, Det går bra., lage, være med, gjerne

## Oppgave 10

1 hjemme    2 hjem    3 der    4 ute    5 ut

## Oppgave 11

1 Ja, det gjør jeg. / Nei, det gjør jeg ikke.
2 Ja, det er det. / Nei, det er det ikke.
3 Ja, det gjør det. / Nei, det gjør det ikke.
4 Ja / Nei, det er det (ikke).
5 Ja, det har jeg. / Nei, det har jeg ikke.
6 Ja, det gjør jeg. / Nei, det gjør jeg ikke.
7 Ja, det gjør jeg. / Nei, det gjør jeg ikke.
8 Ja, det gjør jeg. / Nei, det gjør jeg ikke.
9 Ja, det har jeg. / Nei, det har jeg ikke.
10 Ja, det skal jeg. / Nei, det skal jeg ikke.

## Oppgave 12

1 Ofte betaler vi kontant.
2 Noen ganger snakker dere norsk.
3 I dag handler de.
4 Her er viskelærene.
5 Der er bøkene.

## Oppgave 13

1 Jeg heter Katrine, og jeg kommer fra Norge.
2 Norsk er vanskelig, men mange ord likner på engelsk.
3 Mark er i bokhandelen, for han trenger penner og blyanter.
4 Han kan betale med kort, eller han kan betale kontant. (or Han kan betale med kort eller kontanter.)

# Unit 4

Oppgave 1

1 I morgen er det lørdag.
2 De skal gå på restaurant og kino.
3 Foreldrene er i Syden, og søstera er på konferanse i London.
4 Molly fra norskkurset kan kanskje sitte barnevakt.
5 Filmen begynner klokka sju.
6 De skal spise klokka fem.

Oppgave 2

| | | | |
|---|---|---|---|
| 1 lørdag | 2 tirsdag | 3 torsdag | 4 lørdag |
| 5 torsdag | 6 Jeg liker ____ best. | | 7 Jeg liker __minst. |

Oppgave 3

| | | |
|---|---|---|
| 1 Klokka er ett. | 2 Klokka er ti. | 3 Klokka er fire. |
| 4 Klokka er ni. | 5 Klokka er halv åtte. | 6 Klokka er halv elleve. |
| 7 Klokka er halv to. | 8 Klokka er halv tolv. | 9 Klokka er halv fem. |

Oppgave 4

| | | |
|---|---|---|
| 1 kvart på ni. | 2 fem over ni. | 3 ti på halv tolv. |
| 4 fem over halv elleve. | 5 ti på fem. | 6 kvart over sju. |
| 7 ti over to. | 8 fem på halv to. | 9 halv ett. |

Oppgave 5

| | | | | | |
|---|---|---|---|---|---|
| 1 G | 2 G | 3 R | 4 G | 5 G | 6 R |
| 7 R | 8 R | 9 G | 10 R | 11 R | |

Oppgave 7

| | | | | |
|---|---|---|---|---|
| 1 din | 2 hans | 3 deres | 4 våre | 5 di |

Oppgave 8

1 Mora mi heter ____.  2 Babyen hennes heter Emma.  3 di
4 Dattera mi  5 min  6 deres  7 Sofias

Oppgave 10

1 Anne kommer  2 bor hun   3 skal jeg   4 Jeg liker
5 våkner jeg   6 Jeg har   7 liker jeg  8 vi skal ... skal vi

Oppgave 11

1 Bussen var forsinket.
2 Den er halv fem.
3 Han steller seg på badet.
4 Emma sover, og Sofia spiser middag.
5 Hun spiser kjøttkaker, gulrøtter og poteter.
6 Ja, det gjør hun.
7 De skal spise sjokoladeis til dessert.
8 De er seks stykker.
9 Hun har tre søsken.

Oppgave 12

1 om   2 i   3 på. ... på   4 om   5 om ... om   6 om

Oppgave 13

1 Til frokost spiser jeg ...     2 Til frokost drikker jeg ...
3 Ti lunsj spiser jeg ...         4 Til lunsj drikker jeg ...
5 Til middag spiser jeg ...       6 Til middag drikker jeg ...
7 Til dessert spiser jeg ...      8 Til frokost spiser nordmenn ...

Oppgave 14

1 Stell Emma klokka sju!    2 Gi henne litt frukt!
3 Se på barne-tv!            4 Prøv å få Emma til å hvile!
5 Vær snill!                 6 Ikke ert Sofia!

Oppgave 15

1 en sjokoladeis   2 se på barne-tv   3 på lappen ved telefonen

Oppgave 16

1 seg    2 meg           3 deg
4 seg    5 seg           6 seg
7 seg    8 seg. ... seg  9 deg ... deg

# Key to exercises

## Oppgave 17

1 Hun vil ha sjokoladepålegg.
3 Hun skal gå på toalettet.
5 Hun skal legge seg.
2 Hun skal drikke et glass melk.
4 Ja, det skal hun.
6 Hun skal lese en godnatthistorie.

## Oppgave 18

In the exercises below, bold-face corresponds to double underline (modals). Italics corresponds to circles (present tense verbs).

### Dialogue 1

| | |
|---|---|
| Roberta | Hei, elskling. Hvordan var det på jobben i dag? |
| Magnus | Fint, kjære. *Husker* du hvilken dag det *er* i morgen? |
| Roberta | Ja, det *er* lørdag! |
| Magnus | Nå *tuller* du! Det *er* jo bryllupsdagen vår. |
| Roberta | Jeg bare *erter* deg! **Skal** vi feire den? |
| Magnus | Ja, hva med å gå på restaurant og kino? Men vi *trenger* en barnevakt. Foreldrene mine *er* i Syden, og søstera mi *er* på konferanse i London. |
| Roberta | Kanskje Molly fra norskkurset **kan** sitte barnevakt. Hun *liker* barn. Jeg *ringer* til henne nå. Hvilken film **vil** du se? |
| Magnus | En som ikke *går* for sent. Klokka sju, kanskje? |
| Roberta | Ja, da **kan** jeg bestille bord på en restaurant nær kinoen til klokka fem. |

### Dialogue 2

| | |
|---|---|
| Roberta | Molly, jeg *ringer* for å spørre om du **kan** være barnevakt i morgen. Magnus og jeg *har* lyst til å gå ut, men vi *har* ikke barnevakt. |
| Molly | Selvfølgelig *stiller* jeg opp! Det *blir* hyggelig. |
| Roberta | Og du *får* selvsagt betalt. Jeg *vet* at fattige studenter alltid *trenger* penger. |
| Molly | Ja, alt *er* dyrt i Norge! <u>Fortell</u> meg om barna dine, Roberta. |
| Roberta | Babyen *er* bare seks måneder. Hun *heter* Emma. Vanligvis *våkner* hun mellom klokka seks og halv sju om morgenen. |
| Molly | Hvor gammel *er* den eldste dattera di? |

| | |
|---|---|
| Roberta | Sofia *er* fire år gammel. Hun *våkner* også rundt klokka seks om morgenen. Da *steller* vi oss på badet, *spiser* frokost og *lager* matpakke til barnehagen. |
| Molly | *Er* både Emma og Sofia i barnehagen? |
| Roberta | Nei, bare Sofia. Klokka halv ni *er* Emma og jeg hjemme igjen. Hun *sover* litt, og jeg *prøver* å lese avisen og gjøre husarbeid. Jeg *spiser* lunsj klokka tolv, og halv tre *kler* vi på oss og *henter* Sofia i barnehagen. |
| Molly | Hva *gjør* dere etterpå? |
| Roberta | Om ettermiddagen *er* jentene ofte slitne og sure, så jeg *gir* dem litt frukt og *prøver* å få Emma til å hvile. Etterpå *er* det middag, barne-tv og litt kveldsmat. Og så *leser* vi en godnatthistorie for Sofia. |
| Molly | Hvem *passer* Emma når du *er* på norskkurset? |
| Roberta | Noen ganger *har* Magnus hjemmekontor. Andre ganger *er* hun hos foreldrene til Magnus. Det *varierer*. |

### Dialogue 3

| | |
|---|---|
| Molly | Hei! <u>Unnskyld</u> at jeg *kommer* litt seint. Bussen var forsinket. |
| Roberta | Det *gjør* ikke noe! Vi *har* god tid. Klokka *er* bare halv fem. Og Magnus *steller* seg på badet. |
| Molly | Hvor *er* jentene? Jeg *gleder* meg til å treffe dem! Jeg *er* så glad i barn. |
| Roberta | Emma *ligger* og *sover*. Hun *våkner* sikkert om en halvtime. Sofia *spiser* middag på kjøkkenet. <u>Kom</u> og <u>hils</u> på henne! Det *er* mat til deg også. |

**Molly og Roberta *går* inn på kjøkkenet.**

| | |
|---|---|
| Molly | Hei, Sofia! Jeg *heter* Molly! Hvor gammel *er* du? |
| Sofia | Fire år! **Skal** du spise middag med meg? |
| Molly | Ja, takk! Vi **kan** spise litt sammen, og så **kan** vi se på barne-tv. Hva *er* det du spiser? |
| Sofia | Jeg *spiser* kjøttkaker og gulrøtter og poteter. |
| Molly | Så deilig! Kjøttkaker *er* det beste jeg vet. |
| Sofia | **Kan** jeg få sjokoladeis til dessert? |
| Molly | Vi *får* spørrre mamma! |

| | |
|---|---|
| Roberta | Ja, selvfølgelig **kan** du det, vennen min. |
| Roberta | Hvor stor *er* familien din, Molly? |
| Molly | Vi *er* seks stykker. Jeg *har* to storesøstre og en lillebror. |

## Dialogue 4

| | |
|---|---|
| Roberta | Emma og Sofia, nå **skal** mamma og pappa gå. Dere **må** være her sammen med Molly. |
| Sofia | Ikke gå, mamma! |
| Roberta | Ikke gråt, lille venn! Mamma og pappa *kommer* snart tilbake. |
| Molly | Vi **kan** se på barne-tv sammen, Sofia. Og mamma *sier* at du **kan** få is. *Blir* ikke det godt? |
| Sofia | **Kan** jeg få sjokoladeis? |
| Molly | Ja, vær så god. |
| Sofia | Ha det, mamma. Ha det, pappa. |
| Roberta | Nødnumrene *står* på lappen ved telefonen, Molly. Og du *har* telefonnummeret mitt, ikke sant? |
| Molly | Ja, ta det med ro. Dette *går* bra. Vi ses senere. Kos dere! |

## Dialogue 5

| | |
|---|---|
| Molly | Nå *er* barne-tv ferdig. **Vil** du ha ei brødskive, Sofia? |
| Sofia | Ja, jeg **vil** ha ei skive med sjokoladepålegg. |
| Molly | Det *er* greit. Og her *er* et glass melk, vær så god. Spis nå, så *varmer* jeg litt mat til Emma. |
| Sofia | Jeg *er* mett. |
| Molly | *Er* du tørst? |
| Sofia | Nei. |
| Molly | Okay. Gå på toalettet, så *kommer* jeg snart. |
| Molly | Finn tannbørsten og tannkremen din, Sofia. Jeg **kan** hjelpe deg med å pusse tennene. |
| Sofia | Jeg **vil** pusse selv! |
| Molly | Ålreit. Du **kan** pusse selv først, og så *hjelper* jeg deg etterpå. |
| Molly | Sånn, nå *er* det bra. Legg deg i senga di. Jeg *kommer* snart og *leser* en godnatthistorie for deg. |

## Unit 5

### Oppgave 1

1 De skal spise middag klokka fem (5)
2 Etternavnet deres er Haraldsen.
3 De skal sitte ved vinduet.
4 Magnus vil ha en øl.
5 Han bestiller et glass hvitvin til Roberta.
6 Begge to skal også drikke vann.

### Oppgave 2

1 Han ... henne
2 henne
3 De ... hun ... dem
4 du ... oss
5 Jeg ... dere
6 jeg ... henne ... hun ... meg
7 du ... jeg ... ham
8 Vi

### Oppgave 3

| | | | | |
|---|---|---|---|---|
| 1 mellom | 2 til | 3 fra | 4 ved | 5 på |
| 6 før | 7 hos | 8 for | 9 til | 10 til |

### Oppgave 4

1 sin   2 sin   3 sin ... si   4 sin   5 sitt

### Oppgave 5

1 sitt ... hennes   2 si ... hans   3 deres   4 sin   5 sin ... deres

### Oppgave 6

1 G   2 R   3 G   4 R   5 G   6 R

### Oppgave 7

1 om morgenen   2 om dagen   3 om natta   4 om kvelden
5 om sommeren   6 om vinteren   7 om ettermiddagen

### Oppgave 8

1 Læreren var i fødselsdagsselskap på lørdag.
2 Niesen er fem (5) år gammel nå.

# Key to exercises

3 Bursdagen hennes var 31. mars.
4 Læreren rettet tester og ryddet hjemme
5 Roberta feiret bryllupsdagen sin
6 Om kvelden satt Molly barnevakt for Roberta.
7 Hun gikk tur rundt Sognsvann med en nabo fra studentbyen.
8 Mark og kjæresten hans reiste til Sverige for å kjøpe billig kjøtt, godteri, og alkohol.
9 De liker å lese, se på tv, jogge svømme, ri, danse, og gå på pub.
10 I fritida, liker jeg å _____.

## Oppgave 9

1 syttende mai (17. mai)
2 fjerde juli (4. juli)
3 —
4 sjette oktober (6. oktober)
5 ellevte juni (11. juni)
6 tjuetredje august (23. august)
7 første januar (1. januar)
8 sekstende februar (16. februar)
9 trettiende mars (30. mars)
10 tredje april (3. april)
11 andre september (2. september)
12 tjuefemte desember (25. desember)
13 tolvte november (12. november)

## Oppgave 10

1 sjette desember atten sekstito
2 andre mai to tusen og ti
3 første juli nitten åttiseks
4 tjuesjette juni to tusen og åtte

## Oppgave 11

**Vannrett:**

| | | | |
|---|---|---|---|
| 1 unnskyld | 3 velkommen | 4 billett | 8 fiere |
| 9 automat | 10 mellom | 11 fødselsdag | 14 øyeblikk |
| 15 forsinket | 17 skilt | 19 separert | 20 restaurant |

**Loddrett:**

| 2 hvitvin | 5 sammen | 6 klage | 7 drikke |
|---|---|---|---|
| 12 øl | 13 elskling | 16 meny | 18 typisk |

Listening exercise: Silje and Kristian are discussing their friends' pending divorce.
True, true, false, false

# Unit 6

Oppgave 1

| 1 G | 2 G | 3 R | 4 R | 5 G |
|---|---|---|---|---|
| 6 G | 7 R | 8 R | 9 G | 10 G |

Oppgave 2

1 stort ... stort   2 stor ... stor   3 store ... store   4 god ... god
5 godt ... godt   6 gode ... gode   7 hvitt ... hvitt   8 hvit ... hvit
9 hvite ... hvite   10 blå ... blå   11 blått ... blått   12 blå ... blå

Oppgave 3

hyggelig ... stor ... stort ... lite ... pent ... store ... hyggelig ... grå ... stor ... grønn ... stort ... store ... små.

Oppgave 4

1 røde ... gule   2 store ... lille   3 hyggelige
4 søte ... små   5 gamle

Oppgave 5

1 den nye jobben   2 det lille huset   3 de store stolene
4 den gamle mannen   5 det hvite huset

Oppgave 6

1 De vil se på leiligheten.
2 Lars Pettersen er mekleren.
3 Fellesutgiftene er 5 014,- kr i måneden.

4 De dekker trappevask, vaktmester, strøm, varmt vann og de nye vinduene.
5 Vinduene er nye.
6 Nei, det har de ikke.
7 De har snakket med banken om hvor mye de kan ta opp i lån.

## Oppgave 7

Boldface italic is used here to indicate underlining in the exercise.

...

Kjæreste Nei, vet du hva! Den leiligheten hadde også kort vei til puber, kinoer og kafeer. På Stovner fins det jo ingenting! Det er så langt borte fra alt. Og da må vi alltid ta taxi hjem hvis vi er lenge ute. Det blir jo kjempedyrt! Hvis vi bor på Grünerløkka, kan vi gå hjem fra sentrum.

Mark Du må huske på at når vi først kjøper en leilighet, får vi ikke råd til å gå ut mer. Det blir for dyrt for oss. Derfor er det viktig at vi trives i leiligheten.

## Oppgave 8

| 1 ut ... hjemme | 2 oppe | 3 inn | 4 bort | 5 nede |
| 6 hjem | 7 inn | 8 her | 9 hit | 10 ned |

## Oppgave 9

|  | Stovner | Grünerløkka |
|---|---|---|
| Hvor mange rom? | 4 | 2 |
| Hvor stor er den? (m²) | 84 m² | 46 m² |
| Hva koster den? | 2 144 809,- | 2 067 214,- |
| Hva er felleskostnadene? | 3 516,- mnd. | 3 616,- |
| Hva er inkludert i felleskostnadene? | Garasje, varmt vann, kabel-tv, trappevask, vaktmester, nedbetaling av fellesgjelden | Fyring, felles forsikring, vaktmester, kabel-tv |
| Har den heis? | nei | nei |
| Har den garasjeplass eller annen parkering? | garasje / P-plass | nei |

|  | Stovner | Grünerløkka |
|---|---|---|
| Hvilken etasje er den i? | 3. | 5. |
| Hva er gulvet laget av? | Entre: flislaminat Kjøkken: keramiske fliser Soverom: laminat / vinylbelegg | Entre: fliser Stue og soverom: parkett |
| Har den balkong? | Ja | nei |
| Har den bod? Hvor? | Ja, i kjelleren | Ja, i kjelleren |
| Hva slags butikker, kafeer, og andre aktiviteter er det i nærheten? | Stovner Senter, nærbutikk, skoler, barnehager, legesenter / helsestasjon, golfbane, idrettsbane, idrettshall, slalåmbakke, ridesenter, treningssenter, marka | Kaféer og forretninger, restauranter, butikker, Botanisk hage, Akerselva, Sofienbergparken, Birkelunden, Cubaparken. |

Listening exercise:
Håkon's monolog about his apartment:
false, true, false, false, true, false

## Unit 7

Oppgave 1

1 Om   2 i   3 for ... siden   4 på   5 om / på
6 i   7 i morgen   8 i morgen ... i overmorgen
9 i forgårs   10 i går ... i dag

Oppgave 2

1 sist søndag
2 spise lunsj sammen i morgen eller i overmorgen
3 Hun skal gjøre research på filminstituttet
4 onsdag og torsdag

Oppgave 3

1 lurer på om   2 lurer på hva   3 lurer på hvorfor
4 lurer på hvor   5 lurer på om

# Key to exercises

## Oppgave 4

1 lyst på    2 lyst til    3 lyst til
4 lyst til   5 lyst på ... lyst på

## Oppgave 5

1 Anne og Molly skal spise lunsj sammen på torsdag.
2 De skal treffes klokka 11.30 på Lekter'n.
3 Lekter'n ligger like på Akerbrygge.
4 Anne har lyst på rekesmørbrød.
5 Annes mobilnummer er 973 33 333.
6 Mollys mobilnummer er 984 42 233.

## Oppgave 6

| | | |
|---|---|---|
| 18:14 | **Anne**: | Hei Molly! Jeg fikk mailen din. |
| 18:17 | **Molly**: | Bra! Hva <u>synes</u> du? Har du tid til å spise lunsj med meg? |
| 18:22 | **Anne**: | Ja da! Skal vi ta det på torsdag? |
| 18:23 | **Molly**: | Fint. Når passer det? |
| 18:28 | **Anne**: | Klokka 11.30? |
| 18:32 | **Molly**: | Bra. Hvor skal vi <u>treffes</u>? |
| 18:33 | **Anne**: | Hva med Lekter'n? Det ligger like på Akerbrygge. De har nydelige rekesmørbrød. |
| 18:34 | **Molly**: | Kjempefint. Kl. 11.30 torsdag på Saras telt. Vi <u>ses</u>! |
| 18:35 | | ... |

## Oppgave 7

1 R   2 G   3 R   4 R   5 G   6 G
7 G   8 R   9 R   10 R  11 G  12 R

## Oppgave 8

**Reading Text 2:**

Hei Anne!
Takk for sist! Det **var** så koselig å spise middag hos dere sist søndag. Selv om jeg har kjøkken på studentbyen, er det ikke så lett å lage en skikkelig middag. Jeg **lurte** på om du **hadde** lyst til å spise lunsj

sammen i morgen eller i overmorgen. Jeg skal være i byen i nærheten av kontoret ditt for å gjøre litt research på filminsituttet. Jeg er der fra 10–14 både onsdag og torsdag.
Mvh
Molly

**Reading Text 4**

Kjære Erika og Stian!
Takk for brev. Håper alt står bra til med dere. Trives dere fortsatt i Trondheim? Det **var** hyggelig å få bilder av lille Lukas. Det er ikke til å tro at han allerede er seks måneder gammel. Han ser virkelig søt ut. Jeg gleder meg til å komme på besøk og treffe ham. Jeg har faktisk tenkt å ta en liten ferie i begynnelsen av juni. Jeg **lurte** på om jeg **kunne** besøke dere enten 1.-3. juni eller 7.-8. Jeg har en venninne som bor i Selbu. Jeg **hadde** tenkt å besøke henne enten før eller etter at jeg besøker dere. Jeg skal jo gjennom Trondheim på vei til henne uansett.

Våren har kommet til Oslo – endelig! Etter seks uker med surt og kaldt vær, er det endelig solskinn. I går **var** det 19 grader, og det er spådd over 20 grader til helgen. Heldigvis **var** det godvær på 17. mai. Dette **var** første gang jeg feiret 17. mai i hovedstaden, og jeg **gledet** meg kolossalt. Jeg **lånte** en bunad av en venninne er i byen. Hun **inviterte** meg til å se på toget sammen med dem. De har en datter som **gikk** i toget. Etterpå **dro** vi hjem til dem og **grillet** pølser. Selvfølgelig **ble** det også mye is og brus!
Klem fra
Molly

Oppgave 9

| | | | |
|---|---|---|---|
| 1 var | 2 feiret | 3 lånte | 4 sto ... så |
| 5 reiste | 6 spiste | 7 snakket.. drakk | 8 gikk |
| 9 gjorde | 10 snakket | 11 sa | |

**Unit 8**

Oppgave 1

1 til
3 mors oppskrift

2 de har hatt det så ofte i det siste
4 ingrediensene

5 potetene ... sausen  6 han har lekser til i morgen
7 hans tur

## Oppgave 2

| 1 laget | 2 spist | 3 hatt | 4 vært |
| 5 reist | 6 snakket | 7 ryddet | |

## Oppgave 3

1 *Rør* alt sammen.
2 *Form* kjøttet til boller ved hjelp av ei spiseskje dyppet i vann.
3 *Stek* kjøttkakene i stekepanna på begge sider.
4 *Kok* ut stekepanna etterpå for å få sjy / kraft til kjøttkakesausen.
5 *Kok* kjøttkakene med i kjøttkakesausen for å være sikker på at de ikke er rå i midten.

## Oppgave 4

big city
free time
mini bank (ATM)
red wine
white wine

bread roll
shoe store
information office
data machine (computer)
telephone catalog / book
animal doctor (veterinarian)
lady's bicycle
apple cake
airport
capital city
post office
car trip
coffee cup
polar bear
Christmas tree
classroom

headache
work day

dining room
bedroom
bathing beach
text book
carrying bag (shopping bag)

seasick
ice cold
light red (pink)

## Oppgave 5

1 ser sint ut
2 ser pene ut
3 ser interessante ut
4 ser gammelt ut
5 ser ny ut
6 ser gammel ut
7 ser hyggelig ut
8 ser koselig ut

## Oppgave 6

| | |
|---|---|
| Anita: | Velkommen til bords! |
| Mari: | Maten ser deilig ut! |
| Hans: | Mari, kan du sende meg sausen? |
| Mari: | Vil du ha saltet? |
| Hans: | Takk, Mari! |
| Anita: | Er det noen som vil ha flere kjøttkaker? |
| Hans: | Ja, takk! |
| Anita: | Vær så god! |
| Hans: | Takk. |
| Mari: | Takk for maten, Anita! |
| Anita: | Vel bekomme! |

## Oppgave 7

1 Ja, de er mette.
2 Ja, de har lyst på dessert.
3 Eplekake med krem og mangosorbet, og sjokoladekake.
4 Han liker sjokoladekaka best.
5 Gabriela vil ha en kaffelatte å drikke.
6 De skal betale hver for seg.

## Oppgave 8

1 Molly vil ha en liten kebab.
2 Molly vil ha en Solo.
3 Molly liker sterk kebabsaus.
4 Molly vil ikke ha løk eller mais.

# Unit 9

## Oppgave 1

mange takk ... konfirmeres ... søndag ... sønnen min ... for seks år siden ... hadde ... stor middag ... fikk ... penger ...

## Oppgave 2

1 serveres   2 vaskes   3 sendes   4 hentes   5 skrives

## Oppgave 3

Hallo ... hos
Hei! Hvordan
Takk, bra! Hva
gjerne. Når
Hvilken
møtes
ses! Ha det bra!
Ha det!

## Oppgave 4

1 guttens hund
3 farens skjorte
5 farens røde skjorte
7 Bjørns gamle far

2 Eriks bil
4 Lisas bok
6 Jans unge sønn
8 Sissels nye ring

## Oppgave 5

1 moren til Erik
3 hunden til gutten

2 ringen til Sissel
4 konfirmasjonen til nevøen

Oppgave 6

1 Mark skriver til Lars for å diskutere konfirmasjonspresangen.
2 Ja, Lars synes at det er en god idé.
3 Lars har hørt at han sparer til moped.
4 Mark og Lisa må diskutere hvor mye penger de har råd til å gi.
5 Mark skal fortelle Lars senest på mandag.
6 Mark skal sende Jens en mail.

Oppgave 7

1 trives    2 spørs    3 føles    4 synes

Oppgave 8

| Hilde: | Hallo? |
|---|---|
| Marianne: | Hei, det er Marianne. |
| Hilde: | Nei, men hei. Det var lenge siden. Hvordan går det? |
| Marianne: | Bare fint, men det har vært travelt i det siste. Det er derfor jeg ikke har latt høre fra meg på en stund. |
| Hilde: | Sånn er det når man har barn – det er travelt! |
| Marianne: | Ja, nå er det konfirmasjonen til Petter som står for døra. Jeg lurte på hva du ville anbefale meg, du som har hatt to konfirmasjoner allerede. |
| Hilde: | Ja, tida flyr! Tenk at mine to går på videregående allerede. |
| Marianne: | Jeg kan ikke bestemme meg for om vi skal ha rensdyrstek eller ørret til middag. Hva synes du? |
| Hilde: | Jeg ville nok stemme for ørreten. Hva skal dere ha til dessert? |
| Marianne: | Enten fruktsalat med vaniljesaus eller karamellpudding med krem. |
| Hilde: | Vi hadde is med krumkaker og bær. Konfirmantene fikk velge selv. |
| Marianne: | Jeg ville også spørre deg om du kunne tenke deg å bake ei kake til konfirmasjonen og kanskje til og med ta med en blomsterdekorasjon? Du er så flink til både å bake og pynte til fest. |
| Hilde: | Selvfølgelig stiller jeg opp når bestevenninna mi trenger hjelp! Skal vi møtes på lørdag på «Kafé Sør» og diskutere detaljene over et glass hvitvin? |

Marianne: Det er en avtale! Ha det bra så lenge!
Hilde: Vi ses!

## Oppgave 9

1 Marianne har ikke snakket med Hilde på en stund fordi det har vært travelt.
2 Ja, Marianne har barn.
3 Petter skal konfirmeres.
4 Ja, Hilde har barn.
5 To av barna hennes har blitt konfirmert.
6 Enten rensdyrstek eller ørret.
7 Hilde synes ørreten er best.
8 Marianne har tenkt å servere enten fruktsalat med vaniljesaus eller karamellpudding med krem.
9 Hilde serverte is med krumkaker og bær.
10 Marianne ber Hilde bake en kake og ta med en blomsterdekorasjon.
11 Ja, Hilde vil gjerne gjøre det.
12 De skal møtes på lørdag på «Kafé Sør» og drikke hvitvin.

## Oppgave 10

1 Selvfølgelig
2 detaljene
3 lurer på
4 Til og med
5 en avtale ... en venninne
6 en stund
7 flink til ... pynte
8 tenke deg ... ta med ... blomster
9 Festen står for døra! Det er derfor
10 så lenge! ... ses!

## Oppgave 11

1 Skal vi
2 Ja, gjerne ... Hva med
3 Fint! Hva vil du foreslå?
4 Jeg foreslår at vi ...
5 Gjerne for meg.

## Unit 10

### Oppgave 1

mobiltelefon ... alternativene ... forskjell ... gamle ... nyere ... minne ... talestyring ... bruke ... ringetid ... større ... sms-er ... abonnementer ... varierer ... informasjon

### Oppgave 2

1 denne   2 dette   3 disse   4 denne   5 dette

1 denne butikken ... den butikken
2 det brødet ... dette brødet
3 disse flaskene ... de flaskene

### Oppgave 3

1 Kunden vil kjøpe ei bukse.
2 Hun bruker størrelse 40.
3 De har stretchbukser i grått, svart, og blått.
4 De er i både rødt og hvitt.
5 Prøverommet er i hjørnet.
6 Kunden tar den røde buksa.
7 Den koster 349,- kroner.

### Oppgave 4

bukse ... størrelse ... sitter ... lurer på ... billigere ... rødt ... blått ... svart ... Etter hvert ... svart bukse ... prøver ... trang ... størrelse.

### Oppgave 5

1 blå ... blått      2 hvite            3 røde ... grønne
4 gule               5 rosa ... rosa    6 grønt

### Oppgave 6

1 en badedrakt   2 pyjamas   3 en regnfrakk
4 et belte       5 sokker    6 støvler

Key to exercises

bluse (en / ei)   singlet (en)   shorts (en)   sandaler
strømper          slips (et)     dress (en)    drakt (en)
caps (en)         BH (en)        truse (en / ei)

Oppgave 7

1 flere dyr ... dukker          2 budsjettet
3 foreldrene                    4 problem
5 abonnement ... bok            6 smykker
7 det kjedeligste ... kose ... kopp

Oppgave 8

1 høyere enn            2 dyrere enn
3 nyere enn             4 billigere
5 fattigere ... enn     6 fuktigere ... enn
7 lysere ... enn        8 senere
9 søtere enn            10 vanligere ... enn
11 viktigere enn

Oppgave 9

1 høyest   2 dyrest   3 nyest   4 lysest   5 søtest

Oppgave 10

1 snilleste   2 peneste   3 hyggeligste   4 kjekkeste   5 høyest

# Unit 11

Oppgave 1

1 Syk                      2 Alvorlig
3 Mistet                   4 Snakke
5 i dag og i morgen        6 Frisk
7 Mandag

Oppgave 2

1 Klassen har en vikar fordi læreren er syk.
2 Vikaren heter Anne Sofie.

3 Det er ikke noe alvorlig.
4 Nei. Hun kan ikke snakke.
5 De håper hun kan komme tilbake på mandag.

## Oppgave 3

| 1 meg  | 2 deg  | 3 seg  | 4 meg  |
| 5 oss  | 6 deg  | 7 meg  | 8 dere |
| 9 oss  | 10 oss | 11 deg |        |

## Oppgave 4

1 Hun kan nesten ikke snakke.
2 Hun bør snakke minst mulig.
3 Det begynte for to måneder siden.
4 Hun hostet og sov ikke om natta.
5 Hvis hun ikke er bedre på mandag skal han gi henne en henvisning til en spesialist.
6 Det er en resept på en mikstur som er bra for stemmebåndene.

## Oppgave 5

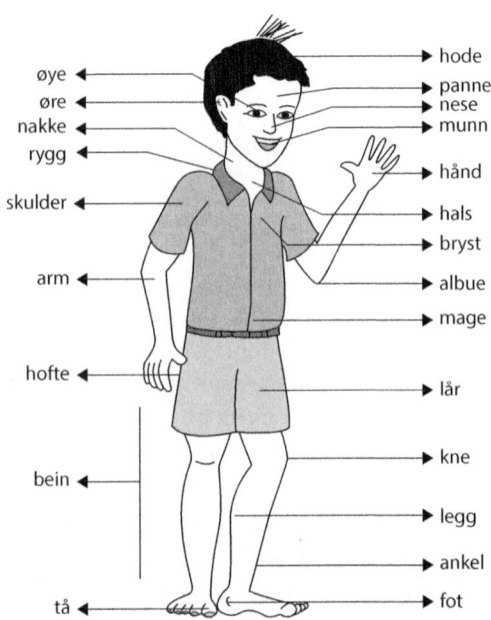

Key to exercises 301

## Oppgave 6

1 tenner  2 tær  3 hånd  4 knærne  5 øyne  6 anklene

## Oppgave 8

1 Mosjoner  2 Ta  3 Start  4 overdriv

## Oppgave 9

1 ser hyggelig ut  2 ser snill ut  3 ser sint ut
4 ser bra ut  5 ser ny ut

## Oppgave 10

1 større enn ... større enn ... største  2 mindre
3 minste  4 eldste
5 eldre ... yngre ... eldst ... yngst  6 flere
7 mer

## Oppgave 11

1 mest interessant  2 mer komplisert  3 mer selvsikker

# Unit 12

## Oppgave 1

1 Lisa og Mark skal på skiferie i vinterferien.
2 Nei, Mark har ikke så veldig lyst til å gjøre det.
3 Roberta og Magnus skal til Kypros uten barna fordi Roberta trenger sol og varme.
4 Molly skal til London, og moren hennes betaler for turen.

## Oppgave 2

1 kjøpe
2 flytter
3 selge
4 kjøpe ... ha

## Oppgave 3

1 Magnus og kona hans vil reise til Kypros.
2 Magnus går til et reisebyrå for å få informasjon.
3 Kona til Magnus er mest interessert i sol og varme.
4 Magnus vil gjerne oppleve noe.
5 Ja, det er mulig å leie en bil.
6 Bilen venter på dem på flyplassen.
7 Det spiller ingen rolle for Magnus hvilket flyselskap de reiser med.

## Oppgave 4

1 prøve    2 opptatt    3 oppleve ... leie

## Oppgave 5

1 Hvilke    2 Hvilken    3 Hvilket    4 hvilke
5 hvilke    6 Hvilken    7 Hvilke

## Oppgave 6

1 Lisa vil ta tog og buss.
2 Mark vil heller leie en bil.
3 Tog og buss er billigere og mer miljøvennlig.
4 Bil er mer komfortabel, og man må ikke passe på klokka hele tida.
5 Mark og Lisa skal leie en Ford Fiesta.
6 Denne bilen er den billigste.
7 På Geilo skal de bo på vandrerhjem.
8 Nei, de skal ikke ha eget rom.
9 Nei, de skal leie ski i det nærmeste skianlegget.
10 Lisa og Mark krangler fordi de kom for sent til fergen.
11 Fordi Lisa tar så lang tid på å sminke seg.
12 Mark drakk for mye øl kvelden før og sto opp sent.
13 De skal besøke Unn og Anders på Vestlandet.

## Oppgave 7

1 **Planlegg** turen og **meld** fra hvor du går
2 **Tilpass** turen etter evne og forhold

# Key to exercises

3 **Ta** hensyn til vær- og skredvarsel
4 **Vær** forberedt på uvær og kulde, selv på korte turer
5 **Ta** med nødvendig utstyr for å kunne hjelpe deg selv og andre
6 **Ta** trygge veivalg. **Gjenkjenn** skredfarlig terreng og usikker is
7 **Bruk** kart og kompass. **Vit** alltid hvor du er
8 **Vend** i tide, det er ingen skam å snu
9 **Spar** på kreftene og **søk** ly om nødvendig

## Oppgave 8

1 Hun reiste til London.
2 Hun var sammen med mora si. De shoppet, gikk i teater, på sightseeing og på pub.
3 De var på Kypros.
4 Han hadde det ikke bra. Det var det verste han har opplevd.
5 Mark og kjæresten hans var på Geilo i fem dager.
6 Etterpå dro de til Vestlandet.

## Oppgave 9

| spiste | strikket | snødde | øvde | slikket |
| viste | maste | malte | vekket | lurte |
| feide | sopte | rullet | | |

## Oppgave 10

dro, reiste, bestemte, var, gikk, shoppet, gjorde, hadde, likte
kom, snakket, sminket, kranglet

## Oppgave 12

1 Først gikk Mark og Lisa på ski på Geilo, og så reiste de til Vestlandet.
2 Først fortalte Roberta om ferien sin, og så sa Molly hva hun gjorde.
3 Først shoppet Molly, og så gikk hun i teater.
4 Først gikk Molly og mora hennes på sightseeing, og så gikk de på pub.
5 Først fortalte læreren om ferien sin, og så fortalte studentene om feriene sine.

## Unit 13

Oppgave 1

1 Det bor 5 millioner mennesker i Norge.
2 Bare 3 % av Norges jord kan brukes til jordbruk.
3 Norge har fem landsdeler. Det heter Østlandet, Sørlandet, Vestlandet, Trøndelag (eller Midt-Norge) og Nord-Norge.

Oppgave 2

|  | Befolkning /Population | Part / Landsdel |
|---|---|---|
| Arendal | 36 016 | Sørlandet |
| Bergen | 271 949 | Vestlandet |
| Bodø | 38 973 | Nord-Norge |
| Drammen | 66 214 | Østlandet |
| Fredrikstad | 77 591 | Østlandet |
| Hamar | 26 004 | Østlandet |
| Haugesund | 34 727 | Vestlandet |
| Kragerø | 5 446 | Østlandet |
| Kristiansand | 58 662 | Sørlandet |
| Lillehammer | 19 465 | Østlandet |
| Mo i Rana | 18 358 | Nord-Norge |
| Molde | 20 229 | Vestlandet |
| Moss | 44 449 | Østlandet |
| Namsos | 8 282 | Trøndelag |
| Oslo | 634 463 | Østlandet |
| Porsgrunn | 32 996 | Østlandet |
| Røros | 3 718 | Trøndelag |
| Sandefjord | 41 934 | Østlandet |
| Sarpsborg | 44 557 | Østlandet |
| Skien | 47 523 | Østlandet |
| Stavanger | 130 754 | Vestlandet |
| Steinkjer | 12 084 | Trøndelag |
| Tromsø | 71 590 | Nord-Norge |

# Key to exercises

|  | Befolkning /Population | Part / Landsdel |
|---|---|---|
| Trondheim | 184 035 | Trøndelag |
| Tønsberg | 33 153 | Østlandet |
| Ålesund | 49 528 | Vestlandet |
| http://no.wikipedia.org/wiki/Liste_over_Norges_st%C3%B8rste_ tettsteder (accessed 1 January 2013) | | |

## Oppgave 3

1 Norges hovedstad heter Oslo.
2 Den største byen i Norge heter Oslo.
3 Omtrent 31 % av Oslo befolkning er innvandrere.
4 Innvandrerne kommer fra europeiske land, som Polen, Sverige og Litauen, men mange kommer fra land i Asia og Afrika, som Pakistan, Somalia og Eritrea.
5 Mange nordmenn pendler til Oslo fra andre byer fordi det ikke er nok jobber i andre byer og fordi det er billigere å bo utenfor Oslo.

## Oppgave 4

1 Hordaland, Møre og Romsdal, Sogn og Fjordane og Rogaland.
2 Stavanger
3 Bergen
4 Ålesund
5 Edvard Grieg

## Oppgave 5

1 havet / Sørlandet   2 låne / leie   3 strøm / vann   4 eier / 9 / Risør

## Oppgave 6

1 i Trondheim
2 Fordi den er Norges nasjonalhelligdom, Norge viktigste kirke.
3 Slutten av 1970-tallet
4 Veldig kaldt!

## Oppgave 7

1 nord for      2 På vei til       3 sør for       4 øst for
5 langs         6 ved siden av    7 vest for      8 øst for

## Oppgave 8

1 lest   2 skrevet   3 vasket   4 drukket   5 hjulpet

## Oppgave 9

1 spises   2 drikkes   3 serveres   4 gjøres

# Unit 14

## Oppgave 1

1 Han må lære norsk først.
2 Han går på norskkurs.
3 Han må bli veldig flink i norsk fordi han vil jobbe som førskolelærer.
4 Anders synes Mark er flink i norsk.
5 Anders er advokat.
6 Nei, han har ikke lyst til å jobbe med barn.
7 Han gir råd og hjelper folk med juridiske og andre typer problemer.
8 Han trives bra.
9 Han trives også bra.
10 Han har mange gode kolleger.
11 Han gleder seg til han kan begynne å jobbe.

## Oppgave 2

1 apoteker
2 lærer
3 advokat
4 skuespiller
5 (fill in your own occupation)
6 advokat, arkitekt, ingeniør, journalist, resepsjonist
7 apoteker, lege, sykepleier, tannlege, øyelege
8 prest
9 arkitekt
10 sjåfør, bussjåfør, taxisjåfør, lastebilsjåfør
11 kokk, servitør

Key to exercises

## Oppgave 3

1 skal  2 skal  3 skal  4 vil  5 vil  6 vil / Vil

## Oppgave 4

1 De har rett til 59 uker sammen.
2 Hun må ta 14 uker.
3 Han må ta 10 uker. Hvis han ikke tar de 10 ukene, faller de bort.
4 De skal fordele dem likt.
5 Han var bekymret for at hun ville ta alt selv.

## Oppgave 5

1 sliter, tenner          2 problem, samme
3 samme, samme, samme     4 likevel, rolig

## Oppgave 6

1 synes / mener    2 tror
3 synes / mener    4 synes / mener, tror
5 synes / mener

# Norwegian-English glossary

An audio version of the glossary will be available online.

| Unit | Norsk | English |
|---|---|---|
| 10 | abonnement (et) | subscription |
| 14 | advokat (en) | lawyer, solicitor |
| 6, 9 | akkurat | precisely, exactly |
| 5 | aldri | never |
| 9 | allerede | already |
| 13 | allsidig | comprehensive |
| 6 | alltid | always |
| 2 | alt | everything |
| 10 | alternativ (et) | alternative |
| 11 | alvorlig | serious |
| 4 | ambulanse (en) | ambulance |
| 8, 9 | anbefale (-te, -t) | recommend (v.) |
| 5 | andre | other; second |
| 4 | andre ganger | other times |
| 9 | ane (-te, -t) | to have an idea (usually negative: Jeg aner ikke) [I have no idea.] (v.) |
| 14 | apoteker (en) | pharmacist |
| 5 | april | April |
| 8 | arbeidsdag (en) | work day |
| 14 | arbeidsplass (en) | work place |
| 14 | arkitekt (en) | architect |
| 13 | arv (en) | heritage |
| 2 | atten | eighteen (18) |
| 5 | attende | eighteenth |
| 5 | august | August |
| 1 | australier / australsk | (person / nationality) |
| 5 | automat (en) | vending machine that dispenses items such as tickets |
| 6 | avdeling (en) | department |
| 7 | avslutte (-et, -et) | end / close (v.) |
| 9 | avtale (en) | agreement, date |

# Norwegian–English glossary

| | | |
|---|---|---|
| 4 | baby (en) | baby |
| 4 | bad (et) | bathroom |
| 8 | badestrand (en / ei) | beach (swimming beach) |
| 8 | bakepulver (et) | baking powder |
| 14 | baker (en) | baker |
| 14 | bakgrunn (en) | background |
| 4 | barbere (-te, -t) | shave (v.) |
| 2 | bare | only, just |
| 2 | bare hyggelig | my pleasure |
| 2, 4 | barn (et) | child |
| 4 | barnehage (en) | day care centre or preschool |
| 8 | barneklær | kid's clothes |
| 4 | barnevakt (en) | babysitter |
| 11 | bedre | better |
| 13 | befolkning (en) | population |
| 8 | begge | both |
| 6 | begynne (-te, -t) | begin (v.) |
| 7 | begynnelse (en) | beginning |
| 6 | behagelig | comfortable |
| 10 | bein (et) | leg |
| 14 | bekymret | concerned |
| 1 | Belgia | Belgium |
| 1 | belgier / belgisk | Belgian (person / nationality) |
| 1 | bengali | Bengali |
| 12 | bensin (en) | fuel, gasoline, petrol |
| 4 | bestefar (en) | grandfather |
| 4 | besteforeldre | grandparents |
| 9, 14 | bestemme seg (-te, -t) | decide (v.) |
| 4 | bestemor (en / ei) | grandmother |
| 4 | bestille (-te, -t) | order, reserve (v.) |
| 13 | bestå av (-sto, -stått) | consist of (v.) |
| 13 | besøk (et) | visit |
| 12 | besøke (-te, -t) | visit (v.) |
| 6, 8 | betale (-te, -t) | pay (v.) |
| 2 | bil (en) | car, automobile |
| 9 | bilde (et) | picture |
| 5 | billett (en) | ticket |
| 5 | billettskranke (en) | ticket window, counter |
| 9 | billig | cheap |
| 10 | billigere enn | cheaper than |

| | | |
|---|---|---|
| 8 | biltur (en) | car ride |
| 9 | bla opp (-dde, -dd) | pay up (money) |
| 10 | blant annet | among other things |
| 7 | bli (ble, blitt) | become (v.) |
| 12 | bli ledd av (bli, blitt) | laughed at, to be (passive of "le av") (v.) |
| 2 | bli med (ble, blitt) | come with, come along (v.) |
| 9 | blomst (en) | flower |
| 2 | blyant (en) | pencil |
| 6 | blå | blue |
| 10 | blågrønn | blue-green |
| 3 | blåser, det | windy (weather) |
| 10 | blått | blue |
| 1, 3 | bo (-dde, -dd) | live, reside (v.) |
| 2 | bokhandel (en) | bookstore |
| 6 | boligblokk (en) | high-rise apartment building |
| 8 | bolle (en / ei) | bowl |
| 10 | bomull (en / ei) | cotton |
| 14 | bonde (en) | farmer |
| 1, 4, 5 | bord (et) | table |
| 6 | borettslag (et) | housing cooperative, tenant-owner's association |
| 3 | bort | away (from) |
| 3 | borte | gone |
| 4 | brann (en) | fire |
| 14 | brannkonstabel (en) | fire fighter |
| 11 | brekke (brakk, brukket) | break (v.) |
| 1 | brite | British (person) |
| 1 | britisk | British (nationality) |
| 2, 4 | bror (en) | brother |
| 12 | brosjyre (en) | brochure |
| 10 | bruke (-te, -t) | use (v.) |
| 12 | brukes (bruktes, bruktes) | to be used (passive form) (v.) |
| 11 | brukket | broken |
| 6, 10 | brun | brown |
| 2, 4 | brunost (en) | brown goat's milk cheese |
| 4 | brus (en) | soda pop, carbonated soft drink |
| 11 | brusautomat (en) | soda pop machine |
| 4 | bryllupsdag (en) | wedding anniversary |

| | | |
|---|---|---|
| 2, 4 | brød (et) | bread loaf |
| 4 | brødskive (en / ei) | slice of bread with spread or topping |
| 10 | budsjett (et) | budget |
| 10 | bukse (en / ei) | pants, trousers |
| 7 | bunad (en) | Norwegian national costume |
| 5 | bursdag (en) | birthday |
| 12 | buss (en) | bus |
| 14 | bussjåfør (en) | bus driver |
| 13 | by på (bød, budt) | to offer |
| 9 | bær (et) | berries |
| 8 | bærepose (en) | carrying bag |
| 1 | bør | ought to (v.) |
| 4, 7 | både – og | both – and |
| 12 | båt (en) | boat |
| 12 | campinghytte | camping cabin (rental) |
| 1 | Canada | Canada |
| 1 | canadier / canadisk | Canadian (person / nationality) |
| 8 | daghjem (et) | day care, day nursery |
| 8 | damesykkel (en) | women's bicycle |
| 1 | Danmark | Denmark |
| 5 | danse (-et, -et) | dance (v.) |
| 1 | dansk | Danish (language nationality) |
| 1 | danske (en) | Dane (person) |
| 8 | datamaskin (en) | computer |
| 2, 4 | datter (en / ei) | daughter |
| 1 | de | they |
| 1 | De (uncommon) | you (formal) |
| 6, 13 | dekke (-et, -et) | to cover, set (table) |
| 6 | deltidsjobb (en) | part-time job |
| 13 | del (en) | part |
| 1, 3 | den | it (m / f) |
| 5 | dens | its (m / f) (possessive) |
| 3 | der | there |
| 2, 10 | der borte | over there |
| 12 | der nede | down there |
| 1 | dere | you (plural) |
| 5 | deres | your / yours (possessive) |
| 11 | derfor | therefore |

| | | |
|---|---|---|
| 14 | dersom | if |
| 5 | desember | December |
| 4 | dessert (en) | dessert |
| 6 | dessuten | in addition, besides |
| 11 | dessverre | unfortunately |
| 1 | det | it (neut.) |
| 4 | det beste jeg vet | my favourite / "the best I know" |
| 9 | det er derfor | that's why |
| 2 | det er greit | that's okay |
| 4 | det gjør ikke noe | that doesn't matter |
| 3 | det regner | it is raining |
| 3 | det snør | it is snowing |
| 12 | det spiller ingen rolle | it doesn't matter |
| 11 | det stemmer | that's correct, that's right |
| 12 | det verste | the worst thing |
| 9 | detalj (en) | detail |
| 5 | dets | its (n) (possessive) |
| 8 | din tur | your turn |
| 9 | diskutere (-te, -t) | discuss (v.) |
| 3 | dit | to there |
| 7, 12 | dra (dro, dratt) | pull / go / leave (v.) |
| 1, 5, 7, 8 | drikke (drakk, drukket) | drink (v.) |
| 6 | drømme (-te, -t) | dream (v.) |
| 1 | du | you |
| 10 | dukke (en / ei) | doll |
| 6 | dum | dumb |
| 8 | dyppe (-et, -et) | dip (v.) |
| 2, 6, 9 | dyr | expensive |
| 10 | dyr (et) | animal |
| 10 | dyrefigur (en) | animal figure |
| 10 | dyrehospital (et) | animal hospital |
| 8 | dyrlege (en) | veterinarian |
| 12 | døgn (et) | 24-hour period |
| 2 | dør (ei / en) | door |
| 3 | dårlig | bad |
| 4 | dårligst | worst |
| 6 | egen | own (ex. my own ___) |
| 6 | egentlig | really actually |

# Norwegian–English glossary 313

| | | |
|---|---|---|
| 8 | egg (et) | egg |
| 6 | egoistisk | selfish |
| 1 | Egypt | Egypt |
| 1 | egypter / egyptisk | Egyptian (person / nationality) |
| 13 | eie (-de, -d) | to own (v.) |
| 6 | eiendomsmekler (en) | real estate agent |
| 6 | ekspeditør (en) | sales assistant, clerk |
| 12 | ekteskap (et) | marriage |
| 4 | eldst | oldest |
| 2, 3 | eller | or |
| 2 | elleve | eleven (11) |
| 5 | ellevte | eleventh |
| 4 | elskling | sweetheart (term of endearment) |
| 2 | en del | some, a few |
| 2 | en / ei / ett | one (1) |
| 6 | endelig | finally, at last |
| 6 | enebolig (en) | single family dwelling |
| 1 | engelsk | English (language) |
| 1 | enke (en) | widow |
| 1 | enkemann (en) | widower |
| 9 | ennå | yet, still |
| 1 | enslig | single (not in a relationship) |
| 7 | enten / eller | either / or |
| 2 | eple (et) | apple |
| 8 | eplekake (en / ei) | apple cake |
| 5, 9 | er du snill | please (placed at the end of a request) |
| 12 | er til (være til) | exist (v.) |
| 4 | erte (-et, -et) | tease (v.) |
| 9 | et godt råd | good advice (a good piece of advice) |
| 1 | etioper / etiopisk | Ethiopian (people / nationality) |
| 1 | Etiopia | Ethiopia |
| 2 | ett hundre og en | one hundred and one (101) |
| 4 | etter | after |
| 10 | etter hvert | eventually, gradually |
| 4, 8, 10 | etterpå | afterwards |
| 12 | evighet (en) | eternity |
| 11 | falle (falt, falt) | fall (v.) |

| | | |
|---|---|---|
| 14 | falle bort (falt, falt) | to lapse (v.) |
| 4 | familie (en) | family |
| 2, 4 | far (en) | father |
| 13 | fartøy (et) | boat, vessel |
| 4 | fattig | poor |
| 8 | favoritt | favourite |
| 8 | favorittmat (en) | favourite food |
| 5 | februar | February |
| 14 | fedrekvote (en) | father's quota |
| 12 | feil (en) | mistake |
| 11 | feile (-te, -t) | be wrong with (v.) |
| 4, 5 | feire (-et, -et) | celebrate (v.) |
| 6 | felles | common, in common |
| 2 | fem | five (5) |
| 5 | femte | fifth |
| 2 | femten | fifteen (15) |
| 5 | femtende | fifteenth |
| 2 | femti | fifty (50) |
| 8 | ferdig | finished |
| 12 | ferge (ei / en) | ferry |
| 9 | fest (en) | party |
| 5 | feste (-et, -et) | party (v.) |
| 4 | fetter (en) | cousin (male) |
| 9 | fikk | received (past tense of få) |
| 4 | film (en) | movie, film |
| 6 | finansiering (en) | financing |
| 1 | Finland | Finland |
| 1 | finne | Finn (nationality) |
| 1, 9 | finne (fant, funnet) | find (v.) |
| 7 | finnes (fantes, fantes) | exist / be found (v.) |
| 6 | fins (fantes, fantes) | exist, be (v.) |
| 1 | finsk | Finnish (language) |
| 3, 5 | fint | fine, good |
| 10 | fiolett | violet |
| 2 | fire | four (4) |
| 2, 4 | fisk (en) | fish |
| 12 | fjellstue (ei / en) | mountain lodgings |
| 5 | fjerde | fourth |
| 2 | fjorten | fourteen (14) |

# Norwegian–English glossary

| | | |
|---|---|---|
| 5 | fjortende | fourteenth |
| 1 | flamsk | Flemish (language) |
| 2 | flaske (ei / en) | bottle |
| 6 | flatskjerm | flatscreen |
| 10 | flere | more (countable) |
| 13 | flest | the most |
| 9 | flink til | good at, clever at |
| 9 | fly (et) | plane |
| 14 | flygeleder (en) | air traffic controller |
| 8, 12 | flyplass (en) | airport |
| 12 | flyselskap (et) | airline |
| 3 | folk | people |
| 5 | for | for |
| 10 | for liten | too small |
| 4 | for sent | too late |
| 6, 11 | foran | in front of |
| 14 | fordele (-te, -t) | distribute (v.) |
| 3 | fordi | because |
| 13 | foregå (-gikk, -gått) | occur (v.) |
| 3, 4 | foreldre | parents |
| 12 | foreslå (-slo, slått) | suggest (v.) |
| 2 | foretrekker (-trakk, -trukket) | prefer (v.) |
| 14 | forfatter (en) | author |
| 13 | forhold (i forhold til) | relationship |
| 11 | forkjølelse (en) | (head) cold |
| 1 | forlovet | engaged |
| 8 | forme (-et, -et) | shape, form (v.) |
| 6 | fornøyd | satisfied with, happy with |
| 5 | forsinkelse (en) | delay |
| 5 | forsinket | delayed, late |
| 10 | forskjell (en) | difference |
| 12 | forskjellig | different, various |
| 1, 7, 11, 12 | forstå (-sto, -stått) | understand |
| 4, 12 | fortelle (-talte, -talt) | tell (v.) |
| 12 | fortsette (-satte, -satt) | continue (v.) |
| 14 | fotograf (en) | photographer |
| 1 | Frankrike | France |

| | | |
|---|---|---|
| 1 | fransk | French (language) |
| 1 | franskmann | French person |
| 4 | fredag | Friday |
| 11 | frisk | healthy |
| 14 | frisør (en) | hair stylist |
| 8 | fritid (en / ei) | free time |
| 4 | frokostblanding (en) | cereal (cold) |
| 4 | frukt (en) | fruit |
| 12 | fryse (frøs, frosset) | freeze, be cold (v.) |
| 12 | frøs | froze (past tense of fryse) (v.) |
| 3 | fuktig | humid |
| 13 | fylke (et) | country |
| 8 | fyll (en) | filling |
| 5 | fylle år (-te, -t) | turn a certain age, have a birthday (v.) |
| 13 | færre | fewer |
| 5 | fødselsdag (en) | birthday |
| 9 | føles (føltes, føltes) | feel (v.) |
| 4, 5 | før | before |
| 13 | føre til (-te, -t) | lead to (v.) |
| 1, 4, 5, 6 | først(e) | first |
| 2 | førti | forty (40) |
| 7 | få (fikk, fått) | have, receive, get (v.) |
| 9 | få beskjed (en) | be informed, be told (v.) |
| 4 | få betalt | paid, to be (v.) |
| 11 | få håpe | have to hope (v.) |
| 4, 6 | gammel | old |
| 9 | gave (en) | gift |
| 12 | gi opp (ga, gitt) | give up (v.) |
| 1 | gift | married |
| 10 | gjelde (gjaldt, gjeldt) | apply, be relevant (v.) |
| 3 | gjerne | gladly, with pleasure |
| 7 | gjøre (gjorde, gjort) | do (v.) |
| 11 | gjøre vondt | hurt (v.) |
| 6 | glad | glad |
| 4, 10 | glad i | fond of |
| 5 | glass (et) | glass |
| 11 | glatt | slippery, slick |

# Norwegian–English glossary 317

| | | |
|---|---|---|
| 14 | glede seg til (-et, -et) | to look forward to (v.) |
| 5, 6 | god | good |
| 4 | god natt | goodnight |
| 4 | godnatthistorie (en) | bedtime story |
| 10 | godt | well |
| 5 | godteri (et) | candy, sweets |
| 7 | godvær (et) | pleasant weather |
| 8 | gram (g) (et) | gram |
| 12 | grammatikk (en) | grammar |
| 4, 8 | greit | fine, ok |
| 8 | griljermel (et) | breading flour |
| 6, 10 | grønn | green |
| 4 | grønnsaker | vegetables |
| 6, 10 | grå | grey |
| 4 | gråte (gråt, grått) | cry (v.) |
| 6, 10 | gul | yellow |
| 10 | gullsmed (en) | goldsmith |
| 4 | gulrøtter | carrots |
| 2 | gutt (en) | boy |
| 3 | gå (gikk, gått) | go, walk (v.) |
| 3 | gå en tur | go for a walk (v.) |
| 10 | gå i butikker | go shopping (v.) |
| 12 | gå i teater | go to the theatre (stage) (v.) |
| 5 | gå på diskotek | go to a discotheque (v.) |
| 5 | gå på pub | go to a pub (v.) |
| 4 | gå på toalettet | go to the bathroom (v.) |
| 12 | går det an | is it possible |
| 6 | gård (en) | apartment building (in city context), a farm (in rural context) |
| 1 | ha (hadde, hatt) | have (v.) |
| 4 | ha det | goodbye |
| 5 | ha fri | free time / have time off (v.) |
| 4 | ha god tid | have plenty of time (v.) |
| 3, 4, 7, 12 | ha lyst til | want to (v.) |
| 6, 9, 12 | ha råd til | able to afford (v.) |
| 4, 6 | halv | half |
| 1 | han | he |
| 5 | hans | his (possessive) |

| | | |
|---|---|---|
| 7 | har tenkt å | intend, plan (v.) |
| 13 | havn (ei / en) | harbour |
| 1 | hebraisk | Hebrew (language) |
| 1, 7 | hei | hi, hello |
| 4, 5 | hel | whole, all |
| 12 | heldiggris (en) | lucky dog / duck (literally lucky pig) |
| 12 | hele tida | all the time |
| 12 | helse (en / ei) | health |
| 5 | hennes | her / hers (possessive) |
| 4, 5 | hente (-et, -et) | pick up / fetch (v.) |
| 11 | henvisning (en) | referral |
| 3 | her | here |
| 10 | her borte | over here |
| 12 | herlig | wonderful |
| 12 | hest (en) | horse |
| 1 | hete (het, hett) | be called (v.) |
| 1, 3, 4 | hilse på (-te, -t) | meet, greet, say hello |
| 7, 9 | hilsen (en) | greeting(s) |
| 1 | hindi | Hindi (language) |
| 4 | historie (en) | story |
| 3 | hit | here |
| 9 | hjelp (en) | help |
| 4 | hjelpe (hjalp, hjulpet) | help (v.) |
| 6 | hjem | home |
| 5 | hjemland (et) | homeland, home country |
| 3, 5, 9 | hjemme | home, at home |
| 5 | hjemmefra | from home |
| 4 | hjemmekontor (et) | home office |
| 8 | hjemmelaget | homemade |
| 10 | hjørne (et) | corner |
| 8 | hodepine (en) | headache |
| 10 | holde budsjettet (holdt, holdt) | keep on budget (v.) |
| 10 | holde igjen (holdt, holdt) | hold back (v.) |
| 5, 6 | hos | at the home of / place of |
| 11 | hoste (-et, -et) | cough (v.) |
| 12 | hotell (et) | hotel |
| 8, 13 | hovedstad (en) | capital city |
| 1 | hun | she |

# Norwegian–English glossary

| | | |
|---|---|---|
| 3 | hund (en) | dog |
| 2 | hundre | one hundred (100) |
| 2 | hus (et) | house |
| 4 | husarbeid (et) | housework |
| 4, 6 | huske (-et, -et) | remember (v.) |
| 6 | husleie (en) | rent, periodic payment for use of dwelling |
| 1 | hva | what |
| 12 | hva om | what if |
| 2 | hva slags | what kind |
| 8 | hver for dere | each individually |
| 10 | hvert | each |
| 4, 11 | hvile (-te, -t) | rest (v.) |
| 6 | hvilken | which one |
| 6, 12 | hvis | if |
| 6, 10 | hvit | white |
| 5, 8 | hvitvin (en) | white wine |
| 1 | hvor | where |
| 4 | hvor gammel | how old |
| 1 | hvorfor | why |
| 3, 4, 5 | hyggelig | nice, pleasant |
| 12 | hytte (en / ei) | cabin |
| 5 | høre (-te, -t) | hear (v.) |
| 11 | høres ut (-tes) | sounds (v.) |
| 12 | høyfjellshotell | high mountain hotel |
| 11 | håndledd (et) | wrist |
| 9 | håpe (-et, -et) | hope (v.) |
| 5 | i | in |
| 14 | i alle fall | at any rate |
| 3, 7 | i dag | today |
| 8, 9 | i det siste | lately, recently |
| 6 | i fjor | last year |
| 7 | i forgårs | day before yesterday |
| 12 | i fred | in peace |
| 7 | i går | yesterday |
| 5 | i helga | this weekend |
| 2, 3 | i like måte | likewise, same to you |
| 3, 4, 7 | i morgen | tomorrow |
| 6 | i orden | in order |

| | | |
|---|---|---|
| 7 | i overmorgen | day after tomorrow |
| 12 | i stedet for | instead of |
| 10 | i år | this year |
| 9 | idé (en) | idea |
| 4 | igjen | again |
| 5 | ikke noe | nothing (literally, 'not something') |
| 9 | ikke sant | isn't that true? right? |
| 12 | imponert | impressed |
| 1 | inder / indisk | Indian (person / nationality) |
| 1 | India | India |
| 6, 10 | informasjon (en) | information |
| 8 | informasjonskontor (et) | information centre |
| 2 | ingen årsak | don't mention it |
| 14 | ingeniør (en) | engineer |
| 6 | ingenting | nothing |
| 8 | ingrediens (en) | ingredient |
| 6 | innbakt | included, incorporated |
| 13 | inndelt | divided |
| 3 | inne | inside |
| 9 | innen | by |
| 14 | innrømme (-te, -t) | admit (v.) |
| 12 | innsprøyting (en) | injection |
| 9 | inntekt (en) | income |
| 13 | innvandrer (en) | immigrant |
| 12 | integrert | integrated |
| 1 | Irak | Iraq |
| 1 | iraker / iraksk | Iraqi (person / nationality) |
| 1 | Iran | Iran |
| 1 | iraner / iransk | Irani (person / nationality) |
| 4, 11 | is (en) | ice cream, ice |
| 8 | isbjørn (en) | polar bear |
| 13 | isbre (en) | glacier |
| 8 | iskald | ice cold |
| 1 | Island | Iceland |
| 1 | islandsk | Icelandic (language) |
| 1 | islending | Icelandic (person) |
| 1 | Israel | Israel |
| 1 | israeler / israelsk | Israeli (person / nationality) |
| 1 | Italia | Italy |

| | | |
|---|---|---|
| 1 | italiener | Italian (person) |
| 1 | italiensk | Italian (language) |
| 1 | ja | yes |
| 6 | ja vel | response to a positive statement. Is that so? Really? |
| 5 | januar | January |
| 1 | Japan | Japan |
| 1 | japaner | Japanese (person) |
| 1 | japansk | Japanese (language) |
| 10 | jeans (en) | blue jeans |
| 1 | jeg | I |
| 1 | jeg heter | I'm called |
| 2 | jente (en / ei) | girl |
| 12 | jernbane (et) | train system |
| 4, 5, 6 | jo | of course, as you know (modal adverb indicating a statement that is well known to all) |
| 1, 6, 14 | jobb (en) | job, work |
| 4 | jogurt (en) | yoghurt |
| 13 | jordbruk (en) | agriculture |
| 2 | jordbær (et) | strawberry |
| 14 | journalist (en) | journalist |
| 4 | juice (en) | juice |
| 8 | juletre (et) | Christmas tree |
| 5 | juli | July |
| 5 | juni | June |
| 14 | juridisk | legal |
| 6 | kafé (en) | café |
| 1, 4 | kaffe (en) | coffee |
| 8 | kaffekopp (en) | coffee cup |
| 8 | kaffelatte (en) | latté |
| 4 | kake (en / ei) | cake |
| 3, 6 | kald(t) | cold |
| 5 | kamerat (en) | friend, buddy |
| 1 | kan | can, is able to (v.) |
| 8 | kan du sende meg | please pass me |
| 1, 4 | kanskje | maybe, perhaps |
| 4 | karamellpudding (en) | flan (custard with caramel sauce) |
| 4 | karri | curry |

| | | |
|---|---|---|
| 3 | katt (en) | cat |
| 8 | kebab (en) | gyro – middle-Eastern fast food sandwich in pita bread |
| 1 | Kina | China |
| 1 | kineser | Chinese (people) |
| 1 | kinesisk | Chinese (language) |
| 4 | kino (en) | movie theatre, cinema |
| 10 | kjedelig | boring |
| 6 | kjempe ... | really ... (intensifier) |
| 9 | kjennes (kjentes) | feel (v.) |
| 13 | kjent | familiar |
| 4, 7, 9 | kjære | darling, dear (term or endearment) Also a letter greeting |
| 1 | kjæreste (en) | boyfriend / girlfriend |
| 7 | kjærlig hilsen | love |
| 4 | kjøkken (et) | kitchen |
| 2, 4 | kjøpe (-te, -t) | buy (v.) |
| 4 | kjøtt (et) | meat |
| 8 | kjøttdeig (en) | ground meat (beef or beef / pork mixture) |
| 4, 8 | kjøttkaker | meatballs |
| 5 | klage over (-et, -et) | complain about (v.) |
| 10, 12 | klare (-te, -t) | manage, be able to (v.) |
| 3 | klassekamerat (en) | classmate |
| 8 | klasserom (et) | classroom |
| 4 | kle på seg (kledde, kledd) | get dressed, put in clothes (v.) |
| 7 | klem (en) | hug (common closing in letters between very close friends or relatives) |
| 6 | klesskap (et) | closet, wardrobe |
| 13 | klippfisk (en) | dried and salted cod |
| 8 | koke (-te, -t) | boil (v.) |
| 14 | kokk (en) | cook |
| 4 | kokte poteter | boiled potatoes |
| 14 | kollega (en) | colleague |
| 8 | kom og spis! | come and eat! (less formal) (v.) |
| 1 | komme (kom, kommet) | come (v.) |
| 1 | komme fra (kom, kommet) | come from (v.) |

| | | |
|---|---|---|
| 7 | komme på besøk | come for a visit (v.) |
| 12 | komme seg ut (kom, kommet) | get out (v.) |
| 14 | kompliment (en) | compliment |
| 9 | konfirmasjon (en) | confirmation |
| 9 | konfirmeres | be confirmed (passive voice) (v.) |
| 14 | kontakt (en) | contact |
| 7 | kontor (et) | office |
| 1 | kopp (en) | cup |
| 6 | kort | short |
| 10 | kortere | shorter |
| 4, 10 | kose seg (-te, -t) | enjoy oneself, have fun, have a good time |
| 12 | koselig | pleasant, nice |
| 2 | koste (-et, -et) | cost (v.) |
| 8 | krem (en) | whipped cream |
| 12 | kreve (-de, -d) | demand (v.) |
| 1 | Kringsjå | a large student housing complex in Oslo |
| 2 | krone | crown; also currency |
| 9 | krumkake (en / ei) | thin, cone-shaped cookies |
| 13 | kulturtilbud (et) | cultural offerings |
| 10 | kunde (en) | customer |
| 14 | kunstner (en) | artist |
| 1 | kurdisk | Kurdish (language) |
| 2 | kurs (et) | course |
| 4 | kusine (en / ei) | cousin (female) |
| 4 | kveldsmat (en) | evening snack, supper |
| 2 | kylling (en) | chicken |
| 12 | Kypros | Cyprus |
| 5, 11 | kø (en) | queue, line |
| 11 | kølapp (en) | number (in queue) |
| 12 | køyeseng (ei / en) | bunk bed |
| 9 | la høre fra (lot, latt) | let hear from (v.) |
| 3, 8 | lage (-et, -et / -de, -d) | make, prepare (v.) |
| 2 | laks (en) | salmon |
| 6, 10 | lang | long |
| 13 | langs | along |
| 4 | lapp (en) | slip of paper, note |

| | | |
|---|---|---|
| 4 | lasagne | lasagna |
| 14 | lastebilsjåfør (en) | truck driver |
| 12 | le av (lo, ledd) | laugh at (v.) |
| 12 | ledig | available, free |
| 14 | lege (en) | doctor, physician |
| 11 | legevakt (en / ei) | emergency medical service, urgent care |
| 4 | legge seg (la, lagt) | go to bed (v.) |
| 12, 13 | leie (-de, -d) | rent (v.) |
| 12 | leiebil (en) | rental car |
| 6 | leiegård (en) | inner city apartment building, usually surrounding an inner courtyard. Usually not more than 5 or 6 stories |
| 6 | leilighet (en) | apartment, condominium |
| 6 | lekker | lovely, gorgeous, delicious (about food) |
| 8 | lekser | homework |
| 6, 9 | lenge | long time |
| 4 | lese (-te, -t) | read (v.) |
| 12 | lete etter (lette, lett) | look for (v.) |
| 9 | leve (-de, -d) | live, be alive (v.) |
| 6 | levere (-te, -t) | deliver (v.) |
| 12 | lik (et) | corpse, dead body |
| 2, 4, 6 | like, like (-te, -t) | equally, just as, like (v.) |
| 10 | like stort | equally large |
| 8 | likevel | anyway |
| 14 | likt | equally |
| 6, 10 | lilla | purple |
| 4 | lille venn | little friend (term of endearment) |
| 8 | lillebror (en) | little brother |
| | lite | little, not much |
| 2, 4 | litt | a little, some |
| 5 | liv (et) | life |
| 12 | lo av | laughed at (past tense of le av) (v.) |
| 12 | lokal | local |
| 12 | love (-et, -et) | promise (v.) |
| 4 | lunsj (en) | lunch |

# Norwegian–English glossary

| | | |
|---|---|---|
| **7, 9, 10, 11, 12** | lure på om (-te, -t) | wonder if / whether (v.) |
| 9 | lykkes (lyktes, lyktes) | be successful (v.) |
| 3 | lyn (et) | lightening |
| 6 | lys | light, bright |
| 8 | lyserød | light red (colour) |
| 1 | lære (-te, -t) | learn (v.) |
| 2, 8 | lærebok (en / ei) | textbook |
| 14 | lærer (en) | teacher |
| 8 | løk (en) | onion |
| 3 | løpe (løp, løpt) | run (v.) |
| 4 | lørdag | Saturday |
| 6 | lån (et) | loan |
| 13 | låne (-te, -t) | to borrow (v.) |
| 5 | mai | May |
| 7 | mail (en) | email |
| 9 | mailes | email each other (v.) |
| 8 | mais (en) | corn |
| 1 | Majorstuen | neighbourhood west of central Oslo |
| 14 | maler (en) | painter |
| 4 | mamma (en) | mom, mommy (child's term) |
| 4 | mandag | Monday |
| 3 | mange | many |
| 1 | mann (en) | husband, man |
| 13 | mark (ei / en) | uncultivated land |
| 5 | mars | March |
| 2, 4 | mat (en) | food |
| 4 | matpakke (en / ei) | packed lunch consisting of sandwiches, fruit etc. |
| 2, 5 | med | with |
| 1 | meksikaner / meksikansk | Mexican (person / nationality) |
| 4 | melk (ei / en) | milk |
| 4, 5, 6 | mellom | between |
| 3 | men | but |
| 14 | mening (en) | opinion |
| 14 | meningsfylt | meaningful |
| 3 | mennesker | people |

| | | |
|---|---|---|
| 5, 8 | meny (en) | menu |
| 13 | mer | more |
| 14 | mesteparten | the majority |
| 4, 8 | mett | full, satisfied |
| 1 | Mexico | Mexico |
| 2 | middag (en) | dinner |
| 8 | midt (en) | middle |
| 11 | mikstur (en) | mixture |
| 14 | miljø (et) | milieu |
| 12 | miljøvennlig | environmentally friendly |
| 13 | mindre | less |
| 8 | minibank (en) | mini bank, ATM |
| 10 | minne (et) | memory |
| 11 | minst | least |
| 14 | minstemann (en) | youngest child |
| 5 | minutt (et) | minute |
| 11 | miste (-et, -et) | lose (v.) |
| 13 | mistenke (-te, -t) | suspect (v.) |
| 10 | mms (en) | multimedia message |
| 7 | mobilnummer (et) | mobile phone number |
| 10 | modell (en) | model |
| 6 | moderne | modern |
| 9 | moped (en) | moped (small motor scooter) |
| 2, 4 | mor (ei / en) | mother |
| 2 | morsmål (et) | native language |
| 3 | mosjon (en) | exercise |
| 11 | mulig | possible |
| 12, 13 | mulighet (en) | opportunity, possibility |
| 14 | musiker (en) | musician |
| 7 | Mvh (med vennlig hilsen) | with friendly greetings – common closing in letters and emails |
| 2 | mynt (en) | coin |
| 14 | mødrekvote (en) | mother's quota |
| 6 | møte (et) | meeting |
| 1 | må | must |
| 6, 7 | måned (en) | month |
| 14 | nattasang (en) | good night song |
| 13 | natteliv (et) | night life |
| 12 | natur (en) | nature |

# Norwegian–English glossary

| | | |
|---|---|---|
| 8, 9 | naturligvis | naturally |
| 2, 5, 11 | navn (et) | name |
| 3 | nede | down(stairs) |
| 1 | Nederland | Netherlands, the |
| 1 | nederlandsk | Dutch (language) |
| 1 | nederlender | Dutch (person) |
| 1 | nei | no |
| 11 | nemlig | you see, namely |
| 10 | nettopp | exactly, just that |
| 1 | New Zealand | New Zealand |
| 1 | newzealender / newzealandsk | New Zealander |
| 2 | ni | nine (9) |
| 5 | niende | ninth |
| 5 | niese (en) | niece |
| 11 | nikke | nod (v.) |
| 2 | nitten | nineteen (19) |
| 5 | nittende | nineteenth |
| 2 | nitti | ninety (90) |
| 4, 12 | noen ganger | sometimes |
| 11 | nok | enough |
| 13 | nord for | north of |
| 1 | nordmann | Norwegian (person) |
| 1 | Norge | Norway |
| 1 | norsk | Norwegian (language, nationality) |
| 5 | november | November |
| 2 | null | zero (0) |
| 4 | nummer (et) | number |
| 6 | ny | new |
| 6, 7, 8 | nydelig | lovely, beautiful |
| 4 | nær | near |
| 7, 13 | nærhet (en) | vicinity |
| s4 | nødnummer (et) | emergency number |
| 3 | når | when, whenever |
| 3, 5 | ofte | often |
| 3 | og | and |
| 3 | også | also, too, as well |
| 5 | oktober | October |

| | | |
|---|---|---|
| 4 | oldefar (en) | great-grandfather |
| 4 | oldeforeldre | great-grandparents |
| 4 | oldemor (en / ei) | great-grandmother |
| 8 | olje (en) | oil |
| 6 | om ei (/ en) uke | in a week (future time) |
| 4 | om ettermiddagen | in the afternoon |
| 4 | om morgenen | in the morning |
| 4 | onkel (en) | uncle |
| 4 | onsdag | Wednesday |
| 3 | oppe | up(stairs) |
| 12, 13 | oppleve (-de, -d) | experience (v.) |
| 8 | oppskrift (en) | recipe |
| 12 | opptatt av | interested in, concerned with |
| 6, 10 | oransje | orange (colour) |
| 1 | Oslo | Oslo (capital city of Norway) |
| 4 | ost (en) | cheese |
| 6 | oversikt (en) | overview |
| 3 | overskyet | overcast |
| 1 | Pakistan | Pakistan |
| 1 | pakistaner / pakistansk | Pakistani (person / nationality) |
| 2 | pakke ei / en | package |
| 2 | papir (et) | paper |
| 4 | pappa (en) | dad, daddy (child's term) |
| 2 | par (et) | couple |
| 1 | pashto | Pashto (language) |
| 4, 7 | passe (-et, -et) | tend / watch (v.); fit, be suitable |
| 12 | passe på (-et, -et) | watch out for, pay attention to (v.) |
| 6 | pen | pretty |
| 13 | pendle (-et, -et) | commute (v.) |
| 9 | pengegave (en) | gift of money |
| 2 | penn (en) | pen |
| 12 | pensjonat (et) | guesthouse |
| 14 | pensjonist (en) | pensioner |
| 14 | permisjon (en) | leave of absence |
| 1 | persisk | Persian (language) |
| 14 | pilot (en) | pilot |
| 4 | pizza (en) | pizza |
| 5, 6 | plass (en) | seat, room, place |
| 4 | politi (et) | police |

| | | |
|---|---|---|
| 14 | politibetjent (en) | police officer |
| 8 | populær | popular |
| 8 | porsjon (en) | portion, serving |
| 1 | Portugal | Portugal |
| 1 | portugiser | Portuguese (person) |
| 1 | portugisisk | Portuguese (language) |
| 8 | postkontor (et) | post office |
| 4 | potet (en) | potato |
| 5, 10 | praktisk | practical |
| 9 | presang (en) | present, gift |
| 14 | prest (en) | pastor, priest |
| 12 | prioritere (-te, -t) | prioritize (v.) |
| 6 | pris (en) | price |
| 6 | prisklasse (en) | price range |
| 9, 11 | problem (et) | problem |
| 14 | protestere (-te, -t) | protest (v.) |
| 10, 12 | prøve (-de, -d) | try (v.) |
| 10 | prøverom (et) | dressing room |
| 6 | pub (en) | pub |
| 10 | purpurfarget | purple-coloured |
| 5 | pus (en) | term of endearment (literally, 'kitty') |
| 4 | pusse tennene (-et, -et) | brush one's teeth (v.) |
| 9 | pynte (-et, -et) | decorate (v.) |
| 2, 4 | pølse (en / ei) | hot dog, sausage |
| 5 | på | at / on |
| 6 | på tilbud | on sale, on offer |
| 2, 4 | pålegg (et) | sandwich fixings, toppings for open-sandwiches |
| 12 | påstå (-sto, -stått) | claim, maintain (v.) |
| 5 | rad (en) | row (n.) |
| 13 | raskt | rapidly |
| 3 | regn (et) | rain |
| 8 | regning (en) | bill |
| 1 | reise | travel (v.) |
| 6 | reisevei (en) | journey, trip |
| 7, 13 | reke (en) | shrimp |
| 4 | rekesmørbrød (et) | open-shrimp sandwich |
| 5 | rekke (rakk, rukket) | catch / arrive in time (v.) |

| | | |
|---|---|---|
| 6 | rekkehus (et) | townhouse |
| 12 | ren | pure, clean |
| 9 | rensdyrstek (en) | reindeer roast |
| 14 | resepsjonist (en) | receptionist |
| 11 | resept (en) | prescription |
| 5 | rest (en) | rest, remaining |
| 4 | restaurant (en) | restaurant |
| 14 | resterende | remaining |
| 5 | rette (-et, -et) | correct / grade (v.) |
| 5 | ri (red, ridd) | ride horseback (v.) |
| 4 | ringe (-te, -t) | call (on the telephone) (v.) |
| 10 | ringetid (en) | calling time (minutes) |
| 14 | rolig | calmly |
| 11 | rope (-te, -t) | shout, call (v.) |
| 10 | rosa | pink |
| 4, 8 | rundstykke (et) | hard roll |
| 3 | rundt | around |
| 1 | russer | Russian (people) |
| 1 | russisk | Russian (language) |
| 1 | Russland | Russia |
| 14 | rutine (en) | routine |
| 5, 8 | rydde (-et, -et) | clean / straighten (v.) |
| 6, 10 | rød | red |
| 8 | rødvin (en) | red wine |
| 4 | rømme (en) | sour cream |
| 11 | røntgen | X-ray |
| 8 | røre (-te, -t) | stir (v.) |
| 14 | rørlegger (en) | plumber |
| 8 | rå | raw |
| 14 | råd (et) | advice |
| 9 | S.U. (Svar Utbes) | reply requested, R.S.V.P. |
| 13 | salg (et) | sale |
| 6 | salgsoppgave (en) | sales flyer |
| 6 | salongbord (et) | coffee table |
| 1 | samboer (en) | live-in (boyfriend / girlfriend) |
| 9 | samles | be gathered |
| 14 | samme | the same |
| 4, 5 | sammen | together |
| 8 | saus (en) | gravy, sauce |

| | | |
|---|---|---|
| 3 | savne (-et, -et) | miss, long for (v.) |
| 7, 8, 12 | se ___ ut (så, sett) | look, appear (v.) |
| 7 | se (så, sett) | see / look (v.) |
| 2 | sedler | bills (money) |
| 4 | seint | late |
| 2 | seks | six (6) |
| 2 | seksten | sixteen (16) |
| 5 | sekstende | sixteenth |
| 2 | seksti | sixty (60) |
| 10 | selger (en) | sales representative |
| 5 | selskap (et) | party |
| 4, 6 | selv | myself, yourself, oneself |
| 7 | selv om | even though |
| 2 | selv takk | thanks to you, too |
| 4, 9 | selvfølgelig | of course |
| 4 | selvsagt | of course |
| 4 | senere | later |
| 9 | senest | latest |
| 4, 6 | seng (en / ei) | bed |
| 4 | sent | late |
| 6 | sentrum (et) | downtown area of city |
| 5 | separert | separated |
| 5 | september | September |
| 9 | seremoni (en) | ceremony |
| 14 | servitør (en) | waiter |
| 4, 7 | ses | see each other (v.) |
| 4 | sette (satte, satt) | sit down; seat oneself (v.) |
| 12 | sette foten ned (satte, satt) | to put one's foot down (v.) |
| 14 | sette på (satte, satt) | put on (v.) |
| 11 | sette seg (satte, satt) | sit down, be seated (v.) |
| 13 | severdighet (en) | tourist attraction |
| 12 | shoppe (-et, -et) | shop (v.) |
| 2, 4, 7 | si (sa, sagt) | say / tell (v.) |
| 10 | si det | good question |
| 10 | si fra (sa, sagt) | speak up (v.) |
| 5, 8 | side (en / ei) | side |
| 8 | sikker på | sure |
| 3, 4 | sikkert | surely, probably |

| | | |
|---|---|---|
| 1 | singel | single |
| 3, 5, 10 | sitte (satt, sittet) | sit, fit (f.eks. hvordan sitter det? how does it fit) (v.) |
| 4 | sitte barnevakt (satt, sittet) | babysit (v.) |
| 5 | sjette | sixth |
| 2 | sjokolade (en) | chocolate |
| 4 | sjokoladeis (en) | chocolate ice cream |
| 4 | sjokoladepålegg (et) | chocolate-flavoured spread |
| 2 | sju / syv | seven (7) |
| 5 | sjuende (syvende) | seventh |
| 8 | sjy (en) | broth, juice |
| 8 | sjøsyk | sea sick |
| 14 | sjåfør (en) | driver |
| 1 | skal | shall, will, is going to (v.) |
| 12 | skianlegg (et) | ski area |
| 12 | skiferie (en) | ski vacation |
| 7 | skikkelig | proper, decent |
| 5 | skille seg (-te, -t) | get divorced (v.) |
| 1, 5 | skilt | divorced |
| 3 | skinne (-te, -t) | shine (v.) |
| 6 | skinnsofa (en) | leather sofa |
| 4 | skive (ei / en) | slice |
| 9, 11 | skje (-dde, -dd) | happen (v.) |
| 9 | skjønne (-te, -t) | understand (v.) |
| 8 | skobutikk (en) | shoe store |
| 13 | skog (en) | forest, woods |
| 12 | skravle (-et, -et) | chat, gossip (v.) |
| 6 | skriftlig | written, in writing |
| 7 | skrive (skrev, skrevet) | write (v.) |
| 14 | skuespiller (en) | actor |
| 3 | skyet | cloudy |
| 12 | skyld (en) | fault |
| 12 | slett ikke | not at all |
| 8 | slik | thus, like this |
| 5, 12 | slipper (slapp, sluppet) | get out of, don't have to do something |
| 14 | slite (slet, slitt) | struggle (v.) |
| 4, 12 | sliten | tired, exhausted |

# Norwegian-English glossary

| | | |
|---|---|---|
| 13 | slutt (en) | end |
| 6 | slutte (-et, -et) | quit (v.) |
| 8 | smake til (-te, -t) | season (v.) |
| 12 | sminke seg (-et, -et) | to put on make-up |
| 10 | sms (en) | text message on mobile phones |
| 10 | smykke (et) | necklace |
| 4 | smør (et) | butter |
| 1, 4, 7 | smørbrød (et) | open-sandwich |
| 1 | snakke (-et, -et) | speak |
| 7 | snakkes | talk to each other |
| 4 | snart | soon |
| 3 | snø (en) | snow |
| 6 | sofa (en) | sofa, couch |
| 3 | sol (en / ei) | sun |
| 8 | Solo (en) | brand of orange soda pop |
| 11 | sone (en) | zone |
| 4 | sove (sov, sovet) | sleep (v.) |
| 6, 8 | soverom (et) | bedroom |
| 12 | sovesal (en) | dormitory |
| 4 | spagetti | spaghetti |
| 12 | spandere (-te, -t) | to treat, pay for (v.) |
| 1 | Spania | Spain |
| 1 | spanjol | Spanish (person) |
| 1 | spansk | Spanish (language / nationality) |
| 9 | spare (til) (-te, -t) | save (for) (v.) |
| 13 | spasere (-te, -t) | to stroll |
| 11 | spesialist (en) | specialist |
| 6, 12 | spesielt | especially |
| 6 | spiller (en) | player |
| 1 | spise (-te, -t) | eat (v.) |
| 8 | spiseskje (en / ei) | table spoon |
| 12 | spisested (et) | eating place |
| 8 | spisestue (en / ei) | dining room |
| 9 | spleise (-et, -et) | share costs, go in together (v.) |
| 13 | spredt | widely spread |
| 4, 9 | spørre (spurte, spurt) | ask (v.) |
| 9 | spørs, det | be a question of; be doubtful (v.) |
| 2 | spørsmål (et) | question |
| 7 | spå (-dde, -dd) | predict (v.) |

| | | |
|---|---|---|
| 2, 12, 13 | sted (et) | place |
| 8 | stekepanne (en / ei) | frying pan |
| 8 | steking (en) | frying |
| 4 | stelle seg (-te, -t) | get ready, wash, brush teeth etc. (v.) |
| 11 | stemme (en) | voice |
| 9 | stemme for (-te, -t) | vote for (v.) |
| 11 | stemmebånd (et) | vocal cord |
| 8 | sterk | strong |
| 10 | stikke innom (stakk, stukket) | drop in (v.) |
| 4, 9 | stille opp (-te, -t) | help out, step up, show up (v.) |
| 5, 6 | stor | large, big, major |
| 1 | Storbritannia | Great Britain |
| 8 | storby (en) | big city |
| 7 | Stortinget | Parliament |
| 12 | strender | beaches (pl. of en / ei strand: beach) |
| 12 | stresse (-et, -et) | to be stressed out |
| 10 | stretch | stretch – English loanword |
| 8 | strøkavring (en) | bread crumbs |
| 6, 13 | strøm (en) | electricity |
| 1, 3 | studere (-te, -t) | study (v.) |
| 11 | stumt | mutely |
| 9, 11 | stund (en) | a while |
| 4 | stykke (et) | piece, individual |
| 10 | større | bigger |
| 10 | størrelse (en) | size |
| 5, 7 | stå (sto, stått) | stand (v.) |
| 7 | stå bra til | going well / good, to be (v.) |
| 9 | stå for døra | be at the door, be at the threshold |
| 1 | sulten | hungry |
| 4 | suppe (en / ei) | soup |
| 4 | sur | grumpy, cross, sour |
| 6, 10 | svart | black |
| 1 | Sveits | Switzerland |
| 1 | sveitser / sveitsisk | Swiss (person / nationality) |
| 1 | svensk | Swedish (language / nationality) |
| 1 | svenske | Swedish (person) |
| 1 | Sverige | Sweden |

| | | |
|---|---|---|
| 12 | svigerforeldre | parents-in-law |
| 14 | sykepleier (en) | nurse |
| 2, 4 | syltetøy (et) | jam, preserves |
| 7, 9 | synes (syntes, syntes) | think, be of opinion (v.) |
| 1 | synge (sang, sunget) | sing (v.) |
| 2 | sytten | seventeen (17) |
| 5 | syttende | seventeenth |
| 2 | sytti | seventy (70) |
| 13 | særegen | remarkable |
| 14 | søke (-te, -t) | seek (v.) |
| 4 | søndag | Sunday |
| 4 | sønn (en) | son |
| 13 | sør for | south of |
| 4 | søsken (et) | sibling |
| 4 | søskenbarn (et) | cousin |
| 2, 4 | søster (en / ei) | sister |
| 7 | søt | sweet, cute |
| 4 | så | then (sequence of events) |
| 12 | så klart | absolutely |
| 9 | så lenge | for now |
| 5, 9, 11 | sånn | so, thus, like that |
| 5 | T-bane (en) | metro, subway, underground |
| 1, 7 | ta (tok, tatt) | take (v.) |
| 4 | ta det med ro | relax, take it easy |
| 6 | ta fri | take time off |
| 9 | ta med | bring along |
| 6 | ta opp i lån | borrow |
| 12 | ta toget | take the train |
| 1, 8 | takk | thank you, thanks |
| 8 | takk for maten | thanks for the food |
| 7 | takk for sist | thanks for last time (expression used when communicating or meeting after having spent time together) |
| 2 | takke (-et, -et) | thank (v.) |
| 6 | takstmann (en) | assessor |
| 10 | talestyring (en) | voice recognition |
| 14 | tann (ei / en) tenner | tooth |
| 4 | tannbørste (en) | toothbrush |

| | | |
|---|---|---|
| 4 | tannkrem (en) | toothpaste |
| 14 | tannlege (en) | dentist |
| 4 | tante (en / ei) | aunt |
| 6 | taxi (en) | taxi |
| 14 | taxisjåfør (en) | taxi driver |
| 2, 4 | te (en) | tea |
| 4 | telefon (en) | telephone |
| 8 | telefonkatalog (en) | telephone book |
| 12 | telt (et) | tent |
| 3 | temperatur | temperature |
| 8 | tenke på | think about |
| 9 | tenke seg (-te, -t) | imagine, consider (v.) |
| 12 | tenke seg om (-te, -t) | to think things over (v.) |
| 8 | teskje (ts) (en / ei) | teaspoon |
| 5 | test (en) | test |
| 13 | tettsted (et) | populated area |
| 2 | ti | ten (10) |
| 5 | tiende | tenth |
| 5 | til | to / for |
| 12 | til leie | for rent |
| 9 | til og med | even |
| 14 | til sinns | in one's mind |
| 12 | til slutt | in the end, finally |
| 4 | tilbake | back |
| 6 | tilstand (en) | condition |
| 12 | time (en) | hour, class period |
| 4 | tippoldeforeldre | great-great-grandparents |
| 4 | tirsdag | Tuesday |
| 2 | tjue / tyve | twenty (20) |
| 2 | tjueen / enogtyve | twenty one (21) |
| 5 | tjuende (tyvende) | twentieth |
| 2 | to | two (2) |
| 2 | to hundre | two hundred (200) |
| 4 | toalett (et) | toilet |
| 2 | tolv | twelve (12) |
| 5 | tolvte | twelfth |
| 6 | tomannsbolig (en) | duplex |
| 3 | torden (en) | thunder |
| 4 | torsdag | Thursday |

# Norwegian–English glossary

| | | |
|---|---|---|
| 10 | trang | tight |
| 6 | trappevask (en) | washing, cleaning of stairs |
| 9 | travelt | busy |
| 2 | tre | three (3) |
| 5 | tredje | third |
| 4, 7 | treffe (traff, truffet) | meet (v.) |
| 2, 9 | trenge (trengte, trengt) | need, require (v.) |
| 7, 9 | trengs (trengtes, trengtes) | be necessary (v.) |
| 2 | tretten | thirteen (13) |
| 5 | trettende | thirteenth |
| 2 | tretti / tredve | thirty (30) |
| 6, 7, 9 | trives (trivdes, trivdes) | thrive, be happy (v.) |
| 5, 6 | tro (-dde, -dd) | think, believe (v.) |
| 11 | tur (en) | turn |
| 10 | turkis | turquoise |
| 2 | tusen | one thousand (1000) |
| 5 | typisk | typical |
| 1 | tysk | German (language) |
| 1 | tysker | German (nationality) |
| 1 | Tyskland | Germany |
| 12 | tøff | tough |
| 4 | tørst | thirsty |
| 3 | tåke (en) | fog |
| 7 | uansett (ei / en) | in any event, at any rate |
| 1 | ugift | unmarried |
| 14 | ulik | various |
| 5 | unnskyld | excuse me, sorry |
| 7 | upraktisk | impractical |
| 1 | urdu | Urdu (language) |
| 1 | USA | United States |
| 3 | ute | outside |
| 13 | uten | without |
| 13 | utenfor | outside of |
| 13 | utenlandsk | foreign |
| 6 | utgift (en) | expense, cost |
| 12 | uthvilt | rested |
| 13 | utsikt (en) | view |
| 2 | utstyr (et) | supplies, equipment |
| 13 | utstyrt | equipped |

| | | |
|---|---|---|
| 10 | utvide seg (-et, -et) | expand, stretch (v.) |
| 4 | vafler | waffles (small, heart-shaped) |
| 6 | vakker | beautiful |
| 6 | vaktmester (en) | caretaker |
| 12 | vandrerhjem (et) | hostel |
| 9 | vaniljesaus (en) | vanilla sauce |
| 7, 8, 13 | vanlig | ordinary, usual, regular |
| 4 | vanligvis | usually |
| 4, 5, 6 | vann (et) | water |
| 4 | var | was (past tense of å være) |
| 12 | vare (-te, -t) | last (v.) |
| 4, 10 | variere (-te, -t) | vary (v.) |
| 6 | varm | warm, hot |
| 4, 12 | varme (-et, -et) | to heat up / warm (v.) |
| 3 | varmt | warm, hot |
| 4 | vaske | wash (v.) |
| 5 | ved | by, at |
| 13 | ved siden av | next to |
| 5 | vel | modal adverb indicating uncertainty. Is it? |
| 8 | vel bekomme | you're welcome. response by host(ess) to 'takk for maten' |
| 5, 6 | veldig | very |
| 6 | velge (valgte, valgt) | choose (v.) |
| 5 | velkommen | welcome |
| 8 | velkommen til bords | welcome to the table (formal meal) |
| 5 | vennen min | term of endearment (literally, 'my friend') |
| 7, 9 | venninne (ei / en) | friend (female) |
| 9 | vennlig | friendly |
| 11, 12, 14 | vente (på) (-et, -et) | to expect, wait (for) (v.) |
| 11 | ventetid (en / ei) | wait time |
| 13 | vest for | west of |
| 14 | veterinær (en) | veterinarian |
| 1 | vi | we |
| 9 | videregående | upper secondary school (age 16–19) |
| 11 | vikar (en) | substitute |

| | | |
|---|---|---|
| 11 | vikariere | substitute (v.) |
| 6, 13 | viktig | important |
| 1 | vil | will, wants to |
| 12 | ville | wild |
| 5, 6 | vindu (et) | window |
| 5 | vinter (en) | winter |
| 12 | vinterferie (en) | winter vacation (school vacation in feb.) |
| 7 | virkelig | really |
| 2 | viskelær (et) | eraser, rubber |
| 11 | visst | certainly |
| 12 | vitamin | vitamin |
| 2 | vite (vet, visste, visst) | know (v.) |
| 6 | vurdering (en) | evaluation |
| 3 | vær (et) | weather |
| 2 | vær så god | you're welcome |
| 5 | vær så snill | please (placed at the beginning of a request) |
| 1, 7 | være (er, var, vært) | be (v.) |
| 3 | være med | come along |
| 8 | værsågod | here you are (said whenever you hand something to someone). Can also be said as a response to 'takk' |
| 4 | våkne (-et, -et) | wake up (v.) |
| 13 | yrende | lively |
| 12 | ærlig | honest |
| 5 | øl (en) | beer |
| 4 | ønske (seg) (-et, -et) | wish, wish for, desire (v.) |
| 10 | ønskeliste (en / ei) | wish list |
| 9 | ørret (en) | trout |
| 13 | øst for | east of |
| 1 | Østerrike | Austria |
| 1 | østerriker / østerriksk | Austrian (person / nationality) |
| 5 | øyeblikk (et) | moment (blink of an eye) |
| 14 | øyelege (en) | eye doctor |
| 5 | ålreit | all right |
| 2 | åtte | eight (8) |
| 5 | åttende | eighth |
| 2 | åtti | eighty (80) |

# English–Norwegian glossary

| Unit | English | Norsk |
|---|---|---|
| 12 | 24-hour period | døgn (et) |
| 2, 4 | a little, some | litt |
| 9, 11 | a while | stund (en) |
| 6, 9, 12 | able to afford (v.) | ha råd til |
| 12 | absolutely | så klart |
| 14 | actor | skuespiller (en) |
| 6, 7 | actually | egentlig, virkelig |
| 14 | admit (v.) | innrømme (-te, -t) |
| 9 | advice | råd (et) |
| 4, 9 | after | etter |
| 4, 8, 10 | afterwards | etterpå |
| 4 | again | igjen |
| 9 | agreement, date | avtale (en) |
| 13 | agriculture | jordbruk (en) |
| 14 | air traffic controller | flygeleder (en) |
| 12 | airline | flyselskap (et) |
| 8, 12 | airport | flyplass (en) |
| 5 | all right | ålreit |
| 12 | all the time | hele tida |
| 13 | along | langs |
| 9 | already | allerede |
| 3 | also, too, as well | også |
| 10 | alternative | alternativ (et) |
| 6 | always | alltid |
| 4 | ambulance | ambulanse (en) |
| 10 | among other things | blant annet |
| 3 | and | og |
| 10 | animal | dyr (et) |
| 10 | animal figure | dyrefigur (en) |
| 10 | animal hospital | dyrehospital (et) |
| 8 | anyway | likevel |
| 6 | apartment building | leiegård (en), boligblokk (en) |

# English–Norwegian glossary

| | | |
|---|---|---|
| 6 | apartment, condominium | leilighet (en) |
| 2 | apple | eple (et) |
| 8 | apple cake | eplekake (en / ei) |
| 10 | apply, be relevant (v.) | gjelde (gjaldt, gjeldt) |
| 5 | April | april |
| 14 | architect | arkitekt (en) |
| 3 | around | rundt |
| 14 | artist | kunstner (en) |
| 4, 9 | ask (v.) | spørre |
| 6 | assessor | takstmann (en) |
| 14 | at any rate | i alle fall |
| 5, 6 | at the home of / place of | hos |
| 5 | at | på |
| 5 | August | august |
| 4 | aunt | tante (en / ei) |
| 1 | Australian (person / nationality) | australier / australsk |
| 1 | Austria | Østerrike |
| 1 | Austrian (person / nationality) | østerriker / østerriksk |
| 14 | author | forfatter (en) |
| 12 | available, free | ledig |
| 3 | away (from) | bort |
| 4 | baby | baby (en) |
| 4 | babysit (v.) | sitte barnevakt (satt, sittet) |
| 4 | babysitter | barnevakt (en) |
| 4 | back | tilbake |
| 14 | background | bakgrunn (en) |
| 3 | bad | dårlig |
| 14 | baker | baker (en) |
| 8 | baking powder | bakepulver (et) |
| 4 | bathroom | bad (et) |
| 1, 7 | be (v.) | være (er, var, vært) |
| 9 | be confirmed (passive voice) (v.) | konfirmeres |
| 9 | be gathered | samles |
| 9 | be informed, be told (v.) | få beskjed (en) |
| 7, 9 | be necessary (v.) | trengs |
| 9 | be successful (v.) | lykkes (lyktes) |
| 12 | be used (passive form) (v.) | brukes (bruktes) |

| | | |
|---|---|---|
| 8, 12, 13 | beach | strand; badestrand (ei / en) (-strender) |
| 6, 7, 8 | beautiful | vakker, nydelig |
| 3 | because | fordi |
| 7 | become (v.) | bli (ble, blitt) |
| 4, 6 | bed | seng (en / ei) |
| 6, 8 | bedroom | soverom (et) |
| 4 | bedtime story | godnatthistorie (en) |
| 5 | beer | øl (en) |
| 4, 5 | before | før |
| 6 | begin (v.) | begynne (-te, -t) |
| 7 | beginning | begynnelse (en) |
| 1 | Belgian (person / nationality) | belgier / belgisk |
| 1 | Belgium | Belgia |
| 1 | Bengali | bengali |
| 9 | berries | bær (et) |
| 11 | better | bedre |
| 4, 5, 6 | between | mellom |
| 5, 6 | big | stor |
| 8 | big city | storby (en) |
| 10 | bigger | større |
| 8 | bill | regning (en) |
| 2 | bills (money) | sedler |
| 5 | birthday | bursdag (en), fødselsdag (en) |
| 6, 10 | black | svart |
| 6 | blue | blå |
| 10 | blue-green | blågrønn |
| 12, 13 | boat, vessel | båt (en); fartøy (et) |
| 8 | boil (v.) | koke (-te, -t) |
| 4 | boiled potatoes | kokte poteter |
| 2 | bookstore | bokhandel (en) |
| 10 | boring | kjedelig |
| 6, 13 | borrow (v.) | låne (-te, -t); ta opp i lån (tok, tatt) |
| 8 | both | begge |
| 4, 7 | both – and | både – og |
| 2 | bottle | flaske (ei / en) |
| 8 | bowl | bolle (en / ei) |
| 2 | boy | gutt (en) |

# English–Norwegian glossary 343

| | | |
|---|---|---|
| 1 | boyfriend / girlfriend | kjæreste (en) |
| 8 | bread crumbs | strøkavring (en) |
| 2, 4 | bread loaf | brød (et) |
| 8 | breading flour | griljermel (et) |
| 11 | break (v.) | brekke (brakk, brukket) |
| 12 | break, intermission | pause (en) |
| 9 | bring along | ta med |
| 1 | British (person) | brite |
| 1 | British (nationality) | britisk |
| 12 | brochure | brosjyre (en) |
| 11 | broken | brukket |
| 8 | broth, juice | sjy (en) |
| 2, 4 | brother | bror (en) |
| 6, 10 | brown | brun |
| 2, 4 | brown goat's milk cheese | brunost (en) |
| 4 | brush one's teeth (v.) | pusse tennene |
| 10 | budget | budsjett (et) |
| 12 | bunk bed | køye ei / en) |
| 12 | bus | buss (en) |
| 14 | bus driver | bussjåfør (en) |
| 9 | busy | travelt |
| 3 | but | men |
| 4 | butter | smør (et) |
| 2, 4 | buy (v.) | kjøpe (-te, -t) |
| 9 | by (time) | innen |
| 5 | by, at | ved |
| 12 | cabin | hytte (en / ei) |
| 6 | café | kafé (en) |
| 4 | cake | kake (en / ei) |
| 4 | call (on the telephone) (v.) | ringe (-te, -t) |
| 1 | called (v.) | hete (het, hett) |
| 10 | calling time (minutes) | ringetid (en) |
| 14 | calmly | rolig |
| 12 | camping cabin (rental) | campinghytte |
| 1 | can, is able to (v.) | kan |
| 1 | Canada | Canada |
| 1 | Canadian (person / nationality) | canadier / canadisk |
| 5 | candy | godteri (et) |
| 8, 13 | capital city | hovedstad (en) |

| | | |
|---|---|---|
| 2 | car | bil (en) |
| 8 | car ride | biltur (en) |
| 6 | caretaker | vaktmester (en) |
| 4 | carrots | gulrøtter |
| 8 | carrying bag | bærepose (en) |
| 3 | cat | katt (en) |
| 5 | catch / arrive in time (v.) | rekke (rakk, rukket) |
| 4, 5 | celebrate (v.) | feire (-et, -et) |
| 4 | cereal (cold) | frokostblanding (en) |
| 9 | ceremony | seremoni (en) |
| 11 | certainly | visst |
| 12 | chat (v.) | skravle (-et, -et) |
| 9 | cheap | billig |
| 10, 12 | cheaper than | billigere enn |
| 4 | cheese | ost (en) |
| 2 | chicken | kylling (en) |
| 2, 4 | child | barn (et) |
| 1 | China | Kina |
| 1 | Chinese (language) | kinesisk |
| 1 | Chinese (people) | kineser |
| 2 | chocolate | sjokolade (en) |
| 4 | chocolate-flavoured spread | sjokoladepålegg (et) |
| 4 | chocolate ice cream | sjokoladeis (en) |
| 6 | choose (v.) | velge (valgte, valgt) |
| 8 | Christmas tree | juletre (et) |
| 12 | claim, maintain (v.) | påstå (-sto, -stått) |
| 3 | classmate | klassekamerat (en) |
| 8 | classroom | klasserom (et) |
| 5, 8 | clean / straighten (v.) | rydde (-et, -et) |
| 9 | clever at | flink til |
| 6 | closet, wardrobe | klesskap (et) |
| 3 | cloudy | skyet |
| 1, 4 | coffee | kaffe (en) |
| 8 | coffee cup | kaffekopp (en) |
| 6 | coffee table | salongbord (et) |
| 2 | coin | mynt |
| 3, 6 | cold | kald(t) |
| 11 | cold (head cold) | forkjølelse (en) |
| 14 | colleague | kollega (en) |

# English–Norwegian glossary 345

| | | |
|---|---|---|
| 1 | come (v.) | komme (kom, kommet) |
| 3 | come along | være med (var, vært), bli med (ble, blitt) |
| 1 | come from (v.) | komme fra (kom, kommet) |
| 2 | come with, come along (v.) | bli med (ble, blitt) |
| 6 | comfortable | behagelig |
| 6 | common, in common | felles |
| 13 | commute (v.) | pendle (-et, -et) |
| 5 | complain about (v.) | klage over (-et,-et) |
| 14 | compliment | kompliment (en) |
| 13 | comprehensive | allsidig |
| 8 | computer | datamaskin (en) |
| 14 | concerned | bekymret |
| 6 | condition | tilstand (en) |
| 9 | confirmation | konfirmasjon (en) |
| 9 | consider (v.) | tenke seg (-te, -t) |
| 13 | consist of (v.) | bestå av (-sto, -stått) |
| 14 | contact | kontakt (en) |
| 12 | continue (v.) | fortsette (-satte, -satt) |
| 14 | cook | kokk (en) |
| 8 | corn | mais (en) |
| 10 | corner | hjørne (et) |
| 12 | corpse, dead body | lik (et) |
| 5 | correct (v.) | rette (-et, -et) |
| 2 | cost (v.) | koste (-et, -et) |
| 10 | cotton | bomull (en / ei) |
| 6 | couch | sofa (en) |
| 11 | cough (v.) | hoste (-et, -et) |
| 13 | country | fylke (et) |
| 2 | couple | par (et) |
| 2 | course | kurs (et) |
| 4 | cousin | søskenbarn (et) |
| 4 | cousin (female) | kusine (en / ei) |
| 4 | cousin (male) | fetter (en) |
| 6, 13 | cover (v.) | dekke (-et, -et) |
| 4 | cross, crabby | sur |
| 2 | crown; also currency | krone |
| 4 | cry, weep (v.) | gråte (gråt, grått) |
| 13 | cultural offerings | kulturtilbud (et) |

| | | |
|---|---|---|
| 1 | cup | kopp (en) |
| 4 | curry | karri |
| 10 | customer | kunde (en) |
| 7 | cute | søt |
| 12 | Cyprus | Kypros |
| 4 | dad, daddy (child's term) | pappa (en) |
| 5 | dance (v.) | danse (-et, -et) |
| 1 | Dane (person) | danske (en) |
| 1 | Danish (language, nationality) | dansk |
| 4, 7, 9 | darling, dear (term or endearment) Also a letter greeting | kjære |
| 2, 4 | daughter | datter (en / ei) |
| 7 | day after tomorrow | i overmorgen |
| 7 | day before yesterday | i forgårs |
| 8 | day home | daghjem (et) |
| 4 | day care centre or preschool | barnehage (en) |
| 5 | December | desember |
| 9, 14 | decide (v.) | bestemme seg (-te, -t) |
| 9 | decorate (v.) | pynte (-et, -et) |
| 5 | delay | forsinkelse (en) |
| 5 | delayed, late | forsinket |
| 6 | delicious (about food) | lekker |
| 6 | deliver (v.) | levere (-te, -t) |
| 12 | demand (v.) | kreve (-de, -d) |
| 1 | Denmark | Danmark |
| 14 | dentist | tannlege (en) |
| 6 | department | avdeling (en) |
| 9 | desire (v.) | ønske seg (-et, -et) |
| 4 | dessert | dessert (en) |
| 9 | detail | detalj (en) |
| 10 | difference | forskjell (en) |
| 12 | different | forskjellig |
| 8 | dining room | spisestue (en / ei) |
| 2 | dinner | middag (en) |
| 8 | dip (v.) | dyppe (-et, -et) |
| 9 | discuss (v.) | diskutere (-te, -t) |
| 14 | distribute (v.) | fordele (-te, -t) |

| | | |
|---|---|---|
| 13 | divided | inndelt |
| 1, 5 | divorced | skilt |
| 7 | do (v.) | gjøre (gjorde, gjort) |
| 14 | doctor, physician | lege (en) |
| 3 | dog | hund (en) |
| 10 | doll | dukke (en / ei) |
| 2 | don't mention it | ingen årsak |
| 2 | door | dør (ei / en) |
| 12 | dormitory | sovesal (en) |
| 12 | down there | der nede |
| 3 | down(stairs) | nede |
| 6 | downtown area of city | sentrum (et) |
| 6 | dream (v.) | drømme (-te, -t) |
| 10 | dressing room | prøverom (et) |
| 1, 5, 7, 8 | drink (v.) | drikke (drakk, drukket) |
| 14 | driver | sjåfør (en) |
| 10 | drop in (v.) | stikke innom (stakk, stukket) |
| 6 | dumb | dum |
| 6 | duplex | tomannsbolig (en) |
| 1 | Dutch (language / nationality) | nederlandsk |
| 1 | Dutch (person) | nederlender |
| 7 | email | mail (en), epost (en) |
| 10 | each | hver |
| 8 | each individually | hver for dere |
| 13 | east of | øst for |
| 1 | eat (v.) | spise (-te, -t) |
| 12 | eating place | spisested (et) |
| 8 | egg | egg (et) |
| 1 | Egypt | Egypt |
| 1 | Egyptian (people / nationality) | egypter / egyptisk |
| 2 | eight (8) | åtte |
| 2 | eighteen (18) | atten |
| 5 | eighteenth | attende |
| 5 | eighth | åttende |
| 2 | eighty (80) | åtti |
| 7 | either / or | enten / eller |
| 6, 13 | electricity | strøm (en) |

| | | |
|---|---|---|
| 2 | eleven (11) | elleve |
| 5 | eleventh | ellevte |
| 9 | email each other (v.) | mailes |
| 11 | emergency medical service, urgent care | legevakt (en / ei) |
| s4 | emergency number | nødnummer (et) |
| 13 | end | slutt (en) |
| 7 | end / close (v.) | avslutte (-et, -et) |
| 1 | engaged | forlovet |
| 14 | engineer | ingeniør (en) |
| 1 | English (language) | engelsk |
| 4, 10 | enjoy oneself, have fun, have a good time | kose seg (-te, -t) |
| 11 | enough | nok |
| 12 | environmentally friendly | miljøvennlig |
| 6 | equally, just as | like |
| 13 | equipped | utstyrt |
| 2 | eraser | viskelær (et) |
| 6, 12 | especially | spesielt |
| 12 | eternity | evighet (en) |
| 1 | Ethiopia | Etiopia |
| 1 | Ethiopian (people / nationality) | etioper / etiopisk |
| 6 | evaluation | vurdering (en) |
| 9 | even | til og med |
| 7 | even though | selv om |
| 4 | evening snack, supper | kveldsmat (en) |
| 10 | eventually | etter hvert |
| 2 | everything | alt |
| 6, 9 | exactly | akkurat |
| 10 | exactly, just that | nettopp |
| 5 | excuse me, sorry | unnskyld |
| 3 | exercise | mosjon |
| 4, 12 | exhausted | sliten |
| 6, 7, 12 | exist, be (v.) | er til (være til); fins, finnes (fantes, fantes) |
| 10 | expand, stretch (v.) | utvide seg |
| 14 | expect (v.) | vente (-et, -et) |
| 6 | expense, cost | utgift (en) |

English–Norwegian glossary 349

| | | |
|---|---|---|
| 2, 6, 9 | expensive | dyr |
| 12, 13 | experience (v.) | oppleve (-de, -d) |
| 14 | eye doctor | øyelege (en) |
| 11 | fall (v.) | falle (falt, falt) |
| 13 | familiar | kjent |
| 4 | family | familie (en) |
| 6 | farm | gård, bondegård (en) |
| 14 | farmer | bonde (en) |
| 2, 4 | father | far (en) |
| 14 | father's quota | fedrekvote (en) |
| 12 | fault | skyld (en) |
| 8 | favourite | favoritt |
| 4 | favourite / "the best I know" | det beste jeg vet |
| 8 | favourite food | favorittmat (en) |
| 5 | February | februar |
| 9 | feel (v.) | føles (føltes); kjennes (kjentes) |
| 12 | fell (past tense of fall) | falt |
| 12 | ferry | ferge (ei / en) |
| 4, 5 | fetch (v.) | hente (-et, -et) |
| 13 | fewer | færre |
| 2 | fifteen (15) | femten |
| 5 | fifteenth | femtende |
| 5 | fifth | femte |
| 2 | fifty (50) | femti |
| 8 | filling | fyll (en) |
| 6 | finally, at last | endelig |
| 6 | financing | finansiering (en) |
| 1, 9 | find (v.) | finne (fant, funnet) |
| 3, 5 | fine, good | fint |
| 4, 8 | fine, ok | greit |
| 8 | finished | ferdig |
| 1 | Finland | Finland |
| 1 | Finn (person) | finne |
| 1 | Finnish (language / nationality) | finsk |
| 4 | fire | brann (en) |
| 14 | fire fighter | brannkonstabel (en) |
| 1, 4, 5, 6 | first | først |

| | | |
|---|---|---|
| 2, 4 | fish | fisk (en) |
| 2 | five (5) | fem |
| 4 | flan (custard with caramel sauce) | karamellpudding (en) |
| 6 | flatscreen | flatskjerm |
| 1 | Flemish (language) | flamsk |
| 9 | flower | blomst (en) |
| 3 | fog | tåke (ei / en) |
| 4, 10 | fond of | glad i |
| 2, 4 | food | mat (en) |
| 5 | for | for |
| 9 | for now | så lenge |
| 12 | for rent | til leie |
| 13 | foreign | utenlandsk |
| 13 | forest | skog (en) |
| 2 | forty (40) | førti |
| 2 | four (4) | fire |
| 2 | fourteen (14) | fjorten |
| 5 | fourteenth | fjortende |
| 5 | fourth | fjerde |
| 1 | France | Frankrike |
| 8 | free time | fritid (en / ei) |
| 5 | free time / have time off (v.) | ha fri (hadde, hatt) |
| 12 | freeze (v.) | fryse, (frøs, frosset) |
| 12 | freeze, be cold (v.) | fryse (frøs, frosset) |
| 1 | French (language, nationality) | fransk |
| 1 | French person | franskmann |
| 4 | Friday | fredag |
| 7, 9 | friend (female) | venninne (ei / en) |
| 5 | friend, buddy | kamerat (en) |
| 9 | friendly | vennlig |
| 5 | from home | hjemmefra |
| 4 | fruit | frukt (en) |
| 8 | frying | steking (en) |
| 8 | frying pan | stekepanne (en / ei) |
| 12 | fuel, gasoline, petrol | bensin (en) |
| 4, 8 | full, satisfied | mett |
| 12 | gasoline | bensin (en) |

| | | |
|---|---|---|
| 1 | German (language, nationality) | tysk |
| 1 | German (person) | tysker |
| 1 | Germany | Tyskland |
| 7 | get (v.) | få (fikk, fått) |
| 5 | get divorced (v.) | skille seg (-te, -t) |
| 4 | get dressed, put on clothes (v.) | kle på seg (kledde, kledd) |
| 12 | get out (v.) | komme seg ut (kom, kommet) |
| 5, 12 | get out of, don't have to do something (v.) | slipper (slapp, sluppet) |
| 4 | get ready, wash, brush teeth etc. | stelle seg (-te, -t) |
| 9 | gift | gave (en) |
| 2 | girl | jente (en / ei) |
| 12 | give up (v.) | gi opp (ga, gitt) |
| 13 | glacier | isbre (en) |
| 6 | glad | glad |
| 3 | gladly, with pleasure | gjerne |
| 5 | glass | glass (et) |
| 3 | go (v.) | gå (gikk, gått) |
| 3 | go for a walk (v.) | gå en tur |
| 10 | go shopping (v.) | gå i butikker |
| 5 | go to a discotheque (v.) | gå på diskotek |
| 5 | go to a pub (v.) | gå på pub |
| 4 | go to bed (v.) | legge seg (la, lagt) |
| 4 | go to the bathroom (v.) | gå på toalettet, gå på do |
| 12 | go to the theatre (stage) (v.) | gå i teater |
| 7 | going well / good, to be (v.) | stå bra til |
| 10 | goldsmith | gullsmed (en) |
| 3 | gone | borte |
| 5, 6 | good | god |
| 9 | good at | flink til |
| 14 | good night song | nattasang (en) |
| 4 | goodbye | ha det |
| 4 | goodnight | god natt |
| 6 | gorgeous | lekker |
| 12 | gossip (v.) | skravle (-et, -et) |

| | | |
|---|---|---|
| 10 | gradually | etter hvert |
| 8 | gram | gram (g) (et) |
| 12 | grammar | grammatikk (en) |
| 4 | grandfather | bestefar (en) |
| 4 | grandmother | bestemor (en / ei) |
| 4 | grandparent | besteforeldre |
| 8 | gravy, sauce | saus (en) |
| 1 | Great Britain | Storbritannia |
| 4 | great-grandfather | oldefar (en) |
| 4 | great-grandmother | oldemor (en / ei) |
| 4 | great-grandparents | oldeforeldre |
| 4 | great-great-grandparents | tippoldeforeldre |
| 6, 10 | green | grønn |
| 7, 9 | greeting(s) | hilsen (en) |
| 6, 10 | grey | grå |
| 8 | ground meat (beef or beef / pork mixture) | kjøttdeig (en) |
| 4 | grumpy | sur |
| 12 | guesthouse | pensjonat (et) |
| 8 | gyro – middle-Eastern fast food sandwich in pita bread | kebab (en) |
| 14 | hair stylist | frisør (en) |
| 4, 6 | half | halv |
| 9, 11 | happen (v.) | skje (-dde, -dd) |
| 6 | happy with | fornøyd med |
| 13 | harbour | havn (ei / en) |
| 1 | have (v.) | ha (hadde, hatt) |
| 9 | have an idea (usually negative: Jeg aner ikke [I have no idea.]) (v.) | ane (-te, -t) |
| 4 | have plenty of time (v.) | ha god tid |
| 1 | he | han |
| 8 | headache | hodepine (en) |
| 12 | health | helse (en / ei) |
| 11 | healthy | frisk |
| 5 | hear (v.) | høre (-te, -t) |
| 4, 12 | heat up (v.) | varme (-et, -et) |
| 1 | Hebrew (language) | hebraisk |
| 9 | help | hjelp (en) |

English–Norwegian glossary 353

| | | |
|---|---|---|
| 4 | help (v.) | hjelpe (hjalp, hjulpet) |
| 4, 9 | help out, step up, show up (v.) | stille opp (-te, -t) |
| 5 | her / hers (possessive) | hennes |
| 3 | here (at this location) | her |
| 3 | here (to this location) | hit |
| 8 | here you are (said whenever you hand something to someone). Can also be said as a response to 'takk' | værsågod |
| 13 | heritage | arv (en) |
| 1, 7 | hi, hello | hei |
| 12 | high mountain hotel | høyfjellshotell |
| 6 | high-rise apartment building | boligblokk (en) |
| 1 | Hindi (language) | hindi |
| 5 | his (possessive) | hans |
| 10 | hold back (v.) | holde igjen (holdt, holdt) |
| 6 | home | hjem |
| 4 | home office | hjemmekontor (et) |
| 3, 5, 9 | home, at home | hjemme |
| 5 | homeland, home country | hjemland (et) |
| 8 | homemade | hjemmelaget |
| 8 | homework | lekser |
| 12 | honest | ærlig |
| 9, 11 | hope (v.) | håpe (-et, -et) |
| 12 | horse | hest (en) |
| 12 | hostel | vandrerhjem (et) |
| 2, 4 | hot dog | pølse (en / ei) |
| 12 | hotel | hotell (et) |
| 12 | hour | time (en) |
| 2 | house | hus (et) |
| 4 | housework | husarbeid (et) |
| 6 | housing cooperative, tenant-owner's association | borettslag (et) |
| 7 | hug | klem (en) |
| 3 | humid | fuktig |
| 1 | hungry | sulten |
| 11 | hurt (v.) | gjøre vondt (gjorde, gjort) |
| 1 | husband | mann (en), ektemann (en) |

| | | |
|---|---|---|
| 1 | I | jeg |
| 8 | ice cold | iskald |
| 4, 11 | ice cream, ice | is (en) |
| 1 | Iceland | Island |
| 1 | Icelandic (language, nationality) | islandsk |
| 1 | Icelandic (person) | islending |
| 9 | idea | idé (en) |
| 6, 12 | if | hvis, dersom |
| 9 | imagine (v.) | tenke seg (-te, -t) |
| 13 | immigrant | innvandrer (en) |
| 6, 13 | important | viktig |
| 7 | impractical | upraktisk |
| 12 | impressed | imponert |
| 5 | in | i |
| 6 | in addition, besides | dessuten |
| 7 | in any event, at any rate | uansett |
| 6, 11 | in front of | foran |
| 14 | in one's mind | til sinns |
| 4 | in the afternoon | om ettermiddagen |
| 12 | in the end, finally | til slutt |
| 4 | in the morning | om morgenen |
| 6 | included, incorporated | innbakt |
| 9 | income | inntekt (en) |
| 1 | India | India |
| 1 | Indian (people / nationality) | inder / indisk |
| 6, 10 | information | informasjon (en) |
| 8 | information centre | informasjonskontor (et) |
| 8 | ingredient | ingrediens (en) |
| 12 | injection | innsprøyting (en) |
| 3 | inside, indoors | inne |
| 12 | instead of | i stedet for |
| 12 | integrated | integrert |
| 7 | intend (v.) | har tenkt å (hadde, hatt) |
| 12 | interested in, concerned with | opptatt av |
| 1 | Iran | Iran |
| 1 | Irani (person / nationality) | iraner / iransk |
| 1 | Iraq | Irak |

| | | |
|---|---|---|
| 1 | Iraqi (person / nationality) | iraker / iraksk |
| 1 | Israel | Israel |
| 1 | Israeli (person / nationality) | israeler / israelsk |
| 1, 3 | it | den, det |
| 1 | Italian (language, nationality) | italiensk |
| 1 | Italian (person) | italiener |
| 1 | Italy | Italia |
| 5 | its (possessive) | dens, dets |
| 2, 4 | jam | syltetøy (et) |
| 5 | January | januar |
| 1 | Japan | Japan |
| 1 | Japanese (language, nationality) | japansk |
| 1 | Japanese (person) | japaner |
| 10 | jeans | jeans (en) |
| 1, 6, 14 | job | jobb (en) |
| 14 | journalist | journalist (en) |
| 6 | journey, trip | reisevei (en) |
| 4 | juice | juice (en) |
| 5 | July | juli |
| 5 | June | juni |
| 2 | just | bare |
| 10 | keep on budget (v.) | holde budsjettet |
| 8 | kid's clothes | barneklær |
| 4 | kitchen | kjøkken (et) |
| 5 | kitty (term of endearment) | pus (en) |
| 2 | know (a fact) (v.) | vite |
| 1 | Kurdish (language) | kurdisk |
| 14 | lapse (v.) | falle bort (falt, falt) |
| 5, 6 | large | stor |
| 4 | lasagna | lasagne |
| 12 | last (v.) | vare |
| 6 | last year | i fjor |
| 4 | late | sent |
| 8, 9 | lately | i det siste |
| 4 | later | senere |
| 9 | latest | senest |
| 8 | latté | kaffelatte (en) |
| 12 | laugh at (v.) | le av (lo, ledd) |

| | | |
|---|---|---|
| 14 | lawyer | advokat (en) |
| 13 | lead to (v.) | føre til (-te, -t) |
| 1 | learn (v.) | lære (-te, -t) |
| 11 | least | minst |
| 6 | leather sofa | skinnsofa (en) |
| 14 | leave of absence | permisjon (en) |
| 10 | leg | bein (et) |
| 14 | legal | juridisk |
| 13 | less | mindre |
| 5 | life | liv (et) |
| 8 | light – (colour) | lyse— |
| 6 | light, bright | lys |
| 3 | lightening | lyn (et) |
| 2, 4 | like (v.) | like (-te, -t) |
| 2, 3 | likewise | i like måte |
| 5, 11 | line | kø (en) |
| 6, 11 | little | liten |
| 8 | little brother | lillebror (en) |
| 4 | little friend (term of endearment) | lille venn |
| 1 | live-in (boyfriend / girlfriend) | samboer (en) |
| 9 | live, be alive (v.) | leve (-de, -d) |
| 1, 3 | live, reside (v.) | bo (-dde, -dd) |
| 13 | lively | yrende |
| 6 | loan | lån (et) |
| 12 | local | lokal |
| 6, 10 | long | lang |
| 3 | long for | savne (-et, -et) |
| 6, 9 | long time | lenge |
| 12 | look for (v.) | lete etter (lette,lett) |
| 14 | look forward to (v.) | glede seg til (-et, -et) |
| 7, 8, 12 | look, appear (v.) | se _____ ut (så, sett) |
| 11 | lose (v.) | miste (-et, -et) |
| 7 | love (closing in letter) | kjærlig hilsen |
| 6, 7, 8 | lovely | nydelig, lekker |
| 12 | lucky dog / duck (literally lucky pig) | heldiggris (en) |
| 4 | lunch | lunsj (en) |
| 5, 6 | major | stor |

English–Norwegian glossary 357

| | | |
|---|---|---|
| 3, 8 | make, prepare (v.) | lage (-et, -et / -de, -d) |
| 1 | man | mann (en) |
| 10, 12 | manage, be able to (v.) | klare (-te, -t) |
| 3 | many | mange |
| 5 | March | mars |
| 12 | marriage | ekteskap (et) |
| 1 | married | gift |
| 12 | matter (it doesn't matter) | det spiller ingen rolle |
| 5 | May | mai |
| 1, 4 | maybe, perhaps | kanskje |
| 14 | meaningful | meningsfylt |
| 4 | meat | kjøtt (et) |
| 4, 8 | meatballs | kjøttkaker |
| 4, 7 | meet (v.) | treffe (traff, truffet); møte (-te. – t) |
| 1, 3, 4 | meet, greet, say hello | hilse på (-te, -t) |
| 6 | meeting | møte (et) |
| 10 | memory | minne (et) |
| 5, 8 | menu | meny (en) |
| 5 | metro, subway, underground | T-bane (ei / en) |
| 1 | Mexican (person) | meksikaner / meksikansk |
| 1 | Mexico | Mexico |
| 8 | middle | midt (en) |
| 14 | milieu | miljø (et) |
| 4 | milk | melk (ei / en) |
| 8 | mini bank, ATM | minibank (en) |
| 5 | minute | minutt (et) |
| 3 | miss, long for (v.) | savne (-et, -et) |
| 12 | mistake | feil (en) |
| 11 | mixture | mikstur (en) |
| 7 | mobile phone number | mobilnummer (et) |
| 10 | model | modell (en) |
| 6 | modern | moderne |
| 4 | mom, mommy (child's term) | mamma (en) |
| 5 | moment (blink of an eye) | øyeblikk (et) |
| 4 | Monday | mandag |
| 6, 7 | month | måned (en) |
| 9 | moped | moped (en) |
| 13 | more | mer |

| | | |
|---|---|---|
| 10 | more (countable) | flere |
| 2, 4 | mother | mor (ei / en) |
| 14 | mother's quota | mødrekvote (en) |
| 12 | mountain | fjell (et) |
| 4 | movie theatre, cinema | kino (en) |
| 4 | movie, film | film (en) |
| 10 | multimedia message | mms (en) |
| 14 | musician | musiker (en) |
| 1 | must | må |
| 11 | mutely | stumt |
| 2 | my pleasure | bare hyggelig |
| 2, 5, 11 | name | navn (et) |
| 2 | native language | morsmål (et) |
| 8, 9 | naturally | naturligvis |
| 12 | nature | natur (en) |
| 4 | near | nær |
| 10 | necklace | smykke (et) |
| 2, 9 | need, require (v.) | trenge (-te, -t) |
| 1 | Netherlands, the | Nederland |
| 5 | never | aldri |
| 6 | new | ny |
| 1 | New Zealand | New Zealand |
| 1 | New Zealander | newzealender / newzealandsk |
| 13 | next to | ved siden av |
| 3, 4, 5 | nice | hyggelig |
| 5 | niece | niese (en) |
| 13 | night life | natteliv (et) |
| 2 | nine (9) | ni |
| 2 | nineteen (19) | nitten |
| 2 | ninety (90) | nitti |
| 5 | nineteenth | nittende |
| 5 | ninth | niende |
| 1 | no | nei |
| 2 | no problem | ikke noe problem |
| 11 | nod (v.) | nikke (-et, -et) |
| 13 | north of | nord for |
| 1 | Norway | Norge |
| 1 | Norwegian (person) | nordmann (en) |
| 1 | Norwegian (language / nationality) | norsk |

# English-Norwegian glossary

| | | |
|---|---|---|
| 7 | Norwegian national costume | bunad (en) |
| 12 | not at all | slett ikke |
| 5, 6 | nothing | ingenting, ikke noe |
| 5 | November | november |
| 4 | number | nummer (et) |
| 11 | number (in queue) | kølapp (en) |
| 14 | nurse | sykepleier (en) |
| 13 | occur (v.) | foregå (-gikk, -gått) |
| 5 | October | oktober |
| 4, 9 | of course | selvfølgelig, selvsagt |
| 13 | offer (v.) | by på (bød, budt) |
| 7 | office | kontor (et) |
| 3, 5 | often | ofte |
| 8 | oil | olje (en) |
| 4 | old | gammel |
| 4 | oldest | eldst |
| 4 | on | på |
| 6 | on sale, on offer | på tilbud |
| 2 | one (1) | en / ei / ett |
| 4, 6 | oneself | selv |
| 8 | onion | løk (en) |
| 2 | only | bare |
| 1, 4, 7 | open sandwich | smørbrød (et) |
| 14 | opinion | mening (en) |
| 12, 13 | opportunity | mulighet (en) |
| 2, 3 | or | eller |
| 6, 10 | orange (colour) | oransje |
| 6 | order (in order) | i orden |
| 4 | order (v.) | bestille (-te, -t) |
| 7, 8, 13 | ordinary | vanlig |
| 1 | Oslo (capital city of Norway) | Oslo |
| 4 | other times | andre ganger |
| 5 | other; second | andre |
| 1 | ought to | bør |
| 3 | outside | ute |
| 13 | outside of | utenfor |
| 10 | over here | her borte |
| 2, 10 | over there | der borte |
| 3 | overcast | overskyet |

| | | |
|---|---|---|
| 6 | overview | oversikt (en) |
| 6 | own (ex. my own ___) | egen, eget |
| 13 | own (v.) | eie (-de, -d) |
| 2 | package | pakke (ei / en) |
| 4 | paid, to be (v.) | få betalt (fikk, fått) |
| 14 | painter | maler (en) |
| 1 | Pakistan | Pakistan |
| 1 | Pakistani (person / nationality) | pakistaner / pakistansk |
| 10 | pants | bukse (en / ei) |
| 2 | paper | papir (et) |
| 3, 4 | parents | foreldre |
| 12 | parents-in-law | svigerforeldre |
| 7 | Parliament | Stortinget |
| 6 | part-time job | deltidsjobb (en) |
| 5, 9 | party | fest (en), selskap (et) |
| 5 | party (v.) | feste (-et, -et) |
| 1 | Pashto (language) | pashto |
| 14 | pastor, priest | prest (en) |
| 6, 8 | pay (v.) | betale (-te, -t) |
| 12 | pay attention to (v.) | passe på (-et, -et) |
| 9 | pay up (money) | bla opp (-dde, -dd) |
| 12 | peace | fred (en) |
| 2 | pen | penn (en) |
| 2 | pencil | blyant (en) |
| 14 | pensioner | pensjonist (en) |
| 3 | people | folk, mennesker |
| 1 | Persian (language) | persisk |
| 12 | petrol | bensin (en) |
| 14 | pharmacist | apoteker (en) |
| 14 | photographer | fotograf (en) |
| 4, 5 | pick up (v.) | hente (-et, -et) |
| 9 | picture | bilde (et) |
| 4 | piece, individual | stykke (et) |
| 14 | pilot | pilot (en) |
| 10 | pink | rosa |
| 4 | pizza | pizza (en) |
| 2, 12, 13 | place | sted (et) |
| 7 | plan (v.) | har tenkt å (hadde, hatt) |

| | | |
|---|---|---|
| 9 | plane | fly (et) |
| 6 | player | spiller (en) |
| 3, 4, 5 | pleasant | hyggelig |
| 7 | pleasant weather | godvær (et) |
| 12 | pleasant, nice | koselig, hyggelig |
| 5 | please | vær så snill, er du snill |
| 8 | please pass me | kan du sende meg |
| 14 | plumber | rørlegger (en) |
| 8 | polar bear | isbjørn (en) |
| 4 | police | politi (et) |
| 14 | police officer | politibetjent (en) |
| 4 | poor | fattig |
| 8 | popular | populær |
| 13 | populated area | tettsted (et) |
| 13 | population | befolkning (en) |
| 8 | portion, serving | porsjon (en) |
| 1 | Portugal | Portugal |
| 1 | Portugese (language / nationality) | portugisisk |
| 1 | Portugese (person) | portugiser |
| 12, 13 | possibility | mulighet (en) |
| 11 | possible | mulig |
| 12 | possible (is it possible) | går det an |
| 8 | post office | postkontor (et) |
| 4 | potato | potet (en) |
| 5, 10 | practical | praktisk |
| 6, 9 | precisely | akkurat |
| 7 | predict (v.) | spå (-dde, -dd) |
| 2 | prefer | foretrekker (-trakk, -trukket) |
| 11 | prescription | resept (en) |
| 9 | present, gift | presang (en) |
| 2, 4 | preserves | syltetøy (et) |
| 6 | pretty | pen |
| 6 | price | pris (en) |
| 6 | price range | prisklasse (en) |
| 12 | prioritize (v.) | prioritere (-te, -t) |
| 9, 11 | problem | problem (et) |
| 12 | promise (v.) | love (-et, -et) |
| 7 | proper, decent | skikkelig |

| | | |
|---|---|---|
| 14 | protest (v.) | protestere (-te, -t) |
| 6 | pub | pub (en) |
| 7, 12 | pull / go / leave (v.) | dra (dro, dratt) |
| 12 | pure, clean | ren |
| 6, 10 | purple | lilla |
| 10 | purple-coloured | purpurfarget |
| 14 | put on (v.) | sette på (satte, satt) |
| 12 | put on make-up (v.) | sminke seg (-et, -et) |
| 12 | put one's foot down (v.) | sette foten ned (satte, satt) |
| 2 | question | spørsmål (et) |
| 9 | question of; be doubtful | spørs |
| 5, 11 | queue | kø (en) |
| 6 | quit (v.) | slutte |
| 3 | rain | regn (et) |
| 3 | raining (it's raining) | det regner |
| 13 | rapidly | raskt |
| 8 | raw | rå |
| 4 | read (v.) | lese (-te, -t) |
| 6 | real estate agent | eiendomsmekler (en) |
| 6, 7 | really | egentlig, virkelig |
| 6 | really . . . (intensifier) | kjempe . . . |
| 7 | receive (v.) | få (fikk, fått) |
| 8, 9 | recently | i det siste |
| 14 | receptionist | resepsjonist (en) |
| 8 | recipe | oppskrift (en) |
| 8, 9 | recommend (v.) | anbefale (-te, -t) |
| 6, 10 | red | rød |
| 8 | red wine | rødvin (en) |
| 11 | referral | henvisning (en) |
| 7, 8, 13 | regular | vanlig |
| 9 | reindeer roast | rensdyrstek (en) |
| 13 | relationship | forhold (i forhold til) |
| 4 | relax, take it easy (v.) | ta det med ro (tok, tatt) |
| 14 | remaining | resterende |
| 13 | remarkable | særegen |
| 4, 6 | remember (v.) | huske (-et, -et) |
| 12, 13 | rent (v.) | leie (-de, -d) |
| 6 | rent, periodic payment for use of dwelling | husleie (en) |

| | | |
|---|---|---|
| 12 | rental car | leiebil (en) |
| 9 | reply requested | S.U. (Svar Utbes) |
| 4 | reserve (v.) | bestille (-te, -t) |
| 4, 11 | rest (v.) | hvile (-te, -t) |
| 5 | rest, remaining | rest (en) |
| 4 | restaurant | restaurant (en) |
| 12 | rested | uthvilt |
| 5 | ride horseback (v.) | ri (red, ridd) |
| 4, 8 | roll (hard roll) | rundstykke (et) |
| 14 | routine | rutine (en) |
| 5 | row | rad (en) |
| 3 | run (v.) | løpe (løp, løpt) |
| 1 | Russia | Russland |
| 1 | Russian (language / nationality) | russisk |
| 1 | Russian (person) | russer |
| 13 | sale | salg (et) |
| 6 | sales assistant, clerk | ekspeditør (en) |
| 6 | sales flyer | salgsoppgave (en) |
| 10 | sales representative | selger (en) |
| 2 | salmon | laks (en) |
| 2, 3 | same to you | i like måte |
| 4 | sandwich | smørbrød (et) |
| 2, 4 | sandwich fixings, toppings for open-faced sandwiches | pålegg (et) |
| 6 | satisfied with | fornøyd med |
| 4 | Saturday | lørdag |
| 2, 4 | sausage | pølse (en / ei) |
| 9, 11 | save (v.) | spare (-te, -t) |
| 2, 4, 7 | say / tell (v.) | si (sier, sa, sagt) |
| 8 | sea sick | sjøsyk |
| 8 | season (v.) | smake til (-te, -t) |
| 5, 6 | seat, room, place | plass (en) |
| 7 | see each other | ses |
| 7 | see / look (v.) | se (så, sett) |
| 14 | seek (v.) | søke (-te, -t) |
| 6 | selfish | egoistisk |
| 5 | separated | separert |
| 5 | September | september |

| | | |
|---|---|---|
| 11 | serious | alvorlig |
| 6, 13 | set (table) (v.) | dekke (-et, -et) |
| 2 | seven (7) | sju / syv |
| 2 | seventeen (17) | sytten |
| 5 | seventeenth | syttende |
| 5 | seventh | sjuende (syvende) |
| 2 | seventy (70) | sytti |
| 1 | shall, will, is going to (v.) | skal |
| 8 | shape, form (v.) | forme (-et, -et) |
| 9 | share costs, go in together (v.) | spleise (-et, -et) |
| 4 | shave (v.) | barbere (-te, -t) |
| 1 | she | hun |
| 3 | shine (v.) | skinne (-te, -t) |
| 8 | shoe store | skobutikk (en) |
| 12 | shop (v.) | shoppe (-et, -et) |
| 6 | short | kort |
| 10 | shorter | kortere |
| 11 | shout, call (v.) | rope (-te, -t) |
| 7, 13 | shrimp | reke (en) |
| 4 | sibling | søsken (et) |
| 5, 8 | side | side (en / ei) |
| 1 | sing (v.) | synge (sang, sunget) |
| 1 | single (not in relationship) | singel, enslig |
| 6 | single family dwelling | enebolig (en) |
| 2, 4 | sister | søster (en / ei) |
| 4, 11 | sit down, be seated (v.) | sette seg (satte, satt) |
| 3, 5, 10 | sit, fit (f.eks. hvordan sitter det? how does it fit) (v.) | sitte (satt, sittet) |
| 2 | six (6) | seks |
| 2 | sixteen (16) | seksten |
| 5 | sixteenth | sekstende |
| 5 | sixth | sjette |
| 2 | sixty (60) | seksti |
| 10 | size | størrelse (en) |
| 12 | ski area | skianlegg (et) |
| 12 | ski vacation | skiferie (en) |
| 4 | sleep (v.) | sove (sov, sovet) |
| 4 | slice | skive (ei / en) |

English–Norwegian glossary 365

| | | |
|---|---|---|
| 4 | slice of bread with spread or topping | brødskive (en / ei) |
| 4 | slip of paper, note | lapp (en) |
| 11 | slippery, slick | glatt |
| | small | liten |
| 3 | snow | snø (en) |
| 3 | snowing | det snør |
| 5, 9, 11 | so, thus, like that | sånn, slik |
| 11 | soda pop machine | brusautomat (en) |
| 4 | soda pop, carbonated soft drink | brus (en) |
| 6 | sofa | sofa (en) |
| 14 | solicitor | advokat (en) |
| 2 | some, a few | en del |
| 4, 12 | sometimes | noen ganger |
| 4 | son | sønn (en) |
| 4 | soon | snart |
| 11 | sounds (v.) | høres ut (-tes) |
| 4 | soup | suppe (en / ei) |
| 4 | sour | sur |
| 4 | sour cream | rømme (en) |
| 13 | south of | sør for |
| 4 | spaghetti | spagetti |
| 1 | Spain | Spania |
| 1 | Spanish (language / nationality) | spansk |
| 1 | Spanish (person) | spanjol (en) |
| 1 | speak (v.) | snakke (-et, -et) |
| 10 | speak up (v.) | si fra (sa, sagt) |
| 11 | specialist | spesialist (en) |
| 5, 7 | stand (v.) | stå (sto, stått) |
| 9 | still | ennå |
| 8 | stir (v.) | røre (-te, -t) |
| 4 | story | historie (en) |
| 2 | strawberry | jordbær (et) |
| 12 | stress out (v.) | stresse (-et, -et) |
| 10 | stretch | stretch |
| 13 | stroll (v.) | spasere (-te, -t) |
| 8 | strong | sterk |

| | | |
|---|---|---|
| 14 | struggle (v.) | slite (slet, slitt) |
| 1, 3 | study (v.) | studere |
| 10 | subscription | abonnement (et) |
| 11 | substitute | vikar (en) |
| 11 | substitute (v.) | vikariere (-te, -t) |
| 12 | suggest (v.) | foreslå (-slo, slått) |
| 3 | sun | sol (en / ei) |
| 4 | Sunday | søndag |
| 2 | supplies, equipment | utstyr (et) |
| 8 | sure | sikker på |
| 3, 4 | surely, probably | sikkert |
| 13 | suspect (v.) | mistenke (-te, -t) |
| 1 | Sweden | Sverige |
| 1 | Swedish (language / nationality) | svensk |
| 1 | Swede (person) | svenske |
| 7 | sweet | søt |
| 1 | sweetheart | kjæreste (en) |
| 4 | sweetheart (term of endearment) | elskling |
| 5 | sweets | godteri (et) |
| 1 | Swiss (person / nationality) | sveitser / sveitsisk |
| 1 | Switzerland | Sveits |
| 1, 4, 5 | table | bord (et) |
| 8 | table spoon | spiseskje (en / ei) |
| 1, 7 | take (v.) | ta (tok, tatt) |
| 12 | take the train (v.) | ta toget (tok, tatt) |
| 6 | take time off (v.) | ta fri (tok, tatt) |
| 7 | talk to each other (v.) | snakkes |
| 6 | taxi | taxi (en) |
| 14 | taxi driver | taxisjåfør (en) |
| 2, 4 | tea | te (en) |
| 14 | teacher | lærer (en) |
| 4 | tease (v.) | erte (-et, -et) |
| 8 | teaspoon | teskje (ts) (en / ei) |
| 4 | telephone | telefon (en) |
| 8 | telephone book | telefonkatalog (en) |
| 4, 12 | tell (v.) | fortelle (-talte, -talt) |
| 3 | temperature | temperatur |
| 2 | ten (10) | ti |

| | | |
|---|---|---|
| 4, 7 | tend / watch (v.); fit, be suitable | passe (-et, -et) |
| 12 | tent | telt (et) |
| 5 | tenth | tiende |
| 5 | test | test (en) |
| 10 | text message on mobile phones | sms (en) |
| 2, 8 | textbook | lærebok (en / ei) |
| 2 | thank (v.) | takke |
| 1, 8 | thank you, thanks | takk |
| 7 | thanks for last time (expression used when communicating or meeting after having spent time together) | takk for sist |
| 8 | thanks for the food | takk for maten |
| 2 | thanks to you, too | selv takk |
| 4 | that doesn't matter | det gjør ikke noe |
| 11 | that's correct, that's right | det stemmer |
| 2 | that's okay | det er greit |
| 9 | that's why | det er derfor |
| 14 | the majority | mesteparten |
| 13 | the most (plural) | flest |
| 14 | the same | samme |
| 12 | the worst thing | det verste |
| 4 | then (sequence of events) | så |
| 3 | there (in that direction) | dit |
| 3 | there (location) | der |
| 11 | therefore | derfor |
| 1 | they | de |
| 8 | think about (v.) | tenke på (-te, -t) |
| 12 | think things over (v.) | tenke seg om (-te, -t) |
| 7, 9 | think, be of opinion | synes (syntes, synes) |
| 5, 6 | think, believe (v.) | tro (-dde, -dd) |
| 5 | third | tredje |
| 4 | thirsty | tørst |
| 2 | thirteen (13) | tretten |
| 5 | thirteenth | trettende |
| 2 | thirty (30) | tretti / tredve |
| 2 | three (3) | tre |
| 6, 7, 9 | thrive, be happy (v.) | trives (trivdes, trivdes) |

| | | |
|---|---|---|
| 3 | thunder | torden (en) |
| 4 | Thursday | torsdag |
| 5, 8, 9, 11 | thus, like this | sånn, slik |
| 5 | ticket | billett (en) |
| 5 | ticket window, counter | billettskranke (en) |
| 10 | tight | trang |
| 4, 12 | tired | sliten |
| 5 | to / for | til |
| 3, 7 | today | i dag |
| 4, 5 | together | sammen |
| 4 | toilet | toalett (et) |
| 3, 4, 7 | tomorrow | i morgen |
| 4 | too late | for sent |
| 10 | too small | for lita / liten |
| 14 | tooth (teeth) | tann (ei / en) (tenner) |
| 4 | toothbrush | tannbørste (ei / en) |
| 4 | toothpaste | tannkrem (en) |
| 12 | tough | tøff |
| 13 | tourist attraction | severdighet (en) |
| 6 | townhouse | rekkehus (et) |
| 12 | train system | jernbane (ei / en) |
| 1 | travel (v.) | reise (-te, -t) |
| 12 | treat, pay for (v.) | spandere (-te, -t) |
| 10 | trousers | bukse (en / ei) |
| 9 | trout | ørret (en) |
| 14 | truck driver | lastebilsjåfør (en) |
| 9 | true | sant |
| 10, 12 | try (v.) | prøve (-de, -d) |
| 4 | Tuesday | tirsdag |
| 11 | turn | tur (en) |
| 5 | turn a certain age, have a birthday (v.) | fylle år (-te, -t) |
| 10 | turquoise | turkis |
| 2 | twelve (12) | tolv |
| 5 | twelfth | tolvte |
| 5 | twentieth | tjuende (tyvende) |
| 2 | twenty (20) | tjue / tyve |
| 2 | twenty one (21) | tjueen / enogtyve |
| 2 | two (2) | to |
| 2 | two hundred (200) | to hundre |

# English–Norwegian glossary

| 5 | typical | typisk |
|---|---|---|
| 4 | uncle | onkel (en) |
| 13 | uncultivated land | mark (ei / en) |
| 9 | understand (v.) | skjønne (-te, -t), forstå (-sto, -stått) |
| 11 | unfortunately | dessverre |
| 1 | United States | USA |
| 1 | unmarried | ugift |
| 3 | up(stairs) | oppe |
| 9 | upper secondary school (age 16–19) | videregående skole |
| 1 | Urdu (language) | urdu |
| 10 | use (v.) | bruke (-te, -t) |
| 7, 8, 13 | usual | vanlig |
| 4 | usually | vanligvis |
| 9 | vanilla sauce | vaniljesaus (en) |
| 12 | various | forskjellige, ulike |
| 4, 10 | vary (v.) | variere (-te, -t) |
| 4 | vegetables | grønnsaker |
| 5 | vending machine | automat (en) |
| 5, 6 | very | veldig |
| 8, 14 | veterinarian | veterinær (en), dyrlege (en) |
| 7, 13 | vicinity | nærhet (en) |
| 13 | view | utsikt (en) |
| 10 | violet | fiolett |
| 7, 13 | visit | besøk (et) |
| 12 | visit (v.) | besøke (-te, -t) |
| 12 | vitamin | vitamin |
| 11 | vocal cord | stemmebånd (et) |
| 11 | voice | stemme (en) |
| 10 | voice recognition | talestyring (en) |
| 9 | vote for (v.) | stemme for (-te, -t) |
| 4 | waffles (small, heart-shaped) | vafler |
| 11, 12 | wait for (v.) | vente på (-et, -et) |
| 11 | wait time | ventetid (en / ei) |
| 14 | waiter | servitør (en) |
| 4 | wake up (v.) | våkne (-et, -et) |
| 3 | walk (v.) | gå (gikk, gått) |
| 3, 4, 7, 12 | want to (v.) | ha lyst til (hadde, hatt) |

| | | |
|---|---|---|
| 4, 12 | warm up (v.) | varme (-et, -et) |
| 3, 6 | warm, hot | varm |
| 4 | was (past tense of å være) | var |
| 4 | wash (v.) | vaske (-et, -et) |
| 6 | washing, cleaning of stairs | trappevask (en) |
| 12 | watch out for (v.) | passe på (-et, -et) |
| 4, 5, 6 | water | vann (et) |
| 1 | we | vi |
| 4 | we'll see each other, I'll see you later | vi ses |
| 3 | weather | vær (et) |
| 4 | wedding anniversary | bryllupsdag (en) |
| 4 | Wednesday | onsdag |
| 6 | week | uke (ei / en) |
| 5 | weekend | helg (ei / en) |
| 5 | welcome | velkommen |
| 8 | welcome to the table (formal meal) | velkommen til bords |
| 10 | well | godt |
| 13 | west of | vest for |
| 1 | what | hva |
| 12 | what if | hva om |
| 2 | what kind | hva slags |
| 3 | when, whenever | når |
| 1 | where | hvor |
| 6 | which one | hvilken |
| 8 | whipped cream | krem (en) |
| 6, 10 | white | hvit |
| 5, 8 | white wine | hvitvin (en) |
| 4, 5 | whole | hel |
| 1 | why | hvorfor |
| 13 | wide spread | spredt |
| 1 | widow | enke (en) |
| 1 | widower | enkemann (en) |
| 12 | wild | vill |
| 1 | will, wants to | vil |
| 5, 6 | window | vindu (et) |
| 3 | windy (weather) | blåser, det |
| 5 | winter | vinter (en) |

… English–Norwegian glossary

| | | |
|---|---|---|
| 12 | winter vacation (school vacation in feb.) | vinterferie (en) |
| 4 | wish (v.) | ønske (-et, -et) |
| 9 | wish for (v.) | ønske seg (-et, -et) |
| 10 | wish list | ønskeliste (en / ei) |
| 2, 5 | with | med |
| 13 | without | uten |
| 8 | women's bicycle | damesykkel (en) |
| 7, 9, 10, 11, 12 | wonder if / whether (v.) | lure på om (-te, -t) |
| 12 | wonderful | herlig |
| 13 | woods | skog (en) |
| 8 | work day | arbeidsdag (en) |
| 14 | work place | arbeidsplass (en) |
| 4 | worst | dårligst |
| 11 | wrist | håndledd (et) |
| 7 | write (v.) | skrive (skrev, skrevet) |
| 6 | written, in writing | skriftlig |
| 11 | wrong with (v.) | feile (-te, -t) |
| 11 | X-ray | røntgen |
| 10 | year | år (et) |
| 6, 10 | yellow | gul |
| 1 | yes | ja |
| 7 | yesterday | i går |
| 9 | yet | ennå |
| 4 | yoghurt | jogurt (en) |
| 1 | you | du |
| 1 | you (formal) | De (uncommon) |
| 1 | you (plural) | dere |
| 2 | you're welcome | vær så god |
| 8 | you're welcome. response by host(ess) to 'takk for maten' | vel bekomme |
| 14 | youngest child | minstemann (en) |
| 8 | your turn | din tur |
| 5 | your / yours (plural possessive) | deres |
| 2 | zero (0) | null |
| 11 | zone | sone (en) |

# Audio track listing

All audio tracks referenced within the text are free to stream or download from www.routledge.com/cw/colloquials. If you experience any difficulties accessing the audio on the companion website, or still require to purchase a CD, please contact our customer services team through www.routledge.com/info/contact.

## Audio 1

### Introduction
1. Introduction
2. The alphabet
3. Vowels
4. Listening exercise – long and short vowels
5. Combinations of vowels
6. Combinations of consonants

### Unit 1
7. Dialogue 1
8. Greetings
9. Listen and repeat – greetings
10. Dialogue 2
11. Listen and repeat – dialogue 2
12. Listen and repeat – continents and countries
13. Listen and repeat – languages
14. Listening exercise – languages and countries
15. Marital status
16. Exercise – marital status
17. Dialogue 3
18. Subject forms – personal pronouns
19. Comprehension exercise 1
20. Comprehension exercise 2
21. Comprehension exercise 3

### Unit 2
22. Dialogue 1
23. Cardinal numbers – 0 to 10
24. Cardinal numbers – 11 to 20
25. Cardinal numbers – above 20
26. Cardinal numbers – above 30
27. Cardinal numbers – 100 and above
28. Old counting system
29. Dialects
30. Currency
31. Dialogue 2
32. Negation
33. Dialogue 3
34. Saying thank you
35. Comprehension exercise 1
36. Comprehension exercise 2
37. Comprehension exercise 3

### Unit 3
38. Dialogue 1
39. Weather
40. Dialogue 2
41. Dialogue 3
42. Short answers 1
43. Short answers 2
44. Short answers 3
45. Comprehension exercise 1

# Audio track listing

| | | | |
|---|---|---|---|
| 46 | Comprehension exercise 2 | 61 | Dialogue 4 |
| 47 | Comprehension exercise 3 | 62 | Dialogue 5 |
| | | 63 | Comprehension exercise 1 |
| | | 64 | Comprehension exercise 2 |

**Unit 4**
48 Dialogue 1
49 Days of the week
50 Exercise – weekdays
51 Time
52 Exercise – time
53 Dialogue 2
54 Dialogue 3
55 Breakfast
56 Lunch
57 Dinner
58 Dessert
59 Supper
60 Coffee

**Unit 5**
65 Dialogue 1
66 Dialogue 2
67 Dialogue 3
68 Dialogue 4
69 Dialogue 5
70 Months of the year
71 Ordinal numbers
72 Dates
73 Years
74 Comprehension exercise 1
75 Comprehension exercise 2

## Audio 2

**Unit 6**
1 Dialogue 1
2 Adjectives
3 Colours
4 Special spelling rules
5 Dialogue 2
6 Adjectives – definite form
7 Dialogue 3
8 Dialogue 4
9 Direction and location
10 Comprehension exercise 1
11 Comprehension exercise 2
12 Comprehension exercise 3

**Unit 7**
13 Dialogue 1
14 Time expressions
15 Reading text – Molly's email
16 Have
17 Do
18 Dialogue 3
19 Reading text – Molly's letter
20 Past tenses

**Unit 8**
21 Dialogue 1
22 Reading text – meatball recipe
23 Dialogue 2
24 Dialogue 3
25 Dialogue 4
26 Apple cake recipe

**Unit 9**
27 Reading text – invitation
28 Dialogue 1
29 Ownership
30 Dialogue 2
31 Dialogue 3
32 Reading text – thank you card

**Unit 10**
33 Dialogue 1
34 Dialogue 2
35 More colours
36 Clothing
37 Dialogue 3

**Unit 11**
38  Dialogue 1
39  Dialogue 2
40  Body parts
41  Reading text – pamphlet
42  Dialogue 2

**Unit 12**
43  Dialogue 1
44  Dialogue 2
45  Dialogue 3 part 1
46  Dialogue 3 part 2
47  Dialogue 3 part 3
48  Dialogue 3 part 4
49  Dialogue 4

**Unit 13**
50  Text 1
51  Comprehension questions
52  Norwegian cities
53  Text 2
54  Comprehension questions
55  Text 3
56  Comprehension questions
57  Text 4
58  Comprehension questions
59  Text 5
60  Comprehension questions
61  Text 6
62  Comprehension questions

**Unit 14**
63  Dialogue 1
64  Occupations
65  Dialogue 2
66  Internet forum text
67  Internet forum answer
68  End

## Glossary

Only available to stream or download from www.routledgecom/cw/colloquials

Speakers: Herman Aatangen, Sundas Afridi, Mariel Sofie Henriksen and Eirik Friele Langeland (also Narrator)

# Index

accepting or declining an offer 40
adjectives: comparative 186, 203–4, 255–6; definite endings 119, 254–5; *hvilken / hvilket / hvilke* 213–14; indefinite form 113, 253; irregular forms of comparative and superlative 203, 255–6; spelling rules for 114–15, 254; superlative 203–4, 255–6; using *mer* and *mest* 204–5
adverbs 268–9; comparison of 269; formed from adjectives 268–9; indicating location and motion 53–4, 126–7, 268; indicating uncertainty or negation 268; modal 64–5; modifying an adjective 268; position of 266; as transition words 268
articles, definite vs. indefinite 27–30
asking for suggestions 173

babysitting 65–6
bank cards 41
body parts 195–7; plurals of 197–8
*bokmål* 31, 271–2

celebrations; anniversary 58–9, 89–90; birthdays 101–2, 108; Christmas 184, 210; confirmation 160–74; holidays 210; invitations 46, 160
child-bearing leave 74, 246–7
children and families 73–4
Church of Norway 162
clauses, dependent 266
clock 61–3
closings (letters) 145–6
clothing 181–3
colours 113, 180–1
communication 133–4, 141; e-mails 133, 141; instant messaging 138–9, 141, 167; internet 141, 248; letter writing 141–2, 145–6; mobile phones 189; telephone 169, 189
compound words 153–4
conjunctions 263–5; coordinating 263–4; subordinating 264–5
continents 9–10
countries 9–10

daily activities 89
dates 105–7
days of the week 60–1
demonstratives 177–8, 258–9
dependent clauses 266
dialects x, 30–1, 271
directions 237

e-mails 133, 141
emergency numbers 86
employment: child-bearing leave 74, 246–7; family benefits 74, 246–7; labour rights 245–6; occupations 242–3; sick leave 245; 60/40 rule 245–6; vacation rights; work week 245
expressing an opinion 249

Facebook 141
family benefits 74, 246–7
family members 69–70; children 73–4, 246–7
food and drink 78–80, 147–8; for confirmation celebration 169–70; a cup of tea 52; eating on the run 158–9; family dinner 152; *matpakke* 69; recipes 150–1; at a restaurant 94, 156–7; table manners 155; traditional 159
furniture 116–17
future time 209, 244

gender 25, 27, 30–1, 273
genitive 165–6, 251
geography 224
glossary 308–71;
　　English-Norwegian 340;
　　Norwegian-English 308
government 246
grammar references 253–70
greetings and farewells 2–3, 40

*ha lyst til / ha lyst på* 138
health and exercise 198–9
health system 205
holidays 210
homes and housing 110–11,
　　120–5, 128–32
Human-Etisk Forbund 163

illness 190–1, 194
infinitive marker 19
indefinite articles 273
injury 201
Instagram 141
instant messaging 138–9, 141, 167
internet 141, 248
interrogatives 3–4, 137, 265, 273

key to exercises 274–307

labour *see* employment
languages 9–10
leisure activities 89–90; at the
　　cinema 97–100; birthday
　　parties 108; going for walks
　　43–4; nature 236; outdoor
　　activities 46–9, 236 *see also*
　　shopping; travel; vacations
letter combinations xii
loan words 204
*lure på* with interrogatives 137

making suggestions 174
manners: please and thank you 39;
　　table manners 155; telephone
　　etiquette 164; thank-you
　　card 173
marital status 12
*matpakke* 69
meals and food *see* food and drink
Midt-Norge 233–5
mobile phones 199

modal adverbs 64–5
modal auxiliaries 18, 209, 244, 261–2
monetary system 31–3
months of the year 104, 106
mountain safety code 219

nationalities 9–10
nature 236
negation 35
Nord-Norge 235–6
Norway: cities of 225–6; geography
　　of 224–39; rural development
　　in 239
Norwegian language
　　*bokmål* 31, 271–2
　　dialects of x, 30–1 271
　　history of x
　　*nynorsk* 31, 271–3
　　written 30–1
nouns: collective 259; countable
　　259; definite 254; definite vs.
　　indefinite 27–30; gender of
　　27, 273; indefinite 253;
　　plural 28–9, 253; singular 253
numbers: cardinal 24–5, 259–60;
　　ordinal 105–6, 259–60
*nynorsk* 31, 271–3

occupations 242–3; *see also*
　　employment
opinions, expressing 249–50
Østlandet 227
ownership 165–6, 258

parental leave 74, 246–7
personal pronouns 256; object form
　　91; reflexive 256–7; subject
　　form 8, 15–16
please and thank you 39, 173
possessives 70–1, 257; reflexive
　　95, 257–8
prepositions 92–3, 266–7; *om* 100
presents: for Christmas 184–5; for
　　confirmation 163, 167
pronouns (den, det, de) 51;
　　dialect differences 272;
　　personal 256; possessive 257;
　　reflexive 84–5, 192–3, 256–7;
　　relative 258
pronunciation guide x–xii
public transportation 213–14

# Index

quantifiers 259
quarreling 124–5
queries about wishes 46
questions 35–6

reflexive possessives 95, 257–8
reflexive pronouns 84–5, 192–3, 256–7
religion 163
responding to a suggestion 174
rooms 110–11, 123

salutations (letters) 145
school 101–3
se . . . ut 202
ser . . . ut 154
sentence structure 3, 72, 265; see also word order
sequence of events 223
shopping 22–3; buying clothes 178; for mobile phone 175–6
short answers 54–5
Skype 141
social media 141
Sørlandet 231–2
suggestions 173–4
superlatives, definite form of 188

telephone: conversation 163–4, 169–70; emergency numbers 86; mobile phones 175–6, 189
tenker 249–50
thanks 40, 173
til + -s 251

time: expressions of 77, 134, 267; punctuality 101; telling 61–2
travel 207–23; see also leisure activities; vacations
Trøndelag 233–4
Twitter 141

vacations 207, 210, 214–15, 217–18, 245; see also leisure activities; travel
verbs: *bli*-passive 262, 263; future time 209, 244; imperative 81, 150, 200, 263; infinitive 5, 17–18, 19–20, 38, 39, 261–2; irregular 269–70; irregular present tense forms 38; modal auxiliaries 18, 209, 244, 261–2; passive voice 161, 238; past perfect 149; past tense 17, 143–4, 220, 261; perfect tense 17, 220, 261; present 209, 261; present perfect 5, 17, 149, 220, 244; reflexive 84, 192–3; *s*-passive 238–9; strong (irregular) 144–5, 222–3, 262–3; s-verbs 140, 168–9; verb forms 17, 261, 273; weak (regular) 143–4, 221–2, 262
Vestlandet 229

weather 47–9
word order 55–7; for questions 265; for statements 265

Printed in Great Britain
by Amazon